RACISMO E ANTIRRACISMO NO BRASIL

Antonio Sérgio
Alfredo Guimarães

RACISMO E ANTIRRACISMO NO BRASIL

editora 34

EDITORA 34

Editora 34 Ltda.
Rua Hungria, 592 Jardim Europa CEP 01455-000
São Paulo - SP Brasil Tel/Fax (11) 3811-6777 www.editora34.com.br

Copyright © Editora 34 Ltda., 1999
Racismo e antirracismo no Brasil © Antonio Sérgio A. Guimarães, 1999

A FOTOCÓPIA DE QUALQUER FOLHA DESTE LIVRO É ILEGAL E CONFIGURA UMA
APROPRIAÇÃO INDEVIDA DOS DIREITOS INTELECTUAIS E PATRIMONIAIS DO AUTOR.

Edição conforme o Acordo Ortográfico da Língua Portuguesa.

Capa, projeto gráfico e editoração eletrônica:
Bracher & Malta Produção Gráfica

Revisão:
Cide Piquet

1ª Edição - 1999, 2ª Edição - 2005,
3ª Edição - 2009 (2ª Reimpressão - 2019)

Catalogação na Fonte do Departamento Nacional do Livro
(Fundação Biblioteca Nacional, RJ, Brasil)

Guimarães, Antonio Sérgio Alfredo
G963r   Racismo e antirracismo no Brasil /
Antonio Sérgio Alfredo Guimarães — São Paulo:
Editora 34, 2009 (3ª Edição).
256 p.

ISBN 978-85-7326-139-4

1. Racismo - Brasil. 2. Racismo. 3. Brasil -
Relações raciais. I. Título.

CDD - 305.80981

RACISMO E ANTIRRACISMO
NO BRASIL

Nota à 2ª edição 7

Introdução 9

Parte I
DEFININDO O RACISMO

1. Raça e racismo no Brasil 21
   As diversas definições de raça 23
   Para uma definição mais precisa de "raça" 27
   A noção de racismo e o processo de naturalização 31
   Reteorizando o racismo 35

2. Racismo e antirracismo no Brasil 39
   A mudança de agenda do antirracismo ocidental 41
   "Raça" e cor 44
   O racismo no paraíso racial 47
   A mutação do racismo no Brasil 51
   Teorizando o racismo e o antirracismo no Brasil 58
   Raça e os estudos de relações raciais no Brasil 62
   A retomada do conceito de raça 66
   Conclusões 70

Parte II
OS ESTUDOS DE RELAÇÕES RACIAIS NO BRASIL

3. "Baianos" e "paulistas": duas "escolas"
   nos estudos brasileiros de relações raciais? 75
   A posição teórica dos principais autores 79
   Avaliando as discordâncias 85
   Diferenças ideológicas 86
   Diferenças interpretativas 91
   Diferenças teóricas e diferenças empíricas 94
   Conclusões 95

4. Cor, classes e *status*
   nos estudos de relações raciais 101
   O que é *cor* 101
   Classes e *status* 105
   Cor e hierarquia nas ciências sociais brasileiras 108
   Conclusões 126

5. Voltando a Thales de Azevedo: *As elites de cor* 131
Donald Pierson, o pioneiro 133
Charles Wagley e o Projeto UNESCO 138
Thales de Azevedo e o Projeto UNESCO 141
As elites de cor e seus limites ideológicos 144
Classes, *status* e grupos de cor 154
A atualidade de Thales 160

Parte III
TOMANDO PARTIDO

6. Argumentando pela ação afirmativa 165
Ações afirmativas *versus* meritocracia 167
O mérito como ideologia 176
A discussão brasileira 182
Conclusões 193

7. Ainda ações afirmativas:
   desigualdade contra desigualdade 197
Brasil, sociedade hierárquica 198
Primeira falácia — A ação afirmativa
destrói o princípio do mérito 201
Segunda falácia — A desigualdade real
impede o tratamento desigual 204
Quem são os negros no Brasil? 206
Podemos aprender com os Estados Unidos? 209

8. Combatendo o racismo:
   Brasil, África do Sul e Estados Unidos 211
Primeira nota — Sobre os valores 212
Segunda nota — Definindo melhor o racismo 213
Terceira nota — O sistema racista na África do Sul,
no Brasil e nos Estados Unidos 218
Quarta nota — Racismo como opressão social:
os tipos de carisma e estigma 223
Quinta nota — O racismo brasileiro: sua especificidade 225
Sexta nota — O movimento social dos negros no Brasil:
o antirracismo 226
Sétima nota — As dificuldades do antirracismo
nos Estados Unidos 233
Oitava nota — O que a África do Sul pode ensinar 236
Conclusão — Para uma agenda integrada do antirracismo ... 237

Bibliografia 241

NOTA À 2ª EDIÇÃO

Esta segunda edição vem a público com algumas correções de forma nos primeiros quatro capítulos. Fiz, ademais, uma substancial reformulação do capítulo 5; para tanto, aproveitei em muito um texto que escrevi sobre o "Projeto UNESCO na Bahia", a convite do Centro de Estudos Afro-Orientais da UFBA; nada que altere substancialmente o conteúdo, mas acredito que minha leitura de Thales de Azevedo ganhou em clareza e abrangência.

Quanto à Parte III do livro, deixei-a inalterada. Os capítulos 6 e 7, escritos em meados de 1990, eram os que mais me preocupavam. Depois de quase uma década, será que a minha tomada de posição política resistiria ao tempo? Afinal, quando os escrevi, poucos acreditavam que pudéssemos implantar ações afirmativas no Brasil; muito menos que tais ações tomariam a forma de reserva de vagas para "negros" em universidades públicas. Eu mesmo alertava para o fato de que as "cotas" não eram uma boa solução. Preferia que as universidades, usando de sua relativa autonomia, apresentassem metas de inclusão social de curto, médio e longo prazo. Mas, dado o modo como transcorreram o debate, a reação às ações afirmativas e o jogo de pressões, nacional e internacional, elas se tornaram inevitáveis. Eu mesmo passei a defendê-las.

Preciso, todavia, em face das políticas que hoje estão sendo implementadas, afirmar dois princípios: que as ações afirmativas respeitem o direito do indivíduo à autodeclaração de pertença a qualquer grupo social; que o cientista social não participe de processos políticos de identificação racial em nome da ciência. Esses princípios estavam implícitos nas discussões dos anos 1990, mas jamais foram convenientemente frisados. Os que se opunham à adoção de tais políticas no Brasil alegavam que nossa identidade racial é ambígua, ou seja, pode ser mudada e negociada socialmente. Mas, não diziam que o fato verdadeiro e universal é que a pertença a grupo racial é, em todos os lugares e em todos os tempos, muitas vezes resultado de assunção pessoal, ainda que, em geral, seja resultado da estigmatização ou identificação por outros. A consequência disso, nunca salientada, é que, à diferença da informação sobre renda, escola de origem ou local de residência, ela não pode ser verificada por terceiros, a não ser violentando os direitos da pessoa.

Devo, portanto, deixar mais clara a minha posição sobre esse ponto. No capítulo 7, o leitor não deve aceitar a sugestão de que a declaração de cor seja reintroduzida nos registros oficiais, de modo a controlar mais facilmente possíveis "fraudes". A declaração de cor poderá ser reintroduzida por outros motivos, mas, hoje, tenho a convicção de que ela tem que ser respeitada em qualquer momento — pois esse é um princípio moral. Não creio que isso afete a eficiência das atuais políticas de "cotas" pois, em termos práticos, os critérios já utilizados pela maioria das universidades e que visam uma população estudantil sobredeterminada por condições negativas (cor, renda, origem escolar etc.) parecem garantir a inexistência de "fraudes". Se o objetivo é incluir negros, pobres e estudantes da escola pública, em que consistiria a "fraude" de um "novo negro"?

Minha preocupação atual é outra: o pressuposto da boa-fé dos declarantes não pode ser arranhado, nem muito menos o objetivo maior de todos os movimentos antirracistas brasileiros: que todos nós brasileiros de "cor" possamos, mais cedo ou mais tarde, assumir com orgulho a nossa negritude.

Antonio Sérgio Alfredo Guimarães
São Paulo, 28 de março de 2005

INTRODUÇÃO

Este livro reúne reflexões teóricas e políticas a que cheguei durante um programa de pesquisa sobre racismo e antirracismo no Brasil, que desenvolvo desde 1993. Mais precisamente, reúno aqui, de modo reelaborado, para evitar repetições e precisar melhor a argumentação, capítulos escritos originalmente entre setembro de 1993 e agosto de 1998 e publicados, como artigos, em diversas revistas acadêmicas, cujas referências dou em pé de página.

Alguns destes capítulos foram organizados em uma tese de Livre-Docência que defendi no Departamento de Sociologia da Universidade de São Paulo em agosto de 1997. Naquela oportunidade, não me faltaram críticas e sugestões, que me ajudaram a preparar este volume.

Organizo o livro em três partes. Começo por expor, em dois capítulos iniciais, os elementos teóricos mais gerais — conceitos e teorias — que utilizei durante todo o programa. Trata-se, de fato, dos resultados de uma ampla revisão bibliográfica que realizei, entre setembro de 1993 e agosto de 1994, sobre os conceitos de raça e racismo. Estava, naquela época, nos Estados Unidos, cumprindo um programa de pós-doutoramento no *Program of Afro-American Studies* da Brown University, graças a uma bolsa da CAPES/Fulbright. Pude também beneficiar-me de dois *postes d'accueil de curte durée*, em junho de 1994 e em janeiro de 1997, no ORSTOM, em Paris. Nessas duas oportunidades, tomei conhecimento da produção mais atual, publicada em inglês e em francês, sobre o racismo, comparando-a com os estudos clássicos, desenvolvidos principalmente nos Estados Unidos.

De volta ao Brasil, dediquei-me a uma releitura crítica dos estudos de relações raciais, desenvolvidos aqui entre as décadas de 30 e de 70, graças a uma bolsa de produtividade de pesquisa do CNPq, que também financiou meu projeto sobre "Racismo e imaginário nacional: a formação afro-baiana (1918-1959)". Sistematizei minhas notas de leitura em várias oportunidades, sobretudo em cursos na Universidade de São Paulo e na Universidade Federal da Bahia, bem como em comunicações feitas em congressos. A segunda parte do livro sintetiza minha análise dos estudos de relações raciais realizados, no Brasil, entre 1940 e 1970. Dois desses textos, transformados agora nos capítulos 4 e 5, examinam os principais argumentos e interpretações desenvolvidos pelas ciências sociais brasileiras (e brasilianistas) a partir de pesquisas empíricas realizadas na Bahia. Não pude, por uma questão de tempo, incorporar a este livro uma apreciação crítica mais alongada da chamada "escola paulista" de relações raciais, em especial os estudos desenvolvidos por Florestan Fernandes, Roger Bastide e Oracy Nogueira. Fico em dívida com o leitor.

Finalmente, a terceira parte, em três capítulos, é composta de reflexões sobre políticas públicas para a ascensão social das populações negras no Brasil, escritas sob a pressão política de discutir soluções práticas para o combate às desigualdades raciais no país. Tal pressão veio da resposta positiva que o governo Fernando Henrique Cardoso deu às reivindicações do movimento negro brasileiro, aceitando discutir inclusive a elaboração de políticas de ação afirmativa no plano federal. Tratava-se, portanto, de tomar uma posição pública de defesa ou repúdio a essas políticas, o que fiz em três oportunidades. A primeira, num seminário em Brasília, a chamado do Ministério da Justiça, foi uma defesa, em termos normativos, da compatibilidade de políticas de ação afirmativa com os valores de igualdade de tratamento e de oportunidades e de alocação de recursos por mérito; a segunda, em mesas-redondas de dois congressos científicos, constitui uma análise crítica dos argumentos desenvolvidos, nos Estados Unidos e no Brasil, contra a ação afirmativa; a terceira oportunidade me foi dada pela *Southern Education Foundation*, que me convidou para participar do ciclo de conferências "Superando o racismo: Brasil, Estados Unidos e África do Sul no limiar do século XXI", realizadas em Atlanta, Rio de Janeiro e Cidade do Cabo, entre 1997 e 1998.

Ao organizar este livro, fui surpreendido pelo fato de quase não precisar alterar, na organização dos capítulos, a ordem cronológica em que as comunicações e artigos vieram a público. De fato, por uma feliz coincidência, comecei a divulgação dos resultados parciais do meu programa de pesquisa pela revisão dos conceitos mais gerais, segui com a crítica às interpretações e teses sobre as relações raciais no Brasil e, por fim, tive a ventura de ser chamado a intervir no debate político sobre as desigualdades raciais quando já tinha prontas as análises parciais sobre a discriminação racial no país.

A tese que defendo pode ser resumida em alguns parágrafos, o que faço a seguir. "Raça" é um conceito que não corresponde a nenhuma realidade natural. Trata-se, ao contrário, de um conceito que denota tão somente uma forma de classificação social, baseada numa atitude negativa frente a certos grupos sociais, e informada por uma noção específica de natureza, como algo endodeterminado. A realidade das raças limita-se, portanto, ao mundo social. Mas, por mais que nos repugne a empulhação que o conceito de "raça" permite — ou seja, fazer passar por realidade natural preconceitos, interesses e valores sociais negativos e nefastos —, tal conceito tem uma realidade social plena, e o combate ao comportamento social que ele enseja é impossível de ser travado sem que se lhe reconheça a realidade social que só o ato de nomear permite.

O racismo é, portanto, uma forma bastante específica de "naturalizar" a vida social, isto é, de explicar diferenças pessoais, sociais e culturais a partir de diferenças tomadas como naturais. A atitude na qual se baseia o racismo, assim como todas as outras formas de naturalização do mundo social, está presente — para ficar com exemplos corriqueiros, banais e, para muitos, inofensivos — quando se considera que alguém, portador de uma certa identidade racial ou regional (como um baiano, por exemplo), deva reagir a condições climáticas ou sociais de uma certa maneira "predita" por sua identidade social (sentir mais frio ou menos calor que um gaúcho, por exemplo), independentemente da história de vida e da compleição física e orgânica dos dois indivíduos; ou ainda quando se acha que um certo Estado da Federação é menos desenvolvido que outro porque o primeiro é povoado por mestiços; ou quando se consideram os naturais de um Estado mais musicais que os de outro Estado, em razão do sangue negro que corre em maior quantidade nas suas veias. Em todos estes exemplos, encontra-se presente, de modo implícito, a ideia de uma natureza geral que determina aspectos individuais ou socioculturais.

A noção de raça, neste sentido, difere de outras noções "essencialistas", como a de sexo, por exemplo, embora se preste às mesmas práticas discricionárias e naturalizadoras do mundo social, em pelo menos dois aspectos fundamentais: em primeiro lugar, porque a noção de raça não se refere a nenhuma diferença física inequívoca, como ocorre com a noção biológica de sexo (cuja naturalidade, para ser suplantada, precisa da noção de gênero); segundo, porque a noção de raça classifica os indivíduos segundo critérios ambíguos, mas justificados numa teoria específica, em que a ideia de "raça" é central.

Ora, se o que eu digo é verdade, então cada racismo só pode ser compreendido a partir de sua própria história. Daí por que, no primeiro capítulo, procuro desvendar o conceito de raça e de racismo para, no segundo, entender a lógica mais geral do racismo brasileiro a partir da formação de nossa identidade nacional e regional enquanto povo. Desde logo se destaca, nessa busca, a noção nativa de "cor" e o caráter assimilacionista e universalista do modo brasileiro de se identificar, a si e aos demais. Se somos assimilacionistas ao nos identificar, temos forçosamente de discriminar o Outro racial pelas diferenças (marcas físicas e culturais) que não conseguimos assimilar. Daí esta noção, tão central ao pensamento brasileiro, de embranquecimento, e a consequente rejeição simbólica do "negro" e do "africano".

No entanto, esses traços são ainda muito genéricos, posto que, em verdade, o Brasil os partilha com todos os países latino-americanos. A fim de dar mais concretude ao racismo brasileiro, incursiono, ainda no capítulo 2, pelas diferenças e interesses culturais regionais que ajudaram a tecer a identidade brasileira neste século, alertando para o fato de que o assimilacionismo contido na "fábula das três raças" é, principalmente, produto de brasileiros de quatro costados, nascidos, em sua maioria, em regiões de imigração estrangeira estancada, tais como as antigas áreas de colonização portuguesa de Pernambuco, Bahia, Minas Gerais e Rio de Janeiro. Os estados ao sul do Rio de Janeiro, que conheceram uma colonização europeia mais continuada, desenvolveram, por conta disto, atitudes raciais um pouco diferentes, mais próximas de um racismo diferencialista, e que se tornam cada vez mais influentes, à medida que o centro cultural do país se desloca para o Sul. Desenvolver melhor e testar tal hipótese seria algo muito importante a fazer, o que, infelizmente, não coube nos limites deste livro. Aproveito esta oportunidade, porém, para lembrar que atitudes como o autorreconhecimento crescente do racismo pelos brasileiros, assim como um modo mais inclusivo de classificação racial dos negros, tal como pode ser observado na imprensa sulista (a revista *Raça Brasil* e os jornais de São Paulo, por exemplo, que classificaram o seu prefeito de negro), são menos caudatárias de uma influência norte-americana inegável que desse lastro cultural comum ao Sul do Brasil.

Tais assuntos foram abordados por mim, em maior profundidade, no livro *Preconceito e discriminação* (Guimarães, 2004 [1998]). Porém, faço, nos capítulos 4 e 5, a análise crítica da interpretação que as ciências sociais desenvolveram sobre as relações raciais no Brasil. Posso, então, demonstrar que a "cor" é um conceito racial, racialmente definido e assim empregado anteriormente ao nascimento da moderna sociologia brasileira. Posso, do mesmo modo, desenvolver melhor a ideia básica atual da demo-

Introdução

cracia racial brasileira, revelando os seus pressupostos conceituais e sua filiação ao pensamento liberal, numa versão, ou marxista, noutra versão. No entanto, o que é central nestes capítulos é a atualização da ideia de que a ordem hierárquica, seja estamental, seja racial, sobre a qual se fundou a sociedade escravocrata no Brasil, não foi inteiramente rompida, nem com a Abolição, nem com a República, nem com a restauração democrática do pós-guerra, tampouco com a República Nova. Essa interpretação pode ser remetida à nossa primeira geração de sociólogos, entre os quais se incluem Florestan Fernandes, que, em 1953, forjou a expressão "metamorfose do escravo" e Thales de Azevedo, que, em 1956, elaborou uma hierarquia de "grupos de prestígio". Essa ideia permite estabelecer uma homologia estrutural e lógica entre, de um lado, uma hierarquia de grupos de *status* (e não apenas de classes sociais) e, de outro lado, uma hierarquia racial. É essa mesma homologia que permite ainda compreender a inscrição naturalizada do racismo na estrutura social e no comportamento cotidiano dos brasileiros. Ou seja, permite o funcionamento, de fato, no plano da vida cotidiana, de normas e de leis que pressupõem a desigualdade entre os indivíduos, no que pese o fato de se basearem em pressupostos *prima facie*, e também no plano doutrinário, igualitários. Desvendar tal paradoxo parece ser a tarefa mais desafiadora da sociologia brasileira contemporânea. Tarefa para a qual alguns ensaios brilhantes, como os de Roberto DaMatta, muito contribuíram.

Com estes primeiros capítulos, espero deixar clara a formação social do racismo brasileiro: o seu caráter assimilacionista, a centralidade das noções de cor e de embranquecimento, sua inscrição numa ordem estamental que pressupõe desigualdade de tratamento, ainda quando prevaleça o princípio da igualdade no plano doutrinário.

Acredito que, hoje, o saber produzido pelas ciências sociais continua em sintonia profunda com as correntes de opinião pública, gestando com ela um novo imaginário nacional. Tal transição consiste numa reconstrução crítica de nosso presente, que salienta a continuidade das práticas de dominação do passado e aponta para soluções ao arrepio desta tradição: o reconhecimento do racismo, a admissão de diferenças culturais e raciais no Brasil, a defesa de soluções *prima facie* não universalistas. É essa transição que hoje permite fazer convergirem o discurso político e o discurso acadêmico em torno da defesa dos direitos individuais.

É precisamente à busca dessa convergência que me movo nos três últimos capítulos. Escritos com o propósito declarado de defender uma certa concepção de política pública, eles oferecem, ao mesmo tempo, a oportunidade de adensar a compreensão crítica da moderna tradição nacional ou, melhor dizendo, da sociabilidade brasileira tradicional. Por serem tão contrárias a essa tradição, políticas públicas como a ação afirmativa (ou como a nova Lei de Diretrizes e Bases da Educação, que não analisarei aqui), ao possibilitarem a obtenção de diplomas, através de uma regulação diferente do mérito, permitem ao sociólogo desvendar todo um mundo de valores e interesses que estava "naturalizado" ou, para ser preciso, fazia parte dos pressupostos de uma certa sociabilidade. O debate político produz, portanto, um material documental, seja de escritos, de falas ou de atitudes, que torna possível, a um só tempo, tanto o desvendamento de pressupostos atuais, como a análise da constituição de pressupostos futuros. Os textos engajados, como os meus, terão talvez o defeito de se preocuparem exclusivamente com a crítica do que Florestan Fernandes chamou de "persistência do passado". Mas não poderia ser de outro modo, posto que, quanto mais radical for a crítica, mais chances terá de impedir que se reproduzam as velhas hierarquias.

Em resumo, para sintetizar a ideia do livro num único parágrafo, posso expressá-la assim: o racismo brasileiro está umbilicalmente ligado a uma estrutura estamental, que o naturaliza, e não à estrutura de classes, como se pensava. Na verdade, também as desigualdades de classe se legitimam através da ordem estamental. O combate ao racismo, portanto, começa pelo combate à institucionalização das desigualdades de direitos individuais. Ainda que o racismo não se esgote com a conquista das igualdades de tratamento e de oportunidades, esta é a precondição para extirpar as suas consequências mais nocivas.

Para finalizar, quero agradecer a algumas pessoas e instituições que tornaram possível a realização deste livro, ainda que, ao fazer isso, tenha também que me desculpar junto àqueles que, porventura, venha a omitir. Começo por Anani Dzidzienyo e seus colegas do *Program of Afro-American Studies* na Brown, que tão gentilmente me acolheram durante o ano letivo de 1993/1994; Michel Agier, Robert Cabanes, Marion Aubrée, Maryze Tripier e outros colegas franceses foram também decisivos para o bom curso de minha pesquisa na França; Lynn Walker Huntley, Wilmot James, Anthony Marx, George Fredrickson, Alexander Neville e os demais colegas americanos e sul-africanos do projeto "Superando o Racismo" foram decisivos para a formação de minha visão comparativa do Brasil; no Brasil, são muitas as minhas dívidas: Sérgio Adorno me abrigou no Núcleo de Estudos da Violência da USP entre agosto e dezembro de 1996; Carlos Hasenbalg abriu-me as gavetas dos arquivos do CEAA; Nelson do Valle Silva fez o mesmo no LNCC; Edward Telles, Yvonne Maggie, Peter Fry e Reginaldo Prandi foram interlocutores marcantes em muitos seminários e congressos; Jocélio Teles, Livio Sansone e Paula Cristina e Silva foram colegas meus n'*A Cor da Bahia*, da Universidade Federal da Bahia; Caetana Damasceno, Sueli Carneiro, Hédio Silva, Hélio Santos, Ivair dos Santos, Edna Roland, Joelzito dos Santos, entre outros, foram interlocutores das minhas preocupações e ideias em seminários da Human Relations Initiative. Nadya Guimarães, João Reis e Edward Telles comentaram alguns dos capítulos em suas versões originais. Além desses, outros colegas, no Departamento de Sociologia da USP, foram importantes neste empreendimento pelas oportunidades e incentivos que me proporcionaram. Menção especial devo fazer à comissão julgadora de minha tese de Livre-Docência: Monique Augras, Reginaldo Prandi, Ruben Oliven, Sérgio Adorno e Yvonne Maggie.

Várias instituições financiaram, seja a pesquisa empírica, seja meus períodos de estudos: o CNPq, a CAPES, a Fundação Fulbright, a Fundação Ford, a FAPESP, a cooperação internacional CNPq-ORSTOM e a Southern Education Foundation. Algumas instituições me acolheram como visitante, como o Programa de Pós-Graduação em Sociologia da USP, o Centre de Recherches du Brésil Contemporain da Maison des Sciences de l'Homme, a biblioteca central da New York State University. Outras me deram abrigo também formal, como o Mestrado em Sociologia da UFBA, o Program of American Studies da Brown University, o Núcleo de Estudos da Violência da USP, o ORSTOM, e o Departamento de Sociologia da USP, para onde me transferi em fevereiro de 1997. Aos representantes dessas instituições e aos seus funcionários quero expressar meus sinceros agradecimentos. Espero que o produto de meus esforços esteja à altura da visão de política acadêmica que essas instituições mantêm.

Finalmente, preciso mencionar Denise Maria de Almeida, bolsista da Fundação de Apoio à Universidade de São Paulo, e Vera Motta, que me ajudaram a organizar os originais deste livro.

Parte I

DEFININDO O RACISMO

1.
RAÇA E RACISMO NO BRASIL[1]

As raças são evidentes em alguns países. Ali, como todos têm um sexo, uma idade, uma nacionalidade, têm também uma raça. Nos Estados Unidos, por exemplo, as raças são tão óbvias que os sociólogos não se sentem, em geral, obrigados a defini-las conceitualmente, ao contrário dos biólogos e dos antropólogos físicos que, de muito, passaram a evitar o conceito, considerando-o irrelevante para a ciência. Em outras partes do mundo, em contraste, incluindo o Brasil, "raça" não faz parte nem do vocabulário erudito nem da boa linguagem. Apenas entre pessoas "não refinadas", e nos movimentos sociais, onde militam pessoas que se sentem discriminadas por sua cor e compleição física, utiliza-se regularmente o conceito.

Mas tanto a extrema transparência quanto a completa invisibilidade das "raças" se fundamentam, hoje em dia, numa mesma concepção realista de ciência[2] e numa mesma atitude de repulsa, ao menos discursiva, ao racismo. Por um lado, aqueles que se opõem ao uso do conceito de "raça" pelas ciências sociais, fa-

---

[1] A primeira versão deste capítulo foi publicada em "'Raça', racismo e grupos de cor no Brasil", Rio de Janeiro, revista *Estudos Afro-Asiáticos*, nº 27, pp. 45-63, 1995.

[2] "Realismo" é a teoria segundo a qual os conceitos científicos reproduzem entidades realmente existentes numa suposta realidade concreta, exterior e objetiva, seja aos valores, seja à observação do cientista. Ao contrário, "nominalismo" é a doutrina segundo a qual os conceitos têm existência apenas enquanto tais, ainda que se refiram a fenômenos e fatos reais.

zem-no ou porque a Biologia nega a existência de raças humanas ou porque consideram essa noção tão impregnada de ideologias opressivas que o seu uso não poderia ter outra serventia senão perpetuar e reificar as justificativas naturalistas para as desigualdades entre os grupos humanos. Por outro lado, aqueles que defendem a utilização do termo pelas ciências sociais enfatizam, em primeiro lugar, a necessidade de demonstrar o caráter específico de um subconjunto de práticas e crenças discriminatórias e, em segundo, o fato de que, para aqueles que sofrem ou sofreram os efeitos do racismo, não há outra alternativa senão reconstruir, de modo crítico, as noções dessa mesma ideologia. Neste último caso, a vitimação parece ser uma prova de que o conceito que justifica tais práticas discriminatórias não se circunscreve a um simples círculo de giz.

Minha postura, neste livro, coincidirá, de um modo geral, com a dos que defendem o uso do conceito de "raça" pelas ciências sociais. Isto porque acredito que seja possível construir um conceito de "raça" propriamente sociológico, que prescinda de qualquer fundamentação natural, objetiva ou biológica. Acredito, ademais, que somente uma definição nominalista de "raça" seja capaz de evitar o paradoxo de empregar-se de modo crítico (científico) uma noção cuja principal razão de ser é justificar uma ordem acrítica (ideológica).

Neste capítulo inicial, concentrar-me-ei na revisão e discussão das noções de "raça" e racismo. Esses são conceitos fundamentais para a argumentação, que desenvolverei nos capítulos seguintes, segundo a qual a atribuição de cor aos indivíduos, prática comum no Brasil e que fundamenta a construção de grupos de cor pelos sociólogos, longe de prescindir da noção de "raça", pressupõe uma ideologia racial e um racismo muito peculiares.

AS DIVERSAS DEFINIÇÕES DE RAÇA

"Raça" é um conceito relativamente recente.[3] Antes de adquirir qualquer conotação biológica, "raça" significou, por muito tempo, "um grupo ou categoria de pessoas conectadas por uma origem comum" (Banton, 1994: 264), como ensina o *Dictionary of Race and Ethnic Relations*. Foi com esse sentido literário que o termo passou a ser empregado, na maioria das línguas europeias, a partir do início do século XVI. Teorias biológicas sobre as "raças" são ainda mais recentes. Datam do século XIX as teorias poligenistas nas quais a palavra "raça passou a ser usada no sentido de tipo, designando espécies de seres humanos distintas tanto *fisicamente* quanto em termos de capacidade mental" (Banton, 1994: 264). Depois que essas teorias perderam vigência, é ainda Banton quem nos ensina que "raça" passou a significar "subdivisões da espécie humana distintas apenas porque seus membros estão isolados dos outros indivíduos pertencentes à mesma espécie". Mas, no pós-guerra, o conceito passou a ser recusado pela Biologia.

De fato, depois da tragédia da Segunda Guerra, a UNESCO reuniu em três oportunidades — 1947, 1951 e 1964 — biólogos, geneticistas e cientistas sociais para avaliar o estado das artes no campo dos estudos sobre "raças" e relações raciais. John Rex (1983: 3-4) sumaria o resultado desses encontros a partir do texto-resumo preparado por Hiernaux (1965) para a reunião de 1964, chamando a atenção para os seguintes aspectos:

(1) "Raça" é um conceito taxonômico de limitado alcance para classificar os seres humanos, podendo ser substituído, com vantagens, pela noção de "população". Enquanto o primeiro termo refere-se a "grupos humanos que apresentam diferenças físicas bem marcadas e primordialmente hereditárias", o segundo refere-se a "grupos cujos membros casam-se com outros membros do grupo mais frequentemente que com

---

[3] Para uma história do conceito de "raça", ver Delacampagne (1983), Guillaumin (1992), Cashmore (1994), Banton (1977, 1987), entre outros.

Raça e racismo no Brasil

pessoas de fora do grupo e, desse modo, apresentam um leque de características genéticas relativamente limitado".

(2) De qualquer modo, chamem-se esses grupos de "raças" ou "populações", a diversidade genética no interior dos mesmos não difere significativamente, em termos estatísticos, daquela encontrada entre grupos distintos. Desse modo, nenhum padrão sistemático de traços humanos — com exceção do grupo sanguíneo — pode ser atribuído a diferenças biológicas. E esse último traço, por seu turno, não coincide com os grupos usualmente chamados de "raças".

Essas conclusões significam que diferenças fenotípicas entre indivíduos e grupos humanos, assim como diferenças intelectuais, morais e culturais, não podem ser atribuídas, diretamente, a diferenças biológicas, mas devem ser creditadas a construções socioculturais e a condicionantes ambientais.

A repercussão dessas opiniões entre os cientistas sociais foi profunda mas variada, tendo, principalmente, despertado a consciência dos sociólogos para a historicidade do conceito.

Depois da guerra, portanto, para ser coerente com a genética pós-darwiniana, alguns cientistas sociais passaram a considerar "raça" "um grupo de pessoas que, numa dada sociedade, é socialmente definido como diferente de outros grupos em virtude de certas diferenças físicas reais ou putativas" (Berghe, 1970: 10). Ou seja, os fenótipos seriam uma espécie de matéria-prima física e ganhariam sentido social apenas por meio de crenças, valores e atitudes. Na ausência de marcas físicas, segundo alguns autores, esses grupos deveriam ser chamados, com maior propriedade, de étnicos. Apesar de a diferença entre grupos étnicos e grupos raciais ser sempre problemática,[4] esses grupos, como teorizou John Rex (1988: 34-5),

---

[4] No dizer de Eriksen (1993: 5), a "etnicidade pode assumir várias formas, e, posto que as ideologias étnicas tendem a enfatizar uma descendência comum, a diferença entre raça e etnicidade torna-se problemática [...]".

"podem ser distinguidos uns dos outros pelas características físicas e de comportamento de seus membros, mas podem também distinguir-se em termos de as bases do seu comportamento serem consideradas pelas outras pessoas como determinadas e imutáveis [no caso da "raça"] ou como indeterminadas e flexíveis [no caso das etnias]".

Ou seja, "os grupos raciais são os que se julgam ter uma base genética ou outra base determinante. Os grupos étnicos são os que se supõem ter um comportamento susceptível de mudar" (Rex, 1988: 35). Essa distinção de Rex parece, no entanto, insuficiente para dar conta da "racialização" e "naturalização" da cultura dos grupos subalternos, fenômeno muito conhecido na Europa de hoje, que usa o eufemismo "imigrantes" para referir-se aos seus novos grupos raciais e étnicos (árabes, turcos, antilhanos, indianos, assim como seus descendentes), e cultiva, em relação a eles, um diferencialismo cultural, que transforma o conceito de cultura em algo absoluto, fixo e natural. (Taguieff, 1987; Miles, 1993; Gilroy, 1993). A distinção entre formas de discriminação e preconceito, baseadas em identidades sociais, parece, portanto, ser mais de ordem ideológica que de ordem processual.

Outros sociólogos, entretanto, por considerarem o conceito de "raça" muito carregado de ideologia, rejeitaram até mesmo essa distinção entre "raça" e "etnia", preferindo falar apenas de "etnia". Tal conceituação, entretanto, ao diminuir a possibilidade de distinções analíticas, é mais um meio de contornar as dificuldades da análise que de resolvê-las. Não resta dúvida, entretanto, que o conceito de etnicidade é mais amplo que o de "raça". No dizer de Thomas Eriksen (1993: 12),

"Etnicidade é um aspecto das relações sociais entre agentes que se consideram culturalmente distintos dos membros de outros grupos com os quais eles mantêm um mínimo de interação cultural regular. Etnicidade pode, pois, ser também definida como uma identidade social, caracterizada por parentesco metafórico ou fictício".

Os grupos raciais seriam, desse modo, um tipo particular de grupos étnicos, nos quais a ideia de "raça" originou uma certa etnicidade ou, sendo esta preexistente, sedimentou-a.

Essa discussão, entretanto, esteve respaldada, até aqui, por uma ontologia realista. Os cientistas sociais que acreditam na especificidade do conhecimento dos fatos culturais — considerados, antes de tudo, construções mentais, intelectuais e ideológicas, com impactos reais sobre o mundo físico — tenderam, ao contrário, a definir "raça" de modo nominalista, como um conceito taxonômico muito utilizado pelas pessoas no mundo real com propósitos e consequências diversos. Banton, por exemplo, faz a defesa intransigente do emprego da noção de "raça", considerando suficiente que as ciências sociais utilizem o conceito do senso comum, como o faz a justiça britânica.[5]

No entanto, a definição nominalista encontrou forte reação. Mesmo quando uma ontologia realista das ciências sociais foi se tornando cada vez menos aceita na academia, os argumentos contrários ao emprego do conceito de "raça" persistiram. Deslocaram-se, apenas, da ontologia para a política. Robert Miles, por exemplo, diz que:

"Ao incorporar na lei e no processo legal a ideia de que existem 'raças' cujas relações entre si, numa situação de desigualdade, precisam ser reguladas, o Estado acaba por validar as crenças do mundo fenomênico e por ordenar, de maneira racializada, as relações sociais, tal qual elas são estruturadas e reproduzidas" (Miles, 1993: 6).

---

[5] "A lei britânica define 'raça' ou 'grupo racial' como 'um grupo de pessoas definido com referência à cor, raça, nacionalidade, origens étnicas ou nacionais'" (Banton, 1991: 118).

Minha opinião, todavia, é que se torna muito difícil imaginar um modo de lutar contra uma imputação ou discriminação sem lhe dar realidade social. Se não for à "raça", a que atribuir as discriminações que somente se tornam inteligíveis pela ideia de "raça"? Atribuindo-as a uma realidade subjacente que não é articulada verbalmente, ou a formas mais gerais e abstratas de justificar estruturas de dominação? O argumento de Miles parece frágil justo no terreno onde é posto — na política — dado que, aí, os fatos a se combater precisam realmente ser fenomênicos para serem reais.

PARA UMA DEFINIÇÃO MAIS PRECISA DE "RAÇA"

De fato, o debate conceitual em torno de "raças" e de "relações raciais" acirrou-se a tal ponto que o próprio campo foi posto em dúvida pelos seus especialistas. Pierre van der Berghe, por exemplo, escrevendo em 1970, afirmou:

"Tem-se tornado progressivamente claro para mim, com os anos, que o assunto não merecia um lugar especial numa teoria geral da sociedade. Em outras palavras, as relações raciais e étnicas não são suficientemente diferentes de outros tipos de relações sociais — nem, de modo reverso, as relações étnicas e raciais apresentam traços comuns exclusivos — para justificar um tratamento teórico especial" (Berghe, 1970: 9).

Mais ainda, conclui, a ênfase dada aos "fatos estruturais" e "funcionais" inibiu a necessária distinção conceitual entre fenômenos tão diversos quanto o sexismo, o etnicismo, o racismo, ou o exclusivismo de classe.

Examinando, por exemplo, o pensamento de John Rex, vê-se que qualquer um desses "ismos" se enquadra no que ele caracterizou como o "campo das relações raciais".[6] Ou seja:

---

[6] Na verdade, Rex apenas sistematiza as situações tratadas por Louis

"(1) uma situação de diferenciação, desigualdade e pluralismo entre grupos;

(2) a possibilidade de distinguir, de modo preciso, esses grupos pela sua aparência física, sua cultura ou, ocasionalmente, apenas por sua ancestralidade;

(3) a justificativa e explicação de tal discriminação em termos de alguma teoria implícita ou explícita, muitas vezes, mas nem sempre, de tipo biológica" (Rex, 1983: 30).

Rex sistematiza, na verdade, duas condições gerais que fundamentam toda e qualquer hierarquia social, inclusive aquela em que parece justificado empregar o conceito sociológico de "raça", quais sejam: (1) uma desigualdade estrutural entre grupos humanos convivendo num mesmo Estado; (2) uma ideologia ou teoria que justifica ou respalda tais desigualdades. A essas, podemos ainda juntar uma terceira condição, também geral: (3) estas formas de desigualdades são justificadas em termos do pretenso caráter natural da ordem social.

Ora, como se pode ver, tais condições se aplicam não apenas ao campo das relações raciais, mas a todos os campos da hierarquização social: classes, raças, etnias, gêneros, grupos religiosos, etc.

O estudo das relações raciais avançou, portanto, em direção a uma generalização que, ao produzir uma síntese, na descoberta do processo de naturalização, ameaçou diluir sua capacidade analítica. Por isso mesmo, deve-se fazer um esforço no sentido de obter maior precisão dos tipos particulares de discriminação, ligados a diferentes formas de identidades sociais.

Apesar do fato de todos os grupos humanos considerarem "naturais" as características pelas quais eles se diferenciam, uns dos outros, e ademais de estarem todos submersos em situações

---

Wirth (1945), e depois por Charles Wagley e Marvin Harris (1964), através do conceito de "minorias".

de desigualdade de poder, de direitos e de cidadania, o fato é que as teorias e os critérios empregados para distinguir os grupos não são sempre os mesmos, nem têm, todos, os mesmos fundamentos e as mesmas consequências.

Algumas características, por exemplo, se fundamentam numa "biologia" — científica ou não — e consubstanciam teorias sobre "raças" ou "gêneros". Mas nem por isso me parece correto tratar situações de racismo como sendo situações de sexismo. Do mesmo modo, não me parece correto confundir, sob um mesmo conceito, os problemas enfrentados, por exemplo, pelos italianos, no começo do século, em São Paulo, com aqueles enfrentados pelos ex-escravos africanos e crioulos no mesmo período, na mesma cidade. Apesar de se tratar, nos dois casos, falando de uma maneira muito geral, da possibilidade de integração de grupos étnicos em uma sociedade nacional, a ideologia racial dessa sociedade transformou um desses grupos em etnia e em "raça" o outro.

Para definir cada uma dessas situações de maneira precisa, é necessário, portanto, partir do único traço que as diferencia: a teoria e ideologia que respaldam as desigualdades sociais e as justificam.[7] Daí por que, para definir um campo de estudos das "relações raciais" e do "racismo", urge definir o campo ideológico — a teoria — em que o conceito de "raça" tem vigência.

Para isso, proponho-me utilizar o termo "racialismo", tal como Kwame Anthony Appiah o utiliza, para referir-se à doutrina segundo a qual "há características hereditárias, partilhadas por membros de nossa espécie, que nos permitem dividi-la num pequeno número de raças, de tal modo que todos os membros de

---

[7] Isso não significa dizer que as condições econômicas, sociais e políticas que condicionam a formação histórica das hierarquias sociais não sejam importantes. De fato, é possível que as semelhanças de formação histórica entre duas ordens hierárquicas, baseadas em doutrinas teóricas diferentes, possam, em certos casos, suplantar, em termos de condicionantes da ação, essas diferenças. Todavia, tal possibilidade é episódica e marginal para a argumentação que estamos desenvolvendo.

Raça e racismo no Brasil

uma raça partilhem entre si certos traços e tendências que não são partilhados com membros de nenhuma outra raça. Esses traços e tendências característicos de uma raça constituem, na perspectiva racialista, uma espécie de essência racial; [essa essência] ultrapassa as características morfológicas visíveis — cor da pele, tipo de cabelo, feições faciais — com base nas quais fazemos nossas classificações formais" (Appiah, 1992: 4-5).

Devo observar, entretanto, que Appiah parece acreditar às vezes que essa "essência racial" tem características absolutas que, para ele, coincidem com a definição norte-americana de "raça".[8] Para mim, ao contrário, essa "essência" é definida pela cultura, utilizando diferentes regras para traçar filiação e pertença grupal, a depender do contexto histórico, demográfico e social. É preciso, portanto, modificar a definição de Appiah em dois pontos: primeiro, trata-se de um sistema de marcas físicas (percebidas como indeléveis e hereditárias), ao qual se associa uma "essência", que consiste em valores morais, intelectuais e culturais. Segundo, apesar de todo racialismo necessitar da ideia de "sangue", como veículo transmissor dessa "essência", as regras de transmissão podem variar, amplamente, segundo os diferentes racialismos. Feitas tais correções, mas ressalvando-se o sentido preciso que lhe deu Appiah, os diferentes racialismos podem ser considerados como "biologias" vulgares.

Para sumariar a discussão feita até aqui, afirmo que o conceito de "raça" não faz sentido senão no âmbito de uma ideologia

---

[8] Comentando, por exemplo, uma referência de W. E. B. Du Bois às teorias de absorção do negro pela mestiçagem com brancos, tão comuns no Brasil àquela época, diz Appiah (1992: 195): "Essa referência à absorção racial reflete a ideia de que os Africanos-Americanos deveriam desaparecer, posto que sua herança genética seria diluída na herança branca. Tal ideia é absurda, na perspectiva de qualquer teoria baseada numa essência racial, posto que uma pessoa teria ou não tal essência. Pensar de outro modo seria conceber essências raciais como genes, e a genética mendeliana ainda não tinha sido 'descoberta' quando Du Bois escreveu a peça sob exame".

ou teoria taxonômica, à qual chamarei de racialismo. No seu emprego científico, não se trata de conceito que explique fenômenos ou fatos sociais de ordem institucional, mas de conceito que ajude o pesquisador a compreender certas ações subjetivamente intencionadas, ou o sentido subjetivo que orienta certas ações sociais.

Tal conceito é plenamente sociológico apenas por isso, porque não precisa estar referido a um sistema de causação que requeira um realismo ontológico. Não é necessário reivindicar nenhuma realidade biológica das "raças" para fundamentar a utilização do conceito em estudos sociológicos.[9]

A NOÇÃO DE RACISMO E O PROCESSO DE NATURALIZAÇÃO

Passemos, agora, a um breve exame da doutrina em que o conceito de "raça" é empregado.

Christian Delacampagne (1990: 85-6) define racismo de modo muito genérico e, ao meu ver, impreciso. Diz ele:

"O racismo, no sentido moderno do termo, não começa necessariamente quando se fala da superioridade fisiológica ou cultural de uma raça sobre outra; ele começa quando se faz a (pretensa) superioridade cultural de um grupo direta e mecanicamente depen-

---

[9] Ao contrário do que faz Outlaw (1990: 65), que define como objeto de uma ciência social da raça os "grupos [que partilham] alguns traços biológicos distintos — ainda que não constituam tipos puros — mas com respeito aos quais fatores socioculturais são de particular importância (mas de modo significativamente diferente do que pensavam os teóricos racialistas do séc. XIX)". Para Outlaw, existe um núcleo biológico do conceito de raça, que ele chama de — "raciação" — "i.e., o desenvolvimento das reservas genéticas distintas dos vários grupos, que determinam a frequência relativa das características partilhadas pelos seus membros, (mas certamente não de modo exclusivo) [e que foi] função também, em parte, do acaso".

Raça e racismo no Brasil

dente da sua (pretensa) superioridade fisiológica; ou seja, quando um grupo deriva as características culturais de outro grupo das suas características biológicas. O racismo é a redução do cultural ao biológico, a tentativa de fazer o primeiro depender do segundo. O racismo existe sempre que se pretende explicar um dado *status* social por uma característica natural" (Delacampagne, 1990: 85-6).

A imprecisão da definição advém do fato de que não se pode, a meu ver, reduzir a ideia de natureza a uma noção biológica. Primeiro, porque, como afirmei, há diversas maneiras de "naturalizar" as hierarquias sociais. O termo "natural", empregado em sentido amplo, significa uma ordem a-histórica ou trans-histórica, isenta de interesses contingentes e particulares, representando apenas atributos gerais da espécie humana ou das divindades.

A ordem natural presumida, portanto, pode ter uma justificativa teológica (origem divina); científica (endodeterminada); ou cultural (necessidade histórica — como no caso de evolucionismos que justificam a subordinação de uma sociedade humana por outra). Em todos os casos, quando essa ordem natural delimita as distâncias sociais, assiste-se a sistemas de hierarquização rígidos e inescapáveis.

As hierarquias sociais podem ser justificadas e racionalizadas, por conseguinte, de diferentes modos, fazendo, todas, apelo à ordem natural. Assim, por exemplo, a ordem econômica era justificada, na Inglaterra do século XIX, como produto das virtudes individuais (os pobres eram pobres porque lhes faltavam sentimentos, virtudes e valores nobres); do mesmo modo, as mulheres teriam posições subordinadas devido às características de seu sexo, e os negros eram escravizados ou mantidos em situação de "ralé" porque sua "raça" seria, intelectual e moralmente, incapacitada para a civilização. É importante lembrar que todas essas hierarquias foram justificadas, e algumas ainda o são, por uma teoria "científica" da natureza (eugenia, biologia e genética).

Em todos esses casos, o grau de "fechamento" do sistema de hierarquização dependeu menos do caráter das marcas utilizadas (marcas de corpo, vestuário, maneiras de agir, etc.) e mais de sua pretensa "naturalidade". É inegável, entretanto, como argumenta Colette Guillaumin (1992), que as marcas de corpo, por serem indeléveis, prestam-se melhor para demarcar um reino natural endodeterminado. De qualquer modo, quando a classe, como no caso das aristocracias, é delimitada, entre outras marcas, pelo sotaque, pela gramática e pelo vocabulário de uma língua, por exemplo, ela pode ser tão inescapável quanto o sexo e a "raça".[10]

Ademais, o processo de "naturalização" está presente em todas as hierarquias sociais, sendo um traço constitutivo das relações de dominação. Como nos ensina Colette Guillaumin (1992: 192),
"a ideia de natureza (e de grupo natural) não pode ser eliminada das relações sociais, onde ocupa — mesmo que nos repugne ver — um lugar central. Ideologicamente escondida (já que a ideologia se esconde sob a 'evidência'), a forma 'natural', quer seja do senso comum ou já institucionalizada, constitui o âmago dos meios técnicos que utilizam as relações de dominação e de força para se impor aos grupos dominados".

A fusão, injustificada, entre essa ideia geral de natureza e sua formulação, mais precisa, pela ciência biológica tem provocado outras confusões entre os estudiosos do "racismo" e "das relações raciais", levando-os a ignorar, por exemplo, a especificidade da ideia de natureza que fundamenta o racismo.[11] Ora, tal ideia

---

[10] Nancy Stepan (1991: 30) ilustra a que ponto chegou a biologização da pobreza, no começo do século XX: "As classes baixas se reproduzindo nos cortiços, os desempregados permanentes, os alcoólatras pobres, os doentes mentais internos em asilos insanos — tanto quanto seu suposto despreparo genético — eram agora os alvos da agitação eugenista".

[11] Segundo Guillaumin (1992: 192), "a ideia social de grupo natural

parece não fazer parte do repertório da antiguidade clássica ou das sociedades pré-modernas. Como diz Colette Guillaumin (1992: 179), "as sociedades teológicas davam ao termo 'natureza' um sentido de ordem interna que continua presente na noção contemporânea, mas que, até o século XIX, não incluía um determinismo endógeno, traço fundamental hoje em dia".

A definição de racismo que me parece correta terá, portanto, de ser derivada de uma doutrina racialista, isto é, de uma teoria das "raças". Appiah, mais uma vez, pode ajudar com a distinção que faz entre dois tipos de racismos, o extrínseco e o intrínseco. Nas suas palavras o racismo extrínseco

> "[...] traça distinções morais entre os membros de diferentes raças porque se acredita que a essência racial implica em certas qualidades moralmente relevantes. Os racistas extrínsecos baseiam a sua discriminação entre os povos na crença de que os membros de raças diferentes se distinguem em certos aspectos que autorizam um tratamento diferencial — tais como honestidade, coragem ou inteligência. Tais aspectos são tidos (pelo menos em muitas culturas contemporâneas) como incontroversos e legítimos como base para o tratamento diferencial dispensado às pessoas" (Appiah, 1992: 5).

Esse tipo deve ser distinguido, para fins políticos e analíticos, do "racismo" que os grupos dominados veem-se forçados a desenvolver para enfrentar a discriminação a que estão submetidos. Este último tipo de pensamento racialista pode ser chamado de "racismo defensivo", de modo a sinalizar sua diferença funcional, ou de "racismo antirracista", como fez Sartre, para ressaltar sua função política. Appiah o chama de "racismo intrínseco":

---

repousa sobre um postulado ideológico de que se trata de uma unidade endodeterminada, hereditária, heterogênea às outras unidades sociais".

"Racistas intrínsecos, na minha definição, são pessoas que fazem distinções de natureza moral entre indivíduos de raças diferentes porque acreditam que cada raça tem um *status* moral diferente, independente das características morais implicadas em sua essência racial. Assim como, por exemplo, muitas pessoas que são biologicamente relacionadas a outras — um irmão, um tio, um primo — derivam desse fato um interesse moral por essas pessoas, também um racista intrínseco pensa que o simples fato de ser da mesma raça é uma razão plausível para preferir uma pessoa a outra" (Appiah, 1992: 6).

Essa dupla definição de racismo, distinguindo-o na sua manifestação exterior e interior ao grupo inferiorizado, permite considerar todas as possibilidades nas quais a ideia de "raça" empresta um sentido subjetivamente visado à ação social, cobrindo, portanto, aquele campo que podemos definir, de modo estrito, como o campo das relações raciais.

RETEORIZANDO O RACISMO

Vimos que, nos anos 70, do ponto de vista de suas estruturas, funções e mecanismos, a definição sociológica de "raça" mostrava-se insuficiente para distinguir "raça" de gênero, etnicidade, classe social, ou qualquer outra forma de hierarquização social.

Os teóricos do período, entretanto, não pareceram perceber o alcance dessa ambiguidade definicional. Na maioria dos casos, ainda quando definiam "raça" de maneira flexível, não tinham consciência de que tal definição abarcava outras formas de hierarquia. Somente nos anos 80, a voga pós-estruturalista, vinda da França, trouxe autoconsciência à ambígua definição de "raça". O desconstrutivismo nas ciências sociais favoreceu uma metaforização ampliada do termo. A análise do campo discursivo do racismo, tanto antigo (biologismo), quanto novo (diferencialismo cultural), introduziu a percepção de que, ao analisarem-se as hierarquias, lidava-se com um mesmo processo sub-reptício de "naturalização" e um mesmo essencialismo, escondidos sob diferentes fenômenos empíricos.

Desse modo, ainda não se podia diferenciar, na teoria, o racismo de outras formas de discriminação. Chamar de racismo qualquer tipo de discriminação baseada em construções essencialistas — ainda que se revelem assim os mecanismos internos — significa transformar o racismo numa simples metáfora, numa imagem política.

Sem dúvida, pode-se usar o termo "racismo" como uma metáfora para designar qualquer tipo de essencialismo ou naturalização que resultem em práticas de discriminação social. Tal uso é, contudo, frouxo quando a ideia de "raça" encontra-se empiricamente ausente e apenas empresta um sentido figurativo ao discurso discriminatório. Penso que seria mais correto designar tais práticas discriminatórias por termos específicos como "sexismo", "etnicismo", etc. A referência à "raça", porque se encontra subsumida em outras diferenças, funciona apenas como uma imagem de diferença irredutível. Henry Louis Gates Jr., a propósito, afirma:

> "A raça tornou-se uma imagem da diferença absoluta e irredutível entre culturas, grupos linguísticos, ou aderentes a certos sistemas de crenças que — na maioria das vezes, mas não sempre — apresentam também interesses econômicos opostos. A raça tornou-se a figura suprema da diferença porque ela é necessariamente arbitrária em sua aplicação" (Gates Jr., 1985: 5).

Em certos casos, ao contrário, o preconceito e a discriminação pressupõem ou se referem à ideia de "raça" de maneira central. Nestes, as demais diferenças são imagens figuradas de "raça". São casos em que a hierarquia social não poderia manter um padrão discriminatório sem as diferenças raciais. Apenas aí pode-se falar de racismo, ou racismos, de um modo preciso.

De fato, quando a "raça" está presente, ainda que seu nome não seja pronunciado, a diferenciação entre tipos de racismo só pode ser estabelecida através da análise de sua formação histórica particular, isto é, através da análise do modo específico como a classe social, a etnicidade, a nacionalidade e o gênero tornaram-se metáforas para a "raça" ou vice-versa. É com esse sentido preciso que falo de racismo neste livro.

2.
RACISMO E ANTIRRACISMO NO BRASIL[12]

Qualquer estudo sobre o racismo no Brasil deve começar por notar que, aqui, o racismo foi, até recentemente, um tabu. De fato, os brasileiros se imaginam numa democracia racial. Essa é uma fonte de orgulho nacional, e serve, no nosso confronto e comparação com outras nações, como prova incontestе de nosso *status* de povo civilizado.

Essa pretensão a um antirracismo institucional tem raízes profundas, tanto na nossa história, quanto na nossa literatura. Desde a Abolição da escravatura, em 1888, não experimentamos nem segregação, ao menos no plano formal, nem conflitos raciais. Em termos literários, desde os estudos pioneiros de Gilberto Freyre, no início dos anos 30, seguidos por Donald Pierson, nos anos 40, até, pelo menos, os anos 70, a pesquisa especializada de antropólogos e sociólogos, de um modo geral, reafirmou (e tranquilizou), tanto aos brasileiros quanto ao resto do mundo, o caráter relativamente harmônico de nosso padrão de relações raciais. Na última edição do *Dictionary of Race and Ethnic Relations*, de Cashmore (1994), por exemplo, Pierre van der Berghe sumaria o verbete "Brazil" do seguinte modo:

"Em suma, o Brasil pode ser descrito como uma sociedade onde as distinções de classe são profundamente marcadas, onde classe e cor sobrepõem-se mas

---

[12] Escrito a partir do artigo "Racismo e antirracismo no Brasil", *Novos Estudos Cebrap*, nº 43, nov. 1995, pp. 26-44.

não coincidem, onde a classe muitas vezes prevalece sobre a cor, e onde a 'raça' é matéria de foro individual e de preferência pessoal, ao invés de filiação coletiva" (Cashmore, 1994: 49).

Neste capítulo, argumento que tal tipo de interpretação sobre as relações raciais e o racismo no Brasil deve-se a uma problemática social europeia e norte-americana, já superada nos anos 70, mas ainda dominante no Brasil. Tal problemática foi expressa por um discurso conceitual também largamente suplantado em seus termos básicos, inclusive no que diz respeito ao significado de "raça" e de racismo. Minha pretensão é dupla: quero demonstrar, em primeiro lugar, que a linguagem de classe e de cor, no Brasil, sempre foi usada de modo racializado. Tanto a tonalidade de pele quanto outras cromatologias figuradas "naturalizaram" enormes desigualdades que poderiam eventualmente comprometer a autoimagem brasileira de democracia racial. Em segundo, quero indicar qual tem sido o contencioso político do racismo no Brasil em termos históricos e práticos. Daí por que, ainda que as principais fontes utilizadas sejam discursos científicos, procurarei sempre referir-me às versões populares dos discursos e crenças.

Antes de iniciar, contudo, é preciso reconstituir, ainda que de modo breve, a mudança de problemática do antirracismo no Ocidente, e apresentar a ideia de "raça como um significante flutuante".[13]

---

[13] Este foi o título da primeira de uma série de três palestras que Stuart Hall proferiu na Harvard University, na primavera de 1994.

A MUDANÇA DE AGENDA
DO ANTIRRACISMO OCIDENTAL

O campo de pesquisa científica conhecido como "relações raciais" é de inspiração norte-americana. Os cientistas sociais tomaram, em geral, o padrão de relações raciais nos Estados Unidos como modelo para comparar, contrastar e entender a construção social das "raças" em outras sociedades, especialmente no Brasil. Tal modelo, elevado a arquétipo, acabou por esconder, antes que revelar, negar, mais que afirmar, a existência das "raças" no Brasil. De fato, o modelo norte-americano exibia um padrão de relações violento, conflitivo, segregacionista, vulgarmente conhecido como "Jim Crow", sancionado por regras precisas de filiação grupal, baseadas em arrazoados biológicos que definiam as "raças". O modelo brasileiro, ao contrário, mostrava uma refinada etiqueta de distanciamento social e uma diferenciação aguda de *status* e de possibilidades econômicas, convivendo com equidade jurídica e indiferenciação formal; um sistema muito complexo e ambíguo de diferenciação racial, baseado sobretudo em diferenças fenotípicas, e cristalizado num vocabulário cromático.

Por que esses dois sistemas foram tomados como polos opostos? Por que as similaridades funcionais entre eles passaram despercebidas, até mesmo a cientistas mergulhados no pensamento funcional-estruturalista?

Aponto três razões que me parecem as mais importantes. A primeira diz respeito ao programa político do antirracismo ocidental, que enfatizava, à época, o estatuto legal e formal da cidadania, ao invés de seu exercício fatual e prático. Esse programa refletia a força dos interesses liberais nos Estados Unidos e nas ex-colônias europeias, e não contradizia os interesses da ordem racial brasileira. No Brasil, esse programa, esposado por intelectuais "brancos" de classe média, ignorou muitas vezes o antirracismo popular dos pretos e mulatos, que denunciavam as barreiras intransponíveis do "preconceito de cor".

Racismo e antirracismo no Brasil

Diferenciando "preconceito" de "discriminação", à maneira dos norte-americanos, e colocando o primeiro no reino privado do arbítrio individual, negando-lhe, portanto, uma dimensão propriamente social, o antirracismo erudito de então operou muitas vezes, de fato, funcionalmente, como um esforço ideológico de obscurecer o verdadeiro racismo nacional.[14]

Em segundo lugar, a definição de "raça" como um conceito biológico — ou pelo menos como uma noção sobre diferenças biológicas, objetivas (fenótipos), entre seres humanos — escondia tanto o caráter racialista das distinções de cor, quanto seu caráter construído, social e cultural. Se a noção de "raça" referia-se a diferenças biológicas, hereditárias e precisas, então, segundo esse modo de pensar, a "cor" não podia ser considerada uma noção racialista, posto que não teria uma remissão hereditária única e inconfundível, mas seria apenas um fato concreto e objetivo. Poder-se-ia, assim, rejeitar a noção biológica de "raça", e ainda reconhecerem-se diferenças objetivas de "cor".

Em terceiro lugar, o realismo ontológico das ciências sociais buscava o conhecimento de essências e a formulação de explicações causais, negligenciando a tecedura discursiva e metafórica que escondia o racismo sob uma linguagem de *status* e de classe. Desse modo, a simetria entre o discurso classista e racial no Brasil, quando percebida, foi tomada, por equívoco, como prova de insignificância das "raças".

Tratava-se, porém, de uma tendência mundial. De fato, no pós-guerra, a luta antirracista foi muito clara e precisa em seus objetivos: demonstrar o caráter não científico e mitológico da noção de "raça", e denunciar as consequências inumanas e bárbaras do racismo. Ambas as metas foram levadas a cabo num ambiente de vívido realismo e de experiência empírica, que pres-

---

[14] Referindo-se especificamente a Pierson e a Oracy Nogueira (1954), Anani Dzidzienyo (1971: 4) observou: "Numa situação onde é considerado desaconselhável indulgir-se em discriminação franca, pode-se sempre refugiar na explicação de que se trata de preconceito, e não de discriminação".

cindiam de maiores justificativas ontológicas: o holocausto e a desmoralização das "raças" como conceito científico.[15]

O programa antirracista, portanto, teve no pós-guerra dois alvos privilegiados: a segregação racial nos Estados Unidos ("Jim Crow") e o *apartheid* na África do Sul, ou seja, os dois sistemas de racismo de Estado que sobreviveram à Segunda Grande Guerra. Tal programa podia ser expresso em termos de uma lógica universalista, que negava a existência de diferenças intransponíveis entre seres humanos. Lógica conveniente para os brasileiros brancos, posto que obscurecia o racismo assimilacionista, que prevalecera historicamente no Brasil, como veremos adiante.

O antirracismo anglo-americano, entretanto, não foi um participante menos ativo na mistificação e idealização do Brasil como "paraíso racial". Hellwig (1992) reúne impressões de viajantes e cientistas sociais norte-americanos negros sobre o Brasil, entre 1910 e 1940, sem um único registro sobre discriminação racial no país; de 1940 a 1960, os registros de discriminação são, em geral, ambivalentes, ou subsumidos em raciocínios classistas.

As percepções começaram a mudar apenas quando a segregação racial foi desmantelada nos Estados Unidos, em consequência do Movimento dos Direitos Civis. Foi aí que as desigualdades raciais passaram a ser claramente atribuídas à operação de mecanismos sociais mais sutis — a educação escolar, a seletividade do mercado de trabalho, a pobreza, a organização familiar, etc. A mudança de percepção da discriminação racial, nos Estados Unidos, alterou tanto a percepção do Brasil pelos anglo-americanos, quanto o programa político do antirracismo. Desde então, a denúncia das desigualdades raciais, mascaradas em termos de classe social ou de *status*, passou a ser um item importante na pauta antirracista. Os racismos brasileiro e norte-americano tornaram-se, portanto, muito mais parecidos entre si.

---

[15] Uma história da formulação e de posterior abandono do conceito de "raça" pelas ciências naturais pode ser consultada em Rex (1986); Banton (1977, 1987); e Barkan (1992).

Racismo e antirracismo no Brasil   43

Também o nacionalismo negro e o movimento feminista, nos anos 70, imprimiram outra dinâmica às percepções antirracistas; o primeiro, pela luta contra a destruição e a inferiorização do legado cultural africano, denunciando o estatuto subordinado do negro e da África implícito no antirracismo assimilacionista e universalista; o segundo, pela ênfase com que denunciou o processo de naturalização e de justificação social de hierarquias culturais, que emprestava às diferenças sexuais um caráter racializado.[16]

Essa mutação de percepções completou-se com a imigração massiva de povos do Terceiro Mundo (indianos, caribenhos, árabes, turcos, latino-americanos, africanos, chineses, coreanos, etc.) em direção a uma Europa que se imaginava antirracista e que se confrontava agora com "estrangeiros" inassimiláveis: povos de cor que apresentavam e, orgulhosamente, cultivavam nítidas diferenças religiosas, linguísticas e culturais. Foram esses os ingredientes para o que se chamou de um "novo racismo", ou um "racismo sem raça", no qual

> "A cultura é traçada ao longo de linhas étnicas absolutas, não como algo intrinsecamente fluido, mutante, instável e dinâmico, mas como uma propriedade fixa de grupos sociais, ao invés de campo relacional no qual os grupos se encontram e vivenciam relações sociais e históricas. Quando a cultura é relacionada à 'raça', transforma-se, então, numa propriedade pseudobiológica de vida comunal" (Gilroy, 1993: 24).

"RAÇA" E COR

Na literatura que trata das relações raciais no Brasil, como observou Peter Wade (1994: 28), "a distinção entre aparência e

---

[16] Ver Guillaumin (1992) e Stepan (1990), entre outras, sobre a racialização das relações de gênero.

ancestralidade permanece, muitas vezes, obscura e posta em paralelo com a distinção entre a insignificância e a significância da 'raça'". Como os negros, no Brasil, não são definidos pela regra "uma gota de sangue negro faz de alguém um negro", e como não há uma regra clara de descendência biológica definindo grupos raciais, mas, ao contrário, as classificações seguem diferenças de aparência física e a "interação entre uma variedade de *status* adquiridos e adscritos" (Harris, 1974), isto parece significar, para alguns autores, que não se pode falar, nem mesmo, de grupos raciais no Brasil, mas apenas de "grupos de cor".[17]

Os sociólogos aceitaram amplamente a ideia segundo a qual, no Brasil e na América Latina, em geral, não havia preconceito racial, mas apenas "preconceito de cor". Essa tradição começou com um artigo seminal de Franklin Frazier, publicado em 1942, que nos visitara dois anos antes. Disse ele:

> "No entanto, há no Brasil uma certa dose de preconceito de cor, que deve ser distinguido do preconceito racial, no sentido americano. Por *preconceito de cor*, em contraste com o *preconceito racial*, entende-se que as atitudes em relação a pessoas de ascendência negra são influenciadas pela cor e não pela origem racial ou biológica. O sangue negro não é visto como um estigma nem identifica alguém racialmente. Quando os brasileiros usam o termo *negro* — o que raramente fazem — estão se referindo a negros puros. De fato, o termo *preto* é geralmente usado, assim como outros termos, para descrever as características físicas das pessoas" (Frazier 1942: 292, tradução e itálicos meus).

---

[17] Degler (1991: 103) segue essa tendência, ressaltando "a ênfase brasileira sobre a aparência e não sobre o legado genético ou racial" e refere-se ao Brasil como "uma sociedade na qual as distinções são feitas entre uma variedade de cores, e não entre raças, como nos Estados Unidos" (Degler, 1991: 244).

Racismo e antirracismo no Brasil

Winthrop R. Wright (1990: 3), muitos anos depois, ainda repete a observação de Frazier, desta feita referindo-se à Venezuela: "Mas os venezuelanos consideram negros apenas as indivíduos de pele negra. A cor, e não a raça — a aparência, e não a origem — influenciam muito mais a percepção dos venezuelanos sobre os indivíduos".

Florestan Fernandes (1965: 27-8), contudo, já havia apontado para o fato de que o "preconceito de cor" deveria ser usado como uma noção nativa — conceitualizado, no início, pela Frente Negra Brasileira, em 1930 — para referir-se à forma particular de discriminação racial que oprime os negros brasileiros. Trata-se de discriminação em que a "cor", vista como fato objetivo e natural, e não a "raça", vista como conceito abstrato e científico, é decisiva.

Ora, a noção nativa de "cor" é falsa, pois só é possível conceber-se a "cor" como um fenômeno natural se supusermos que a aparência física e os traços fenotípicos são fatos objetivos, biológicos, e neutros com referência aos valores que orientam a nossa percepção. É desse modo que a "cor", no Brasil, funciona como uma imagem figurada de "raça". Quando os estudiosos incorporam ao seu discurso a cor, como critério para referir-se a grupos "objetivos", eles estão se recusando a perceber o racismo brasileiro. Suas conclusões não podem deixar de ser formais, circulares e superficiais: sem regras claras de descendência não haveria "raças", mas apenas grupos de cor.

Ora, não há nada natural ou espontâneo acerca dos traços fenotípicos e da cor. Pode-se, a esse respeito, recordar as palavras de Henry Louis Gates Jr. (1985: 6):

"Necessita-se de pouca reflexão, contudo, para se reconhecer que essas categorias pseudocientíficas são, elas próprias, imagens. Quem já viu realmente uma pessoa preta ou vermelha, uma pessoa branca, amarela ou marrom? Esses termos são construções arbitrárias, não registros de realidade. Mas a linguagem não é apenas o meio de veiculação dessa tendência insidiosa; é-lhe, também, o signo. O uso da linguagem corrente significa a diferença entre culturas e seu diferencial de poder, expressando a distância entre subordinado e superordinado, entre servo e senhor, em termos de sua 'raça'".

De fato, não há nada espontaneamente visível na cor da pele, no formato do nariz, na espessura dos lábios ou dos cabelos, ou mais fácil de ser discriminado nesses traços do que em outros, como o tamanho dos pés, a altura, a cor dos olhos ou a largura dos ombros. Tais traços só têm significado no interior de uma ideologia preexistente (para ser preciso: de uma ideologia que cria os fatos, ao relacioná-los uns aos outros), e apenas por causa disso funcionam como critérios e marcas classificatórios.

Em suma, alguém só pode ter cor e ser classificado num grupo de cor se existir uma ideologia em que a cor das pessoas tenha algum significado. Isto é, as pessoas têm cor apenas no interior de ideologias raciais.

O RACISMO NO PARAÍSO RACIAL

Qual é a ideologia racial que particulariza o Brasil?

Uma primeira especificidade do racismo brasileiro, mas também da América Latina em geral, provém do fato de que a nacionalidade brasileira foi formada, ou "imaginada" — para usar a fina metáfora empregada por Benedict Anderson (1992) — como uma comunidade de indivíduos dissimilares em termos étnicos, que chegavam de todas as partes do mundo, mormente da Europa. No Brasil, a nação foi formada por um amálgama de crioulos,[18] cuja origem étnica e racial foi "esquecida" pela nacionali-

---

[18] Emprego o termo "crioulo" no sentido de descendentes de colonizadores ou estrangeiros nascidos nas Américas. Este é um significado mais

dade brasileira. A nação permitiu que uma penumbra cúmplice encobrisse ancestralidades desconfortáveis.

Com a substituição da ordem escravocrata por outra ordem hierárquica, a "cor" passou a ser uma marca de origem, um código cifrado para a "raça". O racismo colonial, fundado sobre a ideia da pureza de sangue dos colonizadores portugueses, cedeu lugar, depois da independência do país, à ideia de uma nação mestiça (Skidmore, 1993; Wright, 1990; Wade, 1993), cuja cidadania dependia do lugar de nascimento (a nossa "naturalidade") e não de ancestralidade.[19] Para entender o racismo resultante desse processo de formação nacional, é, pois, necessário entender como foi construída a noção do "branco" brasileiro. Voltaremos a isso adiante.

Outras duas características das relações raciais no Brasil, e na América Latina em geral, foram apenas referidas acima, necessitando um pouco mais de explicitação. Uma é a existência de uma ordem oligárquica, na qual a "raça", isto é, a "cor", o *status* e a classe estão intimamente ligados entre si. Suzanne Oboler escreve:

> "Como resultado da miscigenação extensiva corrente nas colônias, as classificações raciais, o *status* social e a honra evoluíram para um arranjo hierárquico que Lipschütz chamou de 'pigmentocracia'. Este era

---

frequente na América hispânica que na portuguesa, posto que, no Brasil, reserva-se geralmente a palavra "crioulo" para designar apenas os africanos nascidos aqui, chamando de "brasileiros" os descendentes de europeus. Este último uso antecipa a transposição de significado entre "europeu", "brasileiro" e "branco", que explorarei adiante.

[19] Para ser exato, também a cidadania nos Estados Unidos seguiu o "direito de solo"; entretanto, eles desenvolveram uma autoimagem de transplante europeu (o caldeirão étnico) muito mais exclusivista (em termos europeus) que a autoimagem de mistura de três raças, que nós desenvolvemos. À exacerbada consciência de comunidade, nos Estados Unidos, correspondeu uma nacionalidade mixofóbica, avessa à mistura racial, para empregar o termo de Taguieff (1987).

um sistema racial, como Ramón Gutiérrez descreveu, no qual a clareza da pele estava diretamente relacionada a maior *status* social e a maior honra; enquanto a cor mais escura estava associada tanto com 'o trabalho físico dos escravos e dos índios', quanto, visualmente, com 'a infâmia dos conquistados'. A noção espanhola de *pureza de sangre* fora, assim, instilada no modo como a aristocracia do Novo Mundo entendia os conceitos inter-relacionados de raça, *status* social e honra" (Oboler, 1995: 28).

No Brasil, esse sistema de hierarquização social — que consiste em gradações de prestígio formadas por classe social (ocupação e renda), origem familiar, cor e educação formal — funda-se sobre as dicotomias que, por três séculos, sustentaram a ordem escravocrata: elite/povo e brancos/negros são dicotomias que se reforçam mútua, simbólica e materialmente.

Emília Viotti da Costa reconhece esta origem do preconceito de cor no Brasil, quando escreve: "O preconceito racial servia para manter e legitimar a distância do mundo dos privilégios e direitos do mundo de privações e deveres" (Da Costa, 1988: 137). A doutrina liberal do século XIX, segundo a qual os pobres eram pobres porque eram inferiores, encontrava, no Brasil, sua aparência de legitimidade no aniquilamento cultural dos costumes africanos e na condição de pobreza e de exclusão política, social e cultural da grande massa dos pretos e mestiços. A condição de pobreza dos pretos e mestiços, assim como, anteriormente, a condição servil dos escravos, era tomada como marca de inferioridade.

Viotti da Costa, Florestan Fernandes e outros demonstraram muito bem que a elite brasileira (incluindo a maioria dos abolicionistas) era prisioneira dessa lógica justificadora das desigualdades. Para os liberais, a escravidão significava, antes de tudo, um obstáculo para as suas ideias. Eles não tinham uma reflexão sobre as relações raciais, nem se preocupavam com a condição dos negros depois da abolição.[20] A admissão da igualdade universal entre os homens era colocada ao nível dogmático e teórico, acima e além de qualquer contato ou engajamento com os interesses reais das pessoas envolvidas. Tal como hoje, essa teoria coexistia, sem maiores problemas, com a enorme distância social e com o sentido de superioridade que separavam os brancos e letrados dos pretos, dos mulatos e da gentinha em geral.

De fato, a ideia de "cor", apesar de afetada pela estrutura de classe (daí por que o "o dinheiro embranquece", assim como a educação), funda-se sobre uma noção particular de "raça". Tal noção, ainda que gire em torno da dicotomia branco/negro, tal como no mundo anglo-saxônico, é específica na maneira como define "branco". No Brasil, o "branco" não se formou pela exclusiva mistura étnica de povos europeus, como ocorreu nos Estados Unidos com o "caldeirão étnico" (Omi e Winant, 1986; Oboler, 1995; Lewis, 1995); ao contrário, como "branco" contamos aqueles mestiços e mulatos claros que podem exibir os símbolos dominantes da europeidade: formação cristã e domínio das letras.[21]

Por extensão, as regras de pertença minimizaram o polo "negro" da dicotomia, separando, assim, mestiços de pretos. O sig-

---

[20] As ideias de José Bonifácio sobre a escravidão e a economia agrícola do período são exemplares a esse respeito. Ver Da Costa (1988) e Florestan Fernandes (1965).

[21] Sobre a importância das letras, em geral, Henry L. Gates Jr. (1985: 8) escreve: "[...] depois de Descartes, a razão passou a ser valorizada e privilegiada entre todas as características humanas. A escrita, especialmente depois que a imprensa se vulgarizou, foi tomada como o símbolo visível da razão. Os pretos eram considerados 'dotados de razão', e portanto 'homens', se — e somente se — demonstrassem maestria nas 'artes e ciências', a fórmula oitocentista para escrita. Assim, ainda que a Ilustração tenha-se caracterizado por fundar-se sobre a razão humana, ela usou simultaneamente a ausência e presença da razão para delimitar e circunscrever a própria humanidade das culturas e dos povos de cor que os europeus descobriam, desde a Renascença".

nificado da palavra "negro", portanto, cristalizou a diferença absoluta, o não europeu. Neste sentido, um "preto" verdadeiro não era um homem letrado, nem um cristão completo, pois carregaria sempre consigo algumas crenças e superstições animistas (omito, de propósito, qualquer consideração a respeito da mulher negra, sistematicamente ausente do processo identificatório). Em consequência, nos meios e lugares mestiços do Brasil, somente aqueles com pele realmente escura sofrem inteiramente a discriminação e o preconceito, antes reservados ao negro africano. Aqueles que apresentam graus variados de mestiçagem podem usufruir, de acordo com seu grau de brancura (tanto cromática quanto cultural, posto que "branco" é um símbolo de "europeidade"), alguns dos privilégios reservados aos brancos.

Anani Dzidzienyo notou essa peculiaridade das relações raciais no Brasil, quando caracterizou, em 1971, o que considerou o "marco da decantada 'democracia racial' brasileira", como "a distorção de que branco é melhor e preto é pior, e que, portanto, quanto mais próximo de branco, melhor. A força desta opinião sobre a sociedade brasileira é completamente perversiva e abarca a totalidade dos estereótipos, dos papéis sociais, das oportunidades de emprego, dos estilos de vida e, o que é mais importante, serve como pedra de toque para a sempre observada 'etiqueta' das relações raciais no Brasil" (Dzidzienyo, 1971: 3).

A MUTAÇÃO DO RACISMO
NO BRASIL

Qualquer análise do racismo brasileiro deve considerar, de início, três grandes processos históricos. Primeiro, o processo de formação da nação brasileira e seu desdobramento atual; segundo, o intercruzamento discursivo e ideológico da ideia de "raça" com outros conceitos de hierarquia como classe, *status* e gênero; por último, as transformações da ordem socioeconômica e seus efeitos regionais. Procurarei, em seguida, tocar nos pontos principais (do ponto de vista do racismo atual) de cada um desses processos.

Uma discussão sobre a nacionalidade é de fundamental importância, porque, no Brasil, como já sugerido, as regras de pertença nacional suprimiram e subsumiram sentimentos étnicos, raciais e comunitários. A nação brasileira foi imaginada numa conformidade cultural em termos de religião, raça, etnicidade e língua. Neste contexto nacional, o racismo brasileiro só poderia ser *heterofóbico*, isto é, um racismo que "é a negação absoluta das diferenças", que "pressupõe uma avaliação negativa de toda diferença, implicando um ideal (explícito ou não) de homogeneidade" (Taguieff, 1987: 29).

Mas a negação de diferenças não significa que o racismo universalista, ilustrado, seja necessariamente disfarçado, envergonhado de ser o que é. Ao contrário, essa timidez do racismo tem, ela mesma, uma história. No começo do século atual, por exemplo, o racismo heterofóbico brasileiro era explícito.

O pensamento racista brasileiro, àquela época, nada mais era que uma adaptação do chamado "racismo científico", cujas doutrinas pretendiam demonstrar a superioridade da raça branca. Se é verdade que cada racismo tem uma história particular, a ideia de "embranquecimento" é, com certeza, aquela que especifica o nosso pensamento racial. Essa doutrina baseava-se, segundo Thomas Skidmore,

> "[...] no pressuposto da superioridade branca — algumas vezes implícita, pois deixava em aberto a questão de saber quão 'inata' era a inferioridade negra, e usava os eufemismos 'raças mais avançadas' e 'menos avançadas'. Mas a este pressuposto juntavam-se dois outros. Primeiro, que a população negra estava se tornando progressivamente menos numerosa que a branca, por razões que incluíam uma taxa de natalidade supostamente menor, uma maior incidência de doenças e sua desorganização social. Segundo, a miscigenação estaria 'naturalmente' produzindo uma popula-

ção mais clara, em parte porque o gene branco seria mais resistente e em parte porque as pessoas escolhiam parceiros sexuais mais claros" (Skidmore, 1993: 64-5).

Em suma, a particularidade do racialismo brasileiro residiu na importação de teorias racistas europeias, excluindo duas de suas concepções importantes — "o caráter inato das diferenças raciais e a degenerescência proveniente da mistura racial — de modo a formular uma solução própria para o 'problema negro'" (Skidmore, 1993: 77). O núcleo desse racialismo era a ideia de que o sangue branco purificava, diluía e exterminava o negro, abrindo, assim, a possibilidade para que os mestiços se elevassem ao estágio civilizado.

A ideia de "embranquecimento" foi elaborada por um orgulho nacional ferido, assaltado por dúvidas e desconfianças a respeito do seu gênio industrial, econômico e civilizatório. Foi, antes de tudo, uma maneira de racionalizar os sentimentos de inferioridade racial e cultural instilados pelo racismo científico e pelo determinismo geográfico do século XIX.

Os primeiros trabalhos de Gilberto Freyre, seguidos pouco depois por Donald Pierson, Melville Herskovits, Franklin Frazier, Charles Wagley e pela constituição de todo um campo de estudos de antropologia social, decretaram a morte desse racismo explícito, ainda que ilustrado. Não pretendo, aqui, adentrar-me na discussão dos méritos e das deficiências dos estudos antropológicos do meado do século atual. Mas é certo que eles retiraram da cena intelectual brasileira o racismo ingênuo do início do século. Em razão disso é que venho examinar algumas dessas ideias, na perspectiva crítica de quem se pergunta sobre a mutação do racismo brasileiro.

Começo por observar as mudanças no sentimento de nacionalidade. De fato, quando Donald Pierson (1971 [1942]), Thales de Azevedo (1996 [1955]) e outros conduziam suas pesquisas antropológicas, toda uma nova geração de brasileiros, descendentes de imigrantes italianos, espanhóis, alemães e japoneses,[22] iniciava sua ascensão na vida econômica e social dos estados do Sudeste. São Paulo tornava-se rapidamente a maior cidade industrial da América Latina e, ao mesmo tempo, brasileiros do velho estoque miscigenado acorriam em massa para São Paulo, em busca de empregos, na maioria das vezes em posições subalternas. A nacionalidade brasileira, imaginada tradicionalmente como produto de três raças tristes, encontrava-se sob forte tensão. Tensão que provinha do fato de que os "novos crioulos" brancos (os rebentos brasileiros dos imigrantes recentes) não apresentavam as mesmas uniformidades culturais dos antigos — em termos de religião, por exemplo — e mantinham, em contraste, fortes laços comunitários. Esta novidade era ainda mais importante porque esses novos brasileiros se situavam nas áreas agrícolas e industriais mais dinâmicas e consolidadas do Sul e Sudeste, para onde parecia pender, também, o eixo cultural.

As tradicionais áreas culturais da Bahia, Pernambuco e Minas Gerais permaneciam quase que intocadas, na sua composição racial, pelo afluxo migratório, enquanto outras áreas culturais importantes, como o Rio de Janeiro, São Paulo e Rio Grande do Sul, tinham sua composição racial transformada de modo radical (Merrick e Graham, 1979; Skidmore, 1993).

Tendo a considerar Gilberto Freyre e a antropologia social dos anos 40 e 50, escrita em sua maior parte na Bahia e em Pernambuco, parte de uma reação cultural da "brasilidade" bem-nascida — o modo primeiro de imaginar a nacionalidade — ao desafio cultural que representava a mudança de eixo econômico e cultural em direção aos estados de migração recente. Neste sentido, a ideia de "democracia racial", tal como reinterpretada pela antropologia de Freyre (1933), pode ser considerada um mito fundador de uma nova nacionalidade.

---

[22] Neste livro trato apenas do racismo dirigido contra afro-brasileiros. Acredito, entretanto, que minha análise pode ser aplicada, *cum grano salis*, aos povos indígenas e aos asiático-brasileiros.

Seria, entretanto, um erro pensar que o pensamento antropológico do meado deste século — seguindo os passos de Gilberto Freyre — mudou radicalmente os pressupostos racistas da ideia de embranquecimento. Na verdade, a tese do embranquecimento foi apenas adaptada aos cânones da Antropologia Social, passando a significar a mobilidade ascensional dos mestiços na hierarquia social. Por um lado, "embranquecimento" era uma constatação feita por meio de pesquisas empíricas, um caminho de mobilidade preferencial encontrado entre os negros; mas, por outro lado, esse caminho pressupunha uma visão racista da negritude, ainda que interiorizada pelos negros, para a qual a teoria antropológica da época permaneceu muitas vezes silenciosa e acrítica.

Essa perspectiva eurocêntrica da versão culturalista do "embranquecimento" pode ser encontrada em Freyre (1933), em Donald Pierson (1971 [1942]), em Thales de Azevedo (1955), para ficar com alguns dos mais proeminentes e progressistas antropólogos dos anos 30, 40 e 50, respectivamente.

Ouçamos, por exemplo, Thales de Azevedo:

"Por efeito da mestiçagem e de outros fatores sociobiológicos, o grupo mais escuro, de fenótipo preto, vem sendo absorvido gradativamente no caldeamento étnico; os brancos aumentam em ritmo um pouco mais rápido, enquanto cresce o número de mestiços, registrados nas estatísticas como pardos, para afinal virem a submergir, pela mistura, no grupo de ascendência predominantemente europeia" (Azevedo, 1955: 51).

"Embranquecimento" passou, portanto, a significar a capacidade da nação brasileira (definida como uma extensão da civilização europeia, em que uma nova raça emergia) de absorver e integrar mestiços e pretos. Tal capacidade requer, de modo implícito, a concordância das pessoas de cor em renegar sua ancestralidade africana ou indígena. "Embranquecimento" e "democracia racial" transformaram-se, pois, em categorias de um novo dis-

Racismo e antirracismo no Brasil

curso racialista.[23] O núcleo racista desses conceitos reside na ideia, às vezes totalmente implícita, de que foram três as "raças" fundadoras da nacionalidade, que aportaram diferentes contribuições, segundo as suas qualidades e seu potencial civilizatório. A cor das pessoas assim como seus costumes são, portanto, índices do valor positivo ou negativo dessas "raças".

No cerne deste modo de pensar a nacionalidade, a marca de cor torna-se indelével, não porque sinalize uma ancestralidade inferior, mas porque "explica" a posição inferior atual da pessoa em causa.

Trata-se, por outro lado, de um modo muito particular de pensar o que é ser brasileiro. Escrevendo, em 1953, acerca das "elites de cor na Bahia", cidade em que pelo menos 80% da população têm algum ancestral negro, Thales de Azevedo pode dizer sucessivamente que:

(1) "a Bahia é hoje considerada a cidade mais europeia do Brasil" (p. 25).

(2) "a Bahia considera-se uma das comunidades 'mais brasileiras' de todo o país" (p. 38).

(3) "o Estado da Bahia é provavelmente o mais importante caldeirão étnico euroafricano do Brasil" (p. 48).

Nessas caracterizações, pode-se perceber claramente o deslocamento sutil de significado entre "ser europeu", "ser brasileiro" e "ser mestiço". O deslocamento acaba por impregnar de "europeidade" a nacionalidade imaginada, seja crioulizando-a —

---

[23] Carlos Hasenbalg (1984: 2) já havia chamado a atenção para a importância destes dois conceitos, no entendimento da particularidade do racismo brasileiro. Em suas palavras: "O ideal de embranquecimento estabeleceu um compromisso entre as doutrinas racistas em voga na virada do século XX e a realidade sociorracial do Brasil, ou seja, o grau avançado de mestiçagem da população do país. O conceito de democracia racial é uma poderosa construção ideológica, cujo principal efeito tem sido manter as diferenças inter-raciais fora da arena política, perpetuando-as como conflito latente".

na referência ao "caldeirão étnico", que define os brancos norte-americanos —, seja "embranquecendo" a mestiçagem.

Entretanto, essas diversas caracterizações, que demonstram a nacionalidade típica das elites nordestinas, revelam também as tensões por que passa essa nacionalidade, como resultado da onda de imigração europeia do final do século passado e começo deste, quando milhares de italianos, espanhóis, portugueses, alemães, japoneses, sírios, libaneses e outros colonos ingressaram nos estados do Sul e Sudeste, incentivados por um política oficial de embranquecimento.

A "brancura" produzida por esse "caldeirão étnico" sulista é muito diferente daquela produzida pelo caldeirão étnico colonial a que Thales de Azevedo se refere. Sobretudo porque esses brancos se misturaram racialmente na classe média brasileira e só residualmente nas classes trabalhadoras. Em verdade, a classe operária paulista já havia se transformado, em termos raciais, nos anos 50, por meio da absorção de imigrantes nordestinos, em especial negros e mestiços (Andrews, 1991), enquanto os descendentes de imigrantes recentes escalavam a pirâmide social. A mobilidade relativamente rápida dos imigrantes europeus testemunha, assim, a relativa complacência da sociedade brasileira *vis-à-vis* aos imigrantes brancos, contrastando muito com o modo subordinado e preconceituoso com que os africanos foram assimilados.[24] Os descendentes de imigrantes japoneses constituem, a esse respeito, um exemplo curioso. Apesar de deslocados do imaginário nacionalista (eles são chamados até hoje de "japoneses" ou, no melhor dos casos, "nissei"), foram assimilados do lado branco da bipolaridade de *status* "branco/negro", herdada da escravidão. Talvez, por isso, eles tenham encontrado liberdade suficiente para maximizar seus capitais (cultural e econômico) e lograrem uma melhor inserção social que os descendentes de africanos.

---

[24] Este argumento foi usado, pela primeira vez, por Oracy Nogueira (1998 [1955]).

De qualquer modo, o fato é que as comunidades étnicas formadas por imigrantes e seus descendentes, vistas pelos brasileiros de quatro costados como "estrangeiros" e que, por sua vez, desdenhavam dos "brasileiros", uma vez absorvidas nas "elites" sulistas ou nas classes médias nacionais passaram a redefinir os demais, sobretudo os trabalhadores e a "ralé", marcadamente mestiça, como "baianos", "paraíbas", ou "nordestinos". Dito de outro modo, "baianos" e "nordestinos" passaram a ser, neste contexto, uma codificação neutra para os "pretos", "mulatos" ou "pardos" das classes subalternas, transformados, assim, nos alvos principais do "novo racismo" brasileiro.

TEORIZANDO O RACISMO
E O ANTIRRACISMO NO BRASIL

Há algo de especial nesse racismo heterofóbico que provém da maneira peculiar como a nação brasileira foi imaginada. Benedict Anderson já havia apontado o fato de que as nações latino-americanas foram definidas principalmente por "fazendeiros abastados, aliados a um número menor de comerciantes e a vários tipos de profissionais (advogados, militares, funcionários civis provinciais e municipais)" (Anderson, 1992: 48). Nascida de um projeto elitista e não como resultado de lutas populares, a nacionalidade não estendeu a cidadania a todos os brasileiros. Ao contrário, o imaginário elitista da nacionalidade aspirou — nas suas versões mais liberais — a uma raça mestiça que incorporasse negros e índios. Por isso, Peter Wade (1993: 3) tem razão quando diz que os pretos e os índios são incorporados mais "como candidatos potenciais à miscigenação" que como cidadãos plenos. De fato, eles foram excluídos, desde sempre, da cidadania pelo processo mesmo de sua emancipação, que os transformou numa subclasse.

Mas nossos males não começaram com a República. O racismo heterofóbico tem, na verdade, uma origem pré-republicana. João Reis (1993) insiste na discriminação a que estavam sujeitos os africanos, libertos ou não, na Bahia de meados do século passado. A intenção das autoridades, àquela época, parece ter sido a de forçar a retirada dos africanos para os engenhos, se escravos, ou forçá-los de volta à África, se libertos. A palavra "africano" foi o termo primeiro a designar o outro racial, o diferente absoluto. Quando já não havia mais africanos, mas apenas crioulos, os termos "crioulos", "negros" e, em seguida, "pretos", passaram sucessivamente a designar a africanidade.

O "estranhamento" dos negros no imaginário nacionalista está presente em todas as classes sociais. Na nacionalidade popular, na subcultura do futebol no Nordeste, por exemplo, os que não se encaixam no padrão racial da morenidade são chamados de "negão", se pretos, ou de "alemão" ou "galego", se brancos. Essa aparente simetria de exclusão do preto e do branco é, contudo, revertida na cromatologia do *status*, tal como observaram Donald Pierson (1971 [1942]) e Thales de Azevedo (1955) na Bahia, em que se distingue um "branco fino" (aquele de pura linhagem europeia) de um "branco da terra", ou seja, um branco mestiçado e moreno, como meio de valorizar o "europeu".

Para marcar a origem desse tipo de racismo, Florestan Fernandes (1965) chamou o processo racialista de "metamorfose do escravo", que consiste justamente em empregar os termos "preto" ou "negro" — que parecem designar a cor da pele — para significar uma subclasse de brasileiros marcada pela subalternidade.

Em termos materiais, na ausência de discriminações raciais institucionalizadas, esse tipo de racismo se reproduz pelo jogo contraditório entre uma cidadania definida, por um lado, de modo amplo e garantida por direitos formais, e, por outro, uma cidadania cujos direitos são, em geral, ignorados, não cumpridos e estruturalmente limitados pela pobreza e pela violência cotidiana. O racismo se perpetua por meio de restrições fatuais da cidadania, por meio da imposição de distâncias sociais criadas por diferenças enormes de renda e de educação, por meio de desigualdades sociais que separam brancos de negros, ricos de pobres, nordestinos de sulistas.

Racismo e antirracismo no Brasil

As elites brasileiras — proprietários, empresários, intelectuais e classes médias — representam diariamente o compromisso (comédia, farsa?) entre exploração selvagem e boa consciência. Elas podem se orgulhar de possuir a constituição e a legislação mais progressista e igualitária do planeta, pois as leis permanecem, no mais das vezes, inoperantes. O voto universal, por exemplo, permaneceu, até 1988, restrito aos alfabetizados, o que excluía, de fato, a população analfabeta, em sua maior parte negra ou cabocla. Do mesmo modo, o racismo foi considerado contravenção pela Lei Afonso Arinos, em 1951 e, em 1988, graças aos esforços do movimento negro, a constituição transformou o racismo em crime. No entanto, contam-se nos dedos de uma mão as pessoas até hoje punidas por crime de racismo. O mais comum é que casos de flagrante racismo sejam caracterizados em outros capítulos das leis penais pelos próprios advogados das vítimas, que só assim têm chances reais de ganhar as causas (Guimarães, 2004 [1998]).

Assim é o racismo brasileiro: sem cara. Travestido em roupas ilustradas, universalistas, tratando-se a si mesmo como antirracismo, e negando, como antinacional, a presença integral do afro-brasileiro ou do índio-brasileiro. Para este racismo, o racista é aquele que separa, não o que nega a humanidade de outrem; desse modo, racismo, para ele, é o racismo do vizinho (o racismo americano).

Até mesmo o marxismo, que influenciou muito o pensamento e as ações de uma fração emergente das classes médias brasileiras, nas décadas do pós-guerra, em nada alterou esse quadro. Ao contrário, a insistência marxista no caráter ideológico das "raças" e sua caracterização do racismo como um epifenômeno apenas emprestaram outra tonalidade ao ideal de "democracia racial". Para ser mais preciso, transformaram a democracia racial num ideal a ser conquistado pelas lutas de classes. O evolucionismo subjacente ao pensamento marxista adaptou-se bem à ideia de que o capitalismo (ele próprio código para "europeidade") seria uma força civilizadora que os povos de todo o mundo teriam forçosamente de experimentar antes de atingir o socialismo.

Apenas para os afro-brasileiros, para aqueles que se chamam a si mesmos de "negros", o antirracismo deve significar, antes de tudo, a admissão de sua "raça", isto é, a percepção racializada de si mesmo e do outro. Trata-se da reconstrução da negritude a partir da rica herança africana — a cultura afro-brasileira do candomblé, da capoeira, dos afoxés, etc. —, mas também da apropriação do legado cultural e político do "Atlântico negro" — isto é, do Movimento pelos Direitos Civis nos Estados Unidos, da renascença cultural caribenha, da luta contra o *apartheid* na África do Sul, etc.

As novas formas culturais do movimento negro na América Latina e no Brasil (Agier e Carvalho, 1994; Agier, 1993; Wade, 1993) têm enfatizado o processo de reidentificação dos negros, em termos étnico-culturais. Ao que parece, só um discurso racialista de autodefesa pode recuperar o sentimento de dignidade, de orgulho e de autoconfiança, que foi corrompido por séculos de racialismo universalista e ilustrado. O ressurgimento étnico é, quase sempre, amparado nas ideias gêmeas de uma *terra* a ser recuperada (o território dos antigos quilombos; ou a transformação, largamente simbólica, de quarteirões urbanos empobrecidos em comunidades ou "quilombos" negros), e de uma *cultura* a redimir e repurificar, no contato com uma África imaginária, a África trazida e mantida como memória.

Essa pauta concreta e popular do antirracismo é repelida por muitos brasileiros de boa-fé, nacionalistas de diversas extrações políticas, que acreditam no antirracismo oficial e mitológico do Brasil. Os brasileiros são muito susceptíveis ao que chamam de "racismo invertido" das organizações negras, ou ao que chamam de "importação de categorias e sentimentos estrangeiros". De fato, nada fere mais a alma nacional, nada contraria mais o profundo ideal de assimilação brasileiro que o cultivo de diferenças.

Mas, mesmo no interior do movimento negro, podem-se ouvir vozes dissidentes, que não concordam com a definição forçosamente essencialista que toda formação étnica requer.

Racismo e antirracismo no Brasil

RAÇA E OS ESTUDOS DE
RELAÇÕES RACIAIS NO BRASIL

No Brasil, portanto, uma questão começa a inquietar os cientistas sociais: é legítimo, quer do ponto de vista ético, quer do ponto de vista científico, utilizar o conceito de "raça" nos nossos trabalhos? A questão, é claro, tem uma história, que recapitulo brevemente a seguir.

No século passado, não havia dúvidas de que as "raças" eram subdivisões da espécie humana, grosso modo identificadas com as populações nativas dos diferentes continentes, caracterizadas por particularidades morfológicas, tais como cor da pele, forma do nariz, textura do cabelo e forma craniana. A tais particularidades físicas, juntavam-se características morais, psicológicas e intelectuais, que se supunham definir o potencial diferencial das raças para a civilização. Estas doutrinas científicas, que Appiah chama de racialismo, serviram de base para justificar diferenças de tratamento e de estatuto social para os diversos grupos étnicos presentes nas sociedades ocidentais e americanas, e conduziram, quase sempre, a um racismo perverso e desumano, e às vezes genocida. O resultado, algumas vezes, foi também um racismo condescendente e paternalista como, por exemplo, o manifestado por Nina Rodrigues (1945),[25] ele mesmo ogã de um terreiro de candomblé na Bahia. Já no começo deste século, com o crescente prestígio das teorias mendelianas, que relegaram as classificações morfológicas a aproximações grosseiras, o conceito de "raça" deixou de ser um conceito científico, ao menos para a biologia.

---

[25] Nina Rodrigues (1862-1906), médico, foi o primeiro a estudar sistematicamente a cultura dos africanos trazidos para o Brasil, como meio de decifrar-lhes a linhagem. Tornou-se, assim, um pioneiro dos estudos antropológicos afro-brasileiros. Para uma apreciação de sua obra, ver Mariza Correa (1998).

No século passado, as teorias raciais sustentaram diversas ideologias nacionais e nacionalistas,[26] estando na base da legitimação dos Estados-Nação europeus. No começo deste século, sobretudo nos anos 20 e 30, o conceito de raça e o racialismo passaram a ser fartamente utilizados por Estados nacionais com aspirações imperialistas, gerando as tragédias que todos conhecemos. Em grande parte por ter gerado consequências tão nocivas, a reação das forças esclarecidas, em especial os cientistas (biólogos, antropólogos e sociólogos), foi renegar peremptoriamente o conceito de raça, posto que carece de qualquer fundamento biológico. Ou seja, não existem subdivisões da espécie humana que possam ser, de modo inequívoco, identificadas geneticamente, e às quais correspondam atributos físicos, psicológicos, morais e intelectuais distintos. As diferenças morais e intelectuais entre os grupos humanos (populações razoavelmente estáveis, num dado território) só poderiam, portanto, ser explicadas por diferenças culturais. Os conceitos de "população", em biologia, e de "etnia", em ciências sociais, deveriam, portanto, substituir o conceito de "raça", ele mesmo transformado, doravante, em tropo para desatualização científica, ou racismo *tout court*.

Aqui no Brasil, a construção da nacionalidade foi, muito cedo neste século, positivamente afetada pelo descrédito do conceito de raça, o qual representou sempre um enorme estorvo para os construtores da nação, dada a incongruência entre, de um lado, a importância dos mulatos e dos mestiços na vida social, e, de outro, os malefícios que as teorias racialistas atribuíam à hibridização. Com a aparição de *Casa-Grande & Senzala*, em 1933, estava dada a partida para uma grande mudança no modo como a ciência e o pensamento social e político brasileiros encaravam os povos africanos e seus descendentes, híbridos ou não. Gilberto Freyre (1933), ao introduzir o conceito antropológico de cultura nos

---

[26] A equação "uma língua = um povo = uma raça = uma nação" foi comumente a base para a reinvindicação de um Estado. Ver Benedict Anderson (1992).

círculos eruditos nacionais, e ao apreciar, de modo muito positivo, a contribuição dos povos africanos à civilização brasileira, representou um marco no deslocamento e no desprestígio que, daí em diante, sofreram o antigo discurso racialista de Nina Rodrigues e, principalmente, o pensamento da escola de medicina legal italiana, ainda influente nos meios médicos e jurídicos nacionais.[27]

De certo modo, a modernidade brasileira, seja nas ciências sociais, que tem em Gilberto Freyre, Sérgio Buarque de Holanda (1936) e Caio Prado Jr. (1937) seus primeiros expoentes, seja na literatura regionalista, expressa por Jorge Amado (1933, 1935), José Lins do Rego (1934, 1935) e outros, ou ainda na indústria cultural emergente, erudita ou popular, encontrou um destino nacional comum na superação do racialismo e na valorização da herança cultural em uso pelos negros e caboclos brasileiros.

Não é, portanto, de estranhar que, nas ciências sociais brasileiras, o conceito de raça, além de exprimir a ignorância daqueles que o empregavam, denotava também o seu racismo. "Raça" passou a significar, entre nós, "garra", "força de vontade", ou "índole", mas quase nunca "subdivisões da espécie humana", as quais passaram a ser designadas, apenas, pela cor da pele das pessoas: brancas, pardas, pretas, etc. Cores consideradas, também, realidades objetivas, concretas e inquestionáveis, sem conotações morais ou intelectuais, que — quando existentes — passavam a ser reprovadas como "preconceitos".

É muito interessante notar como esse ideário antirracialista entranhou-se na maneira de ser brasileira. De certo modo, tornou-

---

[27] As teorias racialistas de Nina Rodrigues e de Cesare Lombroso gozaram ainda de um certo prestígio até meados do século XX nas escolas de Direito do país, onde a moderna sociologia custou a penetrar. A modernidade trazida por Gilberto Freyre, ao contrário, foi rapidamente assimilada pela escola baiana de Antropologia Social — que sempre reivindicou a linhagem intelectual de Nina Rodrigues — de autores como Manuel Querino (1938); Arthur Ramos (1937, 1956); Edison Carneiro (1948); Thales de Azevedo (1955) e Vivaldo da Costa Lima (1971).

-se lugar comum, entre os brasileiros, a afirmação de que as raças não existem, e de que o que importa, no Brasil, em termos de oportunidades de vida, é a classe social de alguém. Na verdade, dada a aceitação tão ampla e profunda de tal ideário, a grande questão é saber por que esse antirracialismo se viu sob ataque nos últimos anos, sofrendo a crítica sistemática de movimentos negros e de alguns cientistas sociais. A resposta a essa questão talvez nos esclareça por que o conceito de "raça" voltou a ser importante para as nossas ciências sociais.

Se perguntássemos a um bom brasileiro, aquele que adere a esse ideário, por que hoje se fala em "raça" no Brasil, talvez ele não hesitasse em atribuir a culpa à influência norte-americana. Essa resposta estaria em sintonia com o que os brasileiros pensam, desde Gilberto Freyre — raça é uma invenção estrangeira, sinal de racismo, inexistente para o povo brasileiro. Essa resposta tem um traço que gostaria de realçar, qual seja, a negação do racismo e da discriminação racial. Na linguagem cotidiana, essa negação transparece na preferência por referir-se à discriminação como "preconceito" — a atitude equivocada de preconceber antes de conhecer os fatos ou as pessoas. Ou seja, quero realçar o seguinte ponto: no Brasil, o ideário antirracialista de negação da existência de "raças" fundiu-se logo à política de negação do racismo, como fenômeno social. Entre nós existiria apenas "preconceito", ou seja, percepções individuais, equivocadas, que tenderiam a ser corrigidas na continuidade das relações sociais.

Se, como nos lembra Appiah (1997), o racialismo não implica necessariamente em racismo, com melhor razão o antirracialismo não implica em antirracismo. O que designo pelo termo "racismo" denota, sempre, três dimensões: uma concepção de raças biológicas (racialismo); uma atitude moral em tratar de modo diferente membros de diferentes raças;[28] e uma posição estrutu-

---

[28] Appiah (1997) reduz, erroneamente, o racismo às duas primeiras dimensões.

ral de desigualdade social entre as raças. Ora, é claro que a negação da existência das raças pode subsistir, *pari passu*, com o tratamento discriminatório e com a reprodução da desigualdade social entre as raças, desde que se encontre um tropo para as raças. Foi o que aconteceu no Brasil.

A RETOMADA DO CONCEITO DE RAÇA

Foi esse conjunto de crenças, somadas a um antirracialismo militante, que passou a ser conhecido como "democracia racial". Nos anos de ditadura militar, entre 1968 e 1978, a "democracia racial" passou a ser um dogma, uma espécie de ideologia do Estado brasileiro.

Ora, a redução do antirracismo ao antirracialismo, e sua utilização para negar os fatos de discriminação e as desigualdades raciais, crescentes no país, acabaram por formar uma ideologia *racista*, ou seja, uma justificativa da ordem discriminatória e das desigualdades raciais realmente existentes. Como isto se deu?

Sem sombra de dúvidas, o movimento antirracialista dos anos 30 foi decisivo e eficaz no combate a certas formas de discriminação racial — afinal, tratava-se de um discurso desmoralizador do racismo e, por isso, encampado pelo movimento negro de então. No entanto, a falta de políticas públicas efetivas para reverter a situação marginal dos negros na sociedade brasileira acabou por reproduzir a ordem hierárquica diferenciadora entre brancos e negros, ampliando as desigualdades sociais e nutrindo uma série de tropos sociais para a raça. Foi justamente em sua função obscurecedora e manipuladora que o antirracialismo, neste país, passou a incomodar, cada vez mais, a população negra, sobretudo aquela fatia que não queria ser benevolamente embranquecida por nossa terminologia cromática — aqueles para quem palavras como "escuros", "morenos", "roxinhos" e tantas outras eram percebidas como uma desvantagem. A tensão entre um ideário antirracista que, corretamente, negava a existência biológica das raças e uma ideologia nacional, que negava a existência de racismo e de discriminação racial, acabou por se tornar insuportável para todos e insustentável pelos fatos.

Pois bem, é justo aí que aparece a necessidade de teorizar as "raças" como elas são, ou seja, construtos sociais, formas de identidade baseadas numa ideia biológica errônea, mas socialmente eficaz para construir, manter e reproduzir diferenças e privilégios. Se as raças não existem num sentido estrito e realista de ciência, ou seja, se não são um fato do mundo físico, elas existem, contudo, de modo pleno, no mundo social, produtos de formas de classificar e de identificar que orientam as ações humanas.

Como se perpetuam essas "raças sociais"? Sartre (1948), em "Orfeu negro", seu famoso ensaio de introdução à poesia da *négritude*, nos sugere uma dialética de suplantação do racismo em que a assunção da ideia de raça pelos negros — caracterizada por ele como "racismo antirracista", mas que eu chamaria tão somente de "racialismo antirracista" — constituiria a antítese capaz de construir um futuro antirracismo sem raças. Ou seja, Sartre reflete sobre o fato de que não se pode lutar contra o que achamos que não existe. Dizendo de outro modo, se os negros considerarem que as raças não existem, acabarão também por achar que eles não existem integralmente como pessoas, posto que é assim que são, em parte, percebidos e classificados por outros.

Teleologias à parte, a sugestão de Sartre nos leva a considerar o fato político de que as identidades não são escolhidas pelos sujeitos, embora sejam assumidas, de modo mais ou menos pleno. Ao fim e ao cabo, a questão se resume em saber se há alguma chance de se combater o racismo, quando se nega o fato de que a ideia de raça continua a diferenciar e privilegiar largamente as oportunidades de vida das pessoas.

Ora, no Brasil, a teorização de "raças", definidas como formas de classificar e identificar que podem produzir comunidades, associações ou apenas modos de agir e pensar individuais, constitui, para a sociologia, o instrumento apto a revelar condutas políticas e instituições que, ainda que inadvertidamente, conduzem à discriminação sistemática e à desigualdade de oportunidades e de tratamento entre grupos de cor.

A história mais recente desse conceito, na sociologia brasileira, data do final dos anos 70, quando Nelson do Valle Silva (1978) e Carlos Hasenbalg (1979), dois jovens estudantes de doutorado em diferentes universidades americanas, um em Michigan, outro em Berkeley, defenderam suas teses, problematizando o fenômeno das crescentes desigualdades sociais entre brancos e negros no país. Recuperavam, assim, os trabalhos de Florestan Fernandes (1955), Roger Bastide (1955), Thales de Azevedo (1955), Luiz de Aguiar Costa Pinto (1953) e outros que, nos anos 50, se debruçaram sobre as relações entre classes e grupos de cor no Brasil. Ao contrário destes autores, contudo, Silva e Hasenbalg passaram a demonstrar a tese de que tais desigualdades apresentavam um componente racial inequívoco, que não poderia ser reduzido a diferenças de educação, renda, classe e, o que é decisivo, não poderia ser, também, diluído num gradiente de cor. Esses estudos de desigualdades raciais proliferaram, lançando novas luzes sobre a situação dos negros brasileiros, em termos de renda, emprego, residência, educação, e são hoje complementados por estudos sobre as desigualdades de tratamento, isto é, as discriminações raciais. É justo esta *differentia specifica* das desigualdades de oportunidade e de tratamento que cumpre ao conceito sociológico de "raça" dar conta.

Os estudos de desigualdades raciais[29] têm, todos, uma metodologia bem precisa, que consiste, em geral, na análise multivariada (a partir de modelos mais ou menos sofisticados) de dados agregados, retirados das estatísticas oficiais do governo brasileiro, principalmente censos e pesquisas amostrais por domicílios. Com base nessas análises, foi possível demonstrar: primeiro, que é possível e correto agregarem-se os dados de cor existentes

---

[29] Alguns desses estudos: Bairros (1988); Castro e Guimarães (1993); Lovell (1989); Porcaro (1988); Telles (1992).

em dois grupos (brancos e não brancos), pois não há diferenças substantivas entre os grupos não brancos entre si (pardos e pretos, sobretudo, em termos de qualquer variável importante: renda, educação, residência, etc.; ao contrário, a grande diferença encontrada é entre o conjunto desses grupos e o grupo branco. Segundo, que, mesmo quando se esgotam as variáveis de *status* e de classe social nos modelos explicativos (renda, escolaridade, naturalidade, local de residência, etc.), persiste inexplicado um resíduo substantivo, que só pode ser atribuído à própria cor ou raça dos indivíduos.

A interpretação desses resultados seguiu na direção de contestar as teses já firmadas pelos estudos de comunidade, baseados na observação participante, a saber: primeiro, ainda que diferenças de cor (o famoso gradiente de cor) possam ser importantes para as chances ascensionais de um indivíduo, tomadas em conjunto, não se notava um gradiente de oportunidades correspondente ao gradiente de cor. Do ponto de vista estrutural, portanto, o sistema é muito mais polarizado do que deixava transparecer a percepção dos indivíduos entrevistados nesses estudos. Segundo, assim como não havia uma "válvula de escape" mulata, parecia que a forma de classificação racial influía nas oportunidades de vida das pessoas, apesar de um eventual "embranquecimento". A interpretação de Hasenbalg (1979) constrói-se no sentido de rejeitar a esperança expressa por Florestan Fernandes (1965), segundo a qual os negros poderiam ter uma integração tardia na sociedade de classes. Hasenbalg, ao contrário, afirma que a integração subordinada dos negros criou uma situação de desvantagens permanentes que o preconceito e a discriminação racial apenas tendiam a reforçar. Hasenbalg e Silva (1992), entretanto, parecem, com o correr do tempo, cada vez mais descontentes com a ausência de estudos microssociais que possam revelar os mecanismos pelos quais o sistema mantinha-se polarizado, apesar da aparente fluidez das relações raciais.

Alguns trabalhos e estudos recentes, realizados em empresas e em escolas, revelaram que esses mecanismos condensam-se em padrões normativos e valores fortemente arraigados na identidade nacional, acabando por estabelecer o lugar do negro no mercado de trabalho e na sociedade. O principal desses mecanismos é, sem dúvida, o acesso e o aproveitamento diferencial dos negros no sistema educacional, cuja titulação serve de base para uma estruturação hierárquica rígida, legitimada pela noção de mérito individual.

Por outro lado, os estudos ainda pioneiros sobre a discriminação racial no país[30] tendem a ressaltar a importância de uma ordem estamental, que ainda orienta a interação entre brancos e negros, moldando o sentido e as expectativas da ação social. A legitimidade de diversas formas de violência e de discriminação, que são práticas generalizadas de interação para parcelas significativas da população, acaba, de fato, por limitar o exercício da plena cidadania, tornando bastante plausível, porque invisível, a discriminação racial.

Tais práticas racistas são, quase sempre, encobertas para aqueles que as perpetuam por uma conjunção entre senso de diferenciação hierárquica e informalidade das relações sociais, o que torna permissíveis diferentes tipos de comportamentos verbais ofensivos e condutas que ameaçam os direitos individuais. Trata-se de um racismo às vezes sem intenção, às vezes "de brincadeira", mas sempre com consequências sobre os direitos e as oportunidades de vida dos atingidos.

CONCLUSÕES

A retomada do conceito de raça pela sociologia brasileira fez-se, contudo, sem que se desse muita atenção às implicações teóricas e políticas do seu uso. Banido das ciências sociais desde o come-

---

[30] Ver Adorno (1995), Ribeiro (1995), Silva (1998) e Guimarães (2004 [1998]).

ço do século, substituído, com sucesso, no senso comum brasileiro, pela noção de cor, tomada como reprodução imediata de uma realidade objetiva e empírica, o antirracialismo começou, todavia, a chocar-se contra os fatos ululantes da discriminação racial no Brasil. Essa redução do antirracismo ao antirracialismo acabou por contrariar os interesses e os valores do povo negro brasileiro, que ressuscitou — na sua luta contra o mito da democracia racial — o conceito de "raça", tal como é usado no senso comum.

Essa postura do movimento negro e dos sociólogos tem recebido críticas de outros cientistas sociais,[31] descontentes com a reintrodução do conceito biológico de raça nas ciências sociais e na política brasileiras. Têm sido poucas,[32] até agora, as tentativas teóricas mais consistentes de retirar a fundamentação biológica do conceito de raça, dotando-o de um significado propriamente sociológico, relacionado a uma certa forma de identidade social.

Foi por essa razão que coloquei a pergunta: é legítimo, quer do ponto de vista ético, quer do ponto de vista científico, utilizar o conceito de "raça" nos nossos trabalhos? Espero ter demonstrado, nestas páginas, por meio de uma história abreviada dos estudos de relações raciais no Brasil, a imprescindibilidade do conceito de raça para os brasileiros de hoje. Tal necessidade prende-se ao fato de que, justo por termos construído uma sociedade antirracialista, o conceito de "raça" parece único — se concebido sociologicamente — em seu potencial crítico: por meio dele, pode-se desmascarar o persistente e sub-reptício uso da noção errônea de raça biológica, que fundamenta as práticas de discriminação, e têm na "cor" (tal como definida pelos antropólogos dos anos 50) a marca e o tropo principais.

---

[31] Ver Harris *et al.* (1993), Appiah (1997a) e Fry (1997).

[32] Ver Appiah (1997).

Parte II

OS ESTUDOS DE RELAÇÕES RACIAIS NO BRASIL

3.
"BAIANOS" E "PAULISTAS":
DUAS "ESCOLAS" NOS ESTUDOS BRASILEIROS
DE RELAÇÕES RACIAIS?[33]

Examinarei, neste e nos próximos dois capítulos, alguns dos estudos de relações raciais realizados, no Brasil, entre 1940 e 1960.

Emprego a expressão "relações raciais" com o sentido que esta ganhou em Chicago, no começo do século. Nesta área, Donald Pierson (1971 [1942]) foi, sem dúvida, um pioneiro, ao introduzir, no Brasil, as modernas técnicas de pesquisa de campo. Pode-se mesmo dizer que Pierson inaugurou uma tradição disciplinar, embora as relações entre brancos e negros, no Brasil, tivessem sido sistematicamente tratadas por duas obras-primas de Gilberto Freyre (1933, 1936). Tratava-se, porém, de uma história social ou de uma sociologia genética, para usar os termos do autor. Do mesmo modo, antecederam a Freyre e a Pierson os estudos feitos, na Bahia, por Nina Rodrigues e seus discípulos sobre a cultura negra no Brasil.[34]

Apenas nas décadas de 50 e 60 disseminaram-se os estudos de comunidade sobre relações raciais, seguindo a tradição da es-

---

[33] Versão anterior deste capítulo foi publicada como "Baianos e paulistas: duas escolas de relações raciais?", São Paulo, *Tempo Social*, vol. 11, nº 1, maio de 1999, pp. 75-95.

[34] Outros ensaios, principalmente de análise da cultura negra, foram, contudo, publicados por Arthur Ramos, Manoel Querino, Edison Carneiro e outros. Destaque especial deve ser dado às comunicações escritas para os dois primeiros Congressos Afro-Brasileiros, o primeiro em Recife, em 1935, e o segundo em Salvador, em 1937. Ver Correa (1998) sobre a "escola Nina Rodrigues".

cola de Chicago. Esses são, em geral, referidos como "ciclo de estudos da UNESCO" — 1953-1956;[35] "estudos do convênio Estado da Bahia—Columbia University" — 1950-1960; "estudos da escola paulista"[36] — 1955-1972. Datam também dessa época os primeiros ensaios críticos sobre relações raciais escritos por intelectuais negros militantes, tais como Guerreiro Ramos (1954) e Abdias do Nascimento (1950).

Esses estudos tiveram diferentes patrocinadores (UNESCO, revista *Anhembi*, convênio Estado da Bahia—Columbia University), algumas vezes em associação, outras não; foram realizados em instituições diversas (Universidade Federal da Bahia, Universidade de São Paulo, Escola de Sociologia e Política de São Paulo, Fundação Joaquim Nabuco, Faculdade de Filosofia da UFRJ); e tiveram também a direção intelectual de homens de diversas tendências teóricas. Apenas para citarmos os de maior influência intelectual: Gilberto Freyre, Charles Wagley, Donald Pierson e Roger Bastide, na primeira geração; Florestan Fernandes, Costa Pinto, Thales de Azevedo, Oracy Nogueira, René Ribeiro, Guerreiro Ramos, Pierre van den Berghe e Marvin Harris, na segunda geração; Fernando Henrique Cardoso e Octavio Ianni, na terceira.[37]

A variedade de instituições, a formação diversa dos intelectuais envolvidos, assim como a diversidade histórica e social das áreas estudadas, poderiam nos levar a temer grandes divergências de interpretações e de conclusões. No entanto, isso aconteceu menos que o esperado, como veremos.

De acordo com uma visão ainda corrente no mundo intelectual brasileiro, tais estudos teriam chegado a três diagnósticos di-

---

[35] Para uma análise abrangente dos estudos da UNESCO, ver Marcos Chor Maio (1997).

[36] Este termo foi cunhado por Charles Wagley. Ver Azevedo (1985).

[37] Azevedo (1953, 1956); Bastide e Fernandes (1955); Cardoso e Ianni (1959); Costa Pinto (1998 [1953]); Fernandes (1965, 1972); Ramos (1954, 1957); Harris (1956); Ribeiro (1956); Wagley (1952).

versos. Naqueles realizados na Bahia, Recife e Norte do país, teriam sido preservadas as principais conclusões dos estudos pioneiros de Freyre e Pierson, segundo as quais o preconceito racial era fraco, senão inexistente no Brasil. Nos estudos realizados em São Paulo, Rio e Sul do país, ter-se-ia documentado fartamente o aparecimento de tensões raciais crescentes, estabelecendo-se o diagnóstico do Brasil como um país onde o preconceito é forte, mas negado, e onde existiria o "preconceito de não ter preconceito" (Fernandes, 1972: 23) ou o criptomelanismo (Costa Pinto, 1998: 285).

Segundo outra versão, também corrente nos meios intelectuais, haveria uma discordância ideológica e política entre a "escola paulista" e os demais estudiosos, sobretudo baianos e nordestinos, acerca do caráter da sociedade brasileira. Enquanto os primeiros teriam demonstrado a importância crescente do racismo no Brasil, os segundos teriam se apegado ao credo da democracia racial brasileira.

Ainda numa terceira versão, as diferenças encontradas nesses estudos são explicadas de dois modos não mutuamente excludentes: por um lado, pleiteia-se, no plano empírico, uma diferença entre o Norte e o Sul do Brasil, ou entre áreas tradicionais e áreas modernas do país, em termos de preconceito e de relações raciais; por outro, vê-se nas conclusões diferentes de "paulistas" e "baianos" a consequência de esquemas interpretativos e metodológicos distintos, ou seja, diferenças de escola.

Neste capítulo, examinarei a *rationale* dessas versões, argumentando que são falsos os termos em que estão postas. As divergências teóricas, metodológicas e interpretativas a que chegaram tais estudiosos giraram, de fato, em torno da avaliação crítica da obra seminal de Pierson (1971). Seu principal crítico foi, sem dúvida, Florestan Fernandes, responsável por uma reinterpretação da 'situação racial' brasileira em termos "histórico-funcionalistas",[38] politicamente afastada da problemática norte-americana

---

[38] Expressão usada por Azevedo (1985).

de assimilação cultural e integração do negro à democracia; e voltada, ao contrário, para o ideal nacionalista e desenvolvimentista de redefinição do "povo brasileiro", por meio da fusão dos conceitos de raça e classe.

Fernandes foi bastante bem-sucedido em estabelecer, na academia, uma agenda de pesquisa que levava em consideração tanto as reivindicações dos intelectuais negros, quanto as dos intelectuais nacionalistas; tanto a aspiração por igualdade social, quanto o desejo de desenvolvimento. Tal agenda acabou por se transformar no âmago dos estudos de relações raciais no Brasil nos anos 50 e 60, congregando quase todos os sociólogos e antropólogos brasileiros, mesmo aqueles mais próximos a Donald Pierson, como Oracy Nogueira ou Thales de Azevedo. Apenas os brasilianistas, discípulos de Charles Wagley, permaneceram integral ou parcialmente mergulhados na antiga agenda de inspiração norte-americana.

Espero demonstrar a seguir que: (1) o consenso desses autores sobre a existência do preconceito racial no Brasil é muito maior do que se supõe;[39] (2) do mesmo modo, existiu, pelo menos entre os autores brasileiros, um consenso crescente quanto ao caráter mistificador da crença na democracia racial no Brasil; (3) as diferenças regionais encontradas foram grandes e reconhecidas pelos autores, mas não a ponto de negarem a aplicabilidade de suas conclusões mais gerais para a formação social brasileira, como um todo.

Comecemos por esclarecer a postura teórica dos principais autores desses estudos.

---

[39] Está correto Maio (1997), quando anota que o ciclo de estudos da UNESCO foi unânime em detectar o preconceito racial no Brasil. Hasenbalg (1966) tem também razão quando diz que os estudos realizados no Norte e Nordeste, ainda muito influenciados por Freyre e Pierson, foram tímidos em interpretar o preconceito observado.

A POSIÇÃO TEÓRICA DOS PRINCIPAIS AUTORES

Uma observação preliminar é que embora os autores envolvidos tenham sofrido a influência de diversas teorias de relações raciais, utilizaram todos um mesmo arsenal metodológico, próprio das ciências sociais da época, empregado em estudos de comunidade.[40] Em termos teóricos, as doutrinas mais influentes foram, para seguirmos a classificação de Blumer e Duster (1980), as teorias de preconceito racial, o estrutural-funcionalismo e o assimilacionismo de Park. No entanto, e isto é fundamental para explicar as suas divergências, foram, todos eles, inovadores ao interpretar os dados da realidade brasileira.

A melhor maneira de visualizar tal inovação talvez seja distribuí-los num espaço ordenado por dois eixos: no primeiro deles, esses autores divergem, em sua interpretação das relações raciais, entre um modo individualista e um modo estruturalista de conceber a formação dos grupos raciais; no segundo, divergem quanto à natureza mesma dos grupos raciais brasileiros: são eles comunidades de *status* ou simples classes sem comunalidade?

Quadro 1

OS ESTUDIOSOS DAS RELAÇÕES RACIAIS
SEGUNDO O MODO COMO CONCEBERAM A NATUREZA
E A CONSTITUIÇÃO DOS GRUPOS DE COR

| | | Modo de formação dos grupos de cor | |
		Individual	Estrutural
Natureza dos	*Status* (comunidade)	Azevedo (1956), Nogueira	Fernandes, Bastide
grupos de cor	Classe (associação)	Pierson, Harris, Azevedo (1953)	Costa Pinto, van den Berghe

---

[40] A única exceção foi Florestan Fernandes, que não fez estudo de comunidade, mesmo tendo empregado, abundantemente, a história oral e a observação participante.

"Baianos" e "paulistas": duas "escolas" nos estudos brasileiros

Por um lado, vem da tradição americana, nutrida em Chicago por Warner (1936), Blumer (1939, 1958), Hughes (1948) e outros, uma forte orientação no sentido de que os grupos raciais ou étnicos, e mesmos as classes sociais, sejam definidos por seus integrantes, isto é, sejam grupos de pertença identitária e, portanto, desvendados a partir da autoclassificação dos indivíduos. Os autores de formação anglo-saxônica, como Pierson, Wagley, Harris, Thales de Azevedo e Oracy Nogueira adotaram tal abordagem, em contraste com os autores de formação francesa ou marxista, como Bastide, Fernandes, Berghe e Costa Pinto, para quem os grupos raciais, tanto quanto as classes sociais, eram fenômenos de estrutura social, ou seja, lugares definidos numa estrutura de posições.

Por outro lado, alguns autores trataram os grupos de cor no Brasil como desprovidos de substância própria, meros epifenômenos das classes sociais. Esse foi o caso de Costa Pinto, um teórico marxista, e também o daqueles que definiam classe na tradição de Lloyd Warner,[41] como Donald Pierson ou Marvin Harris. Outros autores, entretanto, viram os grupos raciais no Brasil como grupos reais de *status*, como Florestan Fernandes, Roger Bastide, Oracy Nogueira e Thales de Azevedo, a partir de 1956.[42] Traço, a seguir, um perfil teórico esquemático de cada um deles.

A interpretação de Pierson (1971 [1942]), que será seguida por Charles Wagley, funda-se sobre dois pilares: (1) a noção de classe como grupo aberto, de pertença ilimitada, ao contrário da casta, grupo fechado, de pertença adscrita; e (2) a teoria do ciclo de assimilação, de Park. A conclusão de Pierson é que o Brasil foi bem-sucedido em desfazer as castas raciais da escravidão e em estabelecer uma sociedade multirracial de classes. Nesta, a rigor, não existem grupos raciais, ou seja, a convivência social, a co-

---

[41] Ver Gordon (1950).

[42] Data de 1956 a primeira edição do texto "Classes sociais e grupos de prestígio", de Azevedo, reeditado depois em 1966.

mensalidade, a vida religiosa, o trabalho e o casamento não conhecem uma linha de cor. A correlação entre cor e comunalidade seria espúria, provocada pela pertença de classe, ela mesma pensada em termos de comunalidade. A circularidade do raciocínio é quebrada pela invocação da presença de negros e mulatos em *cliques* brancas, ricas, e de brancos pobres em *cliques* negras. Para Pierson, portanto, no Brasil, não poderia haver discriminação de raça, mas apenas discriminação de classe. Em 1965, acuado pelos estudos da chamada "escola paulista", que apontavam a existência da discriminação racial no Brasil, Pierson reitera a posição, já manifesta em 1951,[43] recorrendo à teoria de Blumer (1958), para argumentar que o preconceito racial só existe onde um grupo se sente ameaçado em seus privilégios, não sendo este o caso brasileiro. Como já havia feito antes, admite a discriminação, mas continua firme em negar a existência do preconceito.[44]

O primeiro estudo empírico e sistemático de Thales de Azevedo sobre relações raciais, *Les Élites de couleur*, pode ser situado, sem problemas, ao lado de Pierson. A conclusão do livro de Azevedo é esclarecedora a esse respeito:

"A afirmação de que não há preconceito de cor na Bahia é apenas parcialmente verdadeira. [...] Mas a população da Bahia pode se definir como uma sociedade multirracial de classes, e não de castas, se se define casta como um grupo fechado ao qual se pertence de nascença e do qual é impossível se evadir" (Azevedo, 1953: 103).

No entanto, sem deixar a abordagem individualista que o caracterizou, mas reagindo à interpretação de Costa Pinto (1953)

---

[43] Ver Pierson (1951).

[44] A posição de Pierson só é compreensível à luz do debate que lhe é contemporâneo, em que o preconceito é definido em termos psico-sociais carregados. Em outros contextos, como vimos em capítulo anterior, é mais comum aceitar o preconceito e negar a discriminação.

e de Bastide e Fernandes (1955) e influenciado pela releitura dos textos weberianos, Thales de Azevedo, em 1956, adota uma postura diferente, qualificando melhor os limites da sociedade de classes no Brasil, e realçando a permanência da ordem estamental na sociedade brasileira.[45]

Ao longo do artigo "Classes sociais e grupos de prestígio", como veremos nos próximos capítulos, fica claro que, para Thales, há um círculo de relações pessoais, definido a partir da cor e da origem familiar, que constitui uma real comunidade de *status*, a fazer dos brancos, ricos, e dos pretos, pobres.

Bastante próximo de Thales, em termos teóricos, esteve Oracy Nogueira, também influenciado pela escola de Chicago e por Pierson. Nogueira, entretanto, afastou-se da interpretação piersoniana por meio de outra estratégia; em vez de redefinir a natureza do grupo de pertença dos negros, deslocando-os da classe para o grupo de *status*, como fizera Thales, Nogueira (1954) situa o preconceito racial brasileiro como algo específico em relação ao norte-americano, como um preconceito de marca e não de origem. Posicionou-se, assim, por completo, no campo da teoria do preconceito racial, a partir da qual pensou poder estudar melhor as relações raciais no país. No Brasil, conheceríamos também o preconceito racial, só que de tipo diferente do americano, e de consequências menos danosas sobre as oportunidades de vida de pretos e mulatos.

Marvin Harris, ao contrário, foi aquele que aprofundou e renovou a abordagem de Pierson e Wagley, assumindo aceitar as raças apenas como categorias nativas de pertença identitária e de negar, portanto, a existência de raças no Brasil *qua* grupos sociais:

> "O preconceito de cor no Brasil, em outras palavras, não vem acompanhado por discriminação e segregação raciais sistemáticas. A razão para esse paradoxo deve ficar clara: apesar dos estereótipos, não há

---

[45] Explorarei, no próximo capítulo, a influência da leitura de Weber sobre essa mudança teórica de Thales.

nenhum *status*-papel real para o Negro enquanto Negro ou para o branco enquanto branco, ou para o mulato enquanto mulato. Não há grupos raciais" (Harris, 1974: 61).

Ademais, Harris refez a explicação por que as classes, e não as raças, eram, no Brasil, as categorias mais importantes de dominação política e social. Para ele, tanto fatores demográficos, quanto econômicos — a pequena migração europeia e a necessidade de prover postos intermediários na produção e na administração do país, por meio da promoção social de mulatos e negros — obrigaram as elites a definir seus privilégios a partir de uma linha de classe, abandonando a linha de cor. Ademais, argumentou que a ausência de regras claras de pertença grupal impediu, daí em diante, o desenvolvimento de grupos raciais.

Um outro grupo de autores procurou, na análise da estrutura social brasileira, decifrar a singularidade das relações raciais no Brasil. Florestan Fernandes foi, nesse aspecto, um pioneiro. Em seu trabalho para a UNESCO, em 1955, Fernandes empreende um estudo histórico das relações entre brancos e negros para entender, a partir dessa matriz histórica, a mudança dessas relações no período republicano. Foi a partir da comparação entre as funções sociais do preconceito racial, antes e depois da abolição, que Fernandes o explicou, no presente, como uma tentativa das oligarquias dominantes de preservarem os privilégios de uma ordem social arcaica, baseada no prestígio de posições herdadas. É como se Fernandes considerasse a ordem burguesa brasileira uma ordem incompleta, minada ainda pelo particularismo, pelos afetos e pela adscrição, próprios das sociedades tradicionais. Essa ordem incompleta, todavia, não estava destinada a se transformar irreversivelmente sob o impacto da industrialização e, portanto, a sepultar o preconceito de cor. Em grande parte, tal imperfeição se devera à substituição dos negros pelos novos imigrantes europeus, na virada do século passado, como mão de obra livre e pela consequente integração tardia dos negros à sociedade de classes (Fernandes, 1965). Do mesmo modo, a competição que se instalara entre negros e imigrantes brancos no mercado de trabalho fora responsável, em São Paulo, pela posição subordinada dos negros.

Dois pontos da análise de Fernandes são inovadores: primeiro, como foi dito, o autor privilegia explicações de caráter estrutural em detrimento de explicações microssociais; segundo, ao contrário de algumas interpretações apressadas que ainda hoje se fazem, Fernandes não responsabiliza o passado pela persistência do preconceito, mas vai buscar suas causas em fatores do presente, como a competição entre brancos e negros no mercado de trabalho e a defesa de privilégios estamentais.

De fato, constituem marcas dos estudos feitos por Fernandes e por seus discípulos, e mesmo por alguns intelectuais estrangeiros com quem trabalhou, em especial Roger Bastide (1965) e Pierre van den Berghe (Bastide e Berghe, 1957), duas preocupações: primeiro, testar hipóteses históricas sobre a passagem da sociedade de castas para a sociedade de classes; segundo, testar hipóteses sobre o acirramento do preconceito brasileiro à medida que a ordem social de mercado pusesse negros e brancos em posição de concorrência.[46]

No extremo dessa posição estruturalista esteve Costa Pinto, para quem o preconceito de raça era também uma "sobrevivência" do passado, mas para quem a consciência de raça era uma forma equivocada de reação. Para Costa Pinto, o preconceito nada mais era que a aparência formal em que começava a se manifes-

---

[46] É apenas nesse sentido particular, como hipótese de trabalho, que se poderia esperar que o preconceito racial fosse mais forte em São Paulo que na Bahia, por exemplo. Essa hipótese poderia ser compatibilizada com a teoria de Blumer, segundo a qual o preconceito só se manifestava quando os brancos se sentiam ameaçados em seus privilégios. Mas Harris, no volume organizado por Wagley (1952), já registrava o fenômeno do acirramento das tensões raciais provocado pela concorrência econômica em Minas Velha, no interior da Bahia.

tar o conflito próprio das sociedades industriais: a luta de classes. Em áreas tradicionais como a Bahia, poder-se-iam encontrar manifestações de preconceito menos explícitas e mais veladas, pois afinal os negros estariam ocupando os mesmos lugares subordinados da ordem pré-capitalista.

AVALIANDO AS DISCORDÂNCIAS

Passarei a examinar, em seguida, as versões correntes sobre as divergências entre esses autores, a saber: (1) os estudos realizados no Norte e Nordeste, principalmente na Bahia, tenderiam a negar a existência do preconceito racial no Brasil, ao contrário dos realizados no Sudeste e no Sul; (2) tais discordâncias revelariam um apego dos primeiros à tese da democracia racial brasileira; (3) tais discordâncias deviam-se a diferenças de fato entre as regiões brasileiras, segundo uma versão, ou a diferenças teóricas entre os autores, segundo outra versão.

Minha opinião é que, para os autores em exame, a ideia segundo a qual havia diferenças empíricas entre o Norte e o Sul, em termos de relações raciais, foi mera constatação, ainda que, algumas vezes, servisse para acomodar pontos de vista opostos. A atribuição de diferenças radicais, no sistema de relações raciais, a diferenças regionais de ordem cultural, econômica, política e social foi mais corriqueira em autores que falavam apenas em tese, sem fazer pesquisa de campo.

Para tratar dessas versões, temos que ampliar o nosso universo, para nele incluir intelectuais que, sem fazer pesquisas empíricas ou reflexões disciplinares, participaram, ainda assim, do debate acerca das relações raciais no Brasil, e sobre a nossa identidade nacional.

Trataremos, portanto, de três assuntos independentes, ainda que relacionados: (1) uma disputa ideológica sobre a existência do preconceito racial no Brasil e sobre a solidez de nossa democracia racial; (2) uma disputa interpretativa sobre o caráter da formação social brasileira: se se tratava de uma sociedade de classes ou de uma sociedade estamental, ou ainda se se tratava de vários brasis ou de um Brasil; (3) uma disputa teórica sobre como explicar as relações raciais em geral, e no Brasil em particular.

DIFERENÇAS IDEOLÓGICAS

No plano ideológico, o objeto explícito de disputa seria a resposta à pergunta: "existe discriminação racial no Brasil?". Admitir a discriminação seria negar o caráter democrático das relações raciais no Brasil. No núcleo da pergunta estaria a velha disputa sobre a identidade nacional, sobre a cor ou a raça do povo brasileiro: somos uma nação mestiça ou branca?

Será que essa questão dividiu os estudiosos das relações raciais no Brasil? Apenas em parte, como veremos, mas jamais com o recorte "baianos" *versus* "paulistas", quaisquer que sejam os sentidos atribuídos a tais termos.

Questões de identidade nacional nos remetem sempre a Gilberto Freyre. Entre os méritos de Freyre, deve-se contabilizar o de desfazer a vergonha e a repulsa dos brasileiros aos negros livres e ao espetáculo da mestiçagem nacional (Skidmore, 1976; Ortiz, 1985; Schwarcz, 1993). A esperança brasileira de branqueamento da sua população, seja por meio da dizimação dos negros pelas pestes urbanas (alcoolismo, sífilis, tuberculose), seja por meio da substituição dos negros por trabalhadores e colonos europeus, foi trocada por Freyre e, depois, pelos romancistas nordestinos — Jorge Amado, José Lins do Rego, Rachel de Queiroz, entre outros — pelo ideal de um Brasil mestiço ou mulato.

A grande hibridez da sociedade brasileira que, segundo Freyre, fora possibilitada pela miscibilidade do português, pela moral católica, etc., seria responsável, segundo esses intelectuais, tanto pela ausência de discriminação racial, quanto pela impropriedade de qualquer política de identidades étnico-raciais. De fato, Freyre tratou como solução genial e defendeu apaixonadamente o que, para ele, foi o modo brasileiro, inovador, de contornar um provável ódio entre raças: a mestiçagem e o sincretismo. E é também um fato que a antropologia social brasileira, de certo modo, preservou os valores e ideais defendidos por Freyre.

Thales de Azevedo e René Ribeiro, Donald Pierson e Charles Wagley repetem, em suas análises históricas, os traços largos da análise da sociedade patriarcal feita em *Casa-Grande & Senzala*. Marvin Harris, mesmo recusando os argumentos de Freyre, partilha dos seus valores e das suas conclusões práticas. Para ele, não faz sentido falar em discriminação num país onde: (a) não há uma regra clara para a pertença a grupos raciais ou de cor; e (b) as diferenças de *status* e de classe são suficientes para manter a dominação de uma elite branca.

Para as elites intelectuais paulistas, por outro lado, a mestiçagem nunca foi um valor. Primeiro, porque São Paulo levou mais adiante do que qualquer outro estado o ideal de branqueamento. Paulo Duarte (1947: 5), por exemplo, dirá em 1947, condenando o que ele chamou de "sociologia nigro-romântica do Nordeste":

> "Hoje, alguns romancistas que passaram a girar em torno da sociologia do sr. Gilberto Freyre, agradável pela leveza, muitas vezes real, mas em muitos pontos colorida de fantasia, pretendem impor um tipo brasileiro negro ou mulato como o único legítimo tipo brasileiro".

Para concluir, enfático:

> "Uma coisa existe e existirá com absoluta nitidez: a deliberação marcada pelo consenso unânime dos brasileiros lúcidos: o Brasil quer ser um país branco e não negro. [...] O que prevalece é a decisão brasileira de ser um país branco e mais nada. E este propósito, sólido, inabalável, existe, é a realidade".

Havia uma razão demográfica para a reação paulista, e esta era a grande presença de italianos, portugueses, espanhóis e outros imigrantes estrangeiros e seus descendentes na cidade de São Paulo. Tal presença gerou uma diversidade de formações étnico-raciais desconhecida em outras cidades brasileiras. Salvador teve, é certo, na década de 40, os seus "galegos"; o Rio de Janeiro, os seus "portugueses"; outras cidades tiveram suas minorias étnico-raciais. Em todas essas cidades, porém, tratava-se de minorias étnicas isoladas, rapidamente assimiladas, enquanto em São Paulo proliferaram, por um bom lapso de tempo, vários nichos étnico-raciais, até mesmo entre brasileiros de origens regionais diversas. Não apenas os intelectuais paulistas, mas também a sociologia em São Paulo não poderia ignorar o fato empírico de que havia grupos étnico-raciais em São Paulo. Nesse sentido estrito, às diferenças de valores somavam-se, pois, diferenças regionais.

No caso particular de Florestan, além disso, a democracia racial brasileira jamais seria decorrência, seja de um *ethos*, seja de uma realidade empírica de miscigenação ou de ausência de regras de pertença grupal. Ao contrário, para ele, a democracia racial seria o resultado da ordem social competitiva e do modo racional-burocrático de dominação, próprios do capitalismo burguês, que prescindia de formas de discriminação ou coerção extra-mercantis ou econômicas. Tratava-se, portanto, de uma propriedade do sistema social mais que atributo de indivíduos ou grupos. Era mais um ideal, uma meta, que uma realidade. Dirá ele:

"O ideal brasileiro de uma democracia social, acima mesmo das diferenças étnicas e raciais, é o ideal mais elevado que uma coletividade chega a propor-se. Mas, para que ele se concretize, torna-se indispensável saber o que o detém na vida cotidiana" (Fernandes, 1959: xiii).

Pode-se facilmente perceber que Florestan não encontrava nenhuma restrição axiológica ou teórica para nomear como *preconceito de cor* as barreiras e os preconceitos aos homens e mulheres de cor que porventura constatasse nas suas pesquisas. Muito pelo contrário, essas discriminações eram, justamente, a comprovação dos obstáculos ao avanço da ordem social competitiva e dos ideais democráticos.

Essa postura ideológica de Florestan foi, de certo modo, partilhada por Costa Pinto, um baiano radicado no Rio, já àquela altura bastante influenciado pelo marxismo. Também Guerreiro Ramos, outro baiano radicado no Rio, por-se-á nesse debate não apenas como sociólogo, mas sobretudo como militante negro.

A orientação política dos movimentos negros acabou sendo expressa pela ideia pioneira, formulada por Guerreiro Ramos (1957), de que o negro, definido de modo extenso para incluir mulatos e pardos, à maneira de São Paulo, longe de ser uma minoria, era o *povo* brasileiro. *Povo* aqui significa a parcela da população brasileira excluída do pleno gozo dos direitos civis e sociais, como acesso à educação, ao emprego e à assistência médica, garantidos pela ordem constitucional. *Povo* era, pois, o oposto de *elite* ou de *doutores*, na dicotomia hierárquica da sociedade brasileira. Longe, portanto, de expressar os interesses de uma minoria, o Teatro Experimental do Negro e, de modo mais amplo, o movimento negro desses anos procuravam solucionar um problema nacional de integração social, econômica e política da grande massa da população brasileira.[47]

É verdade, portanto, que o discurso intelectual prevalecente até então, em muito influenciado por Freyre (um pernambucano radicado no Recife) e Pierson (um americano radicado em São Paulo), afirmava que a ordem estamental pertencia ao passado escravista, e que as diferenças sociais existentes entre brancos e negros poderiam ser atribuídas, quase que exclusivamente, à seletividade de classe, barreira encontrada por todas as minorias étnicas que emigraram para o Novo Mundo.[48] Mas é verdade tam-

---

[47] Costa Pinto (1953), o primeiro sociólogo a interpretar as relações raciais brasileiras numa perspectiva marxista, pensava, ao contrário, que o TEN era um movimento de negros de classe média, alienados da massa negra proletária.

[48] Essa ideia é primeiramente aplicada ao Brasil por Donald Pierson

bém que serão os sociólogos do Projeto UNESCO, principalmente Costa Pinto, Thales de Azevedo, Florestan Fernandes e Oracy Nogueira que romperão, sem deixar margem a dúvidas, com tal consenso, ainda nos anos 50, afirmando a confluência de barreiras de classe e de cor à mobilidade social e à integração dos negros na nova ordem competitiva. Por que o papel dos dois últimos autores foi mais reconhecido que o dos dois primeiros? Talvez pelo fato de Florestan e Oracy serem ideologicamente mais próximos aos intelectuais negros.

A postura do movimento negro dos anos 40 e 50 colidia de frente com o *mainstream* da intelectualidade brasileira, tanto na interpretação sociológica, quanto no plano ideológico. No plano sociológico, o pensamento negro pressupunha a existência de uma formação racial, e não apenas de classe; no plano ideológico, uma identidade negra, e não apenas mestiça, ainda que tal identidade negra devesse ser o âmago de uma identidade nacional brasileira. Esse era o modo como os intelectuais negros dos anos 50 procuravam equacionar o nacionalismo e a negritude.[49] Isso afastava o movimento negro quer dos ideólogos da democracia racial, que tomavam por realidade concreta o que era apenas um ideal, a mestiçagem racial e o sincretismo cultural, quer daqueles para quem a consciência racial era uma forma alienada ou distorcida de consciência. Ambas as posições se sustentavam sobre a negação das identidades de negros e brancos, *qua* raças ou grupos sociais. Os intelectuais negros, ao contrário, recusavam no sincretismo o que para eles era a preservação de traços culturais retrógrados, acusando os intelectuais nordestinos e estrangeiros de culto ao exotismo e de transformação do negro em objeto.

(1942), que segue à risca o modelo explicativo de Robert Erza Park (1950), seu orientador, acrescentando, todavia, para o caso brasileiro, algumas condições biológicas e culturais, como a mestiçagem, apontadas por Gilberto Freyre (1933). Charles Wagley (1952) apenas reitera tal ponto de vista.

[49] Tal interpretação pode ser encontrada em Bastide (1961) e em Maio (1997).

Contudo, a postura agressiva de antirracialismo e de afirmação de um Brasil mestiço, por parte de Gilberto Freyre, José Lins do Rego, Jorge Amado, Rachel de Queiroz e outros escritores, encontrava alguma simpatia por parte do movimento negro quando, e apenas quando, tal visão de Brasil colidia com aquela, nutrida por escritores e intelectuais de São Paulo, do Brasil como um país branco, e da democracia racial como fruto de um *ethos* cordial, não necessariamente miscigenado.

Para entender a postura de intelectuais negros como Guerreiro Ramos, Correia Leite, Abdias do Nascimento e outros, é preciso ter presente o que estava em jogo em diferentes dimensões do espaço simbólico.

No plano da identidade nacional, tratava-se de definir o negro não como uma minoria estrangeira — tal como fazia o *mainstream* da intelectualidade paulista — mas como maioria, como *o povo* brasileiro, ao contrário da elite, tida como patológica e alienada. Mas tal postura, por outro lado, pressupunha o *negro* como categoria no plano político, o que não era reconhecido pela intelectualidade nordestina, que via o *negro* como categoria apenas no plano da cultura, enquanto objeto de estudo. Mas, apesar de existirem, em outros campos, diferenças marcantes entre intelectuais negros e brancos, quando se tratava da disputa entre aqueles que pensavam o Brasil como mestiço, por um lado, e aqueles que viam o Brasil como branco, por outro, os intelectuais negros se alinhavam sempre com os primeiros, independentemente de cor ou região. Mas esse é assunto para o próximo capítulo. O *Quilombo*, revista do TEN, por exemplo, reproduz o texto em que Rachael de Queiroz acusa o racismo explícito em algumas passagens do artigo de Paulo Duarte, já citado.

DIFERENÇAS INTERPRETATIVAS

Em 1952, durante o trabalho de campo que fazia sobre as relações raciais em São Paulo, Florestan Fernandes ouviu, de um militante negro, a frase que sintetizaria o modo como ele desmistifica a suposta ausência de preconceito racial no país: o brasileiro teria "preconceito de não ter preconceito".[50]

Desafiado a justificar, em termos teóricos, a existência do preconceito e da discriminação raciais no país, Florestan teria forçosamente que achar uma função social para o preconceito. Na América, o preconceito era explicado como uma forma dos brancos defenderem-se da competição no mercado de trabalho, ou de manterem o monopólio sobre as melhores posições sociais numa ordem igualitária (Blumer, 1958; Pierson, 1971; Harris, 1967). Como justificar o preconceito no Brasil, sociedade de privilégios sociais reconhecidos, de fato, quando não de direito, onde os negros eram mantidos em posição subalterna na hierarquia do prestígio social?

A resposta de Florestan será decisiva: o preconceito no Brasil seria uma reação das elites brancas (e não do povo) às novas relações sociais, próprias à ordem social competitiva. A potencialidade revolucionária dos negros estaria justamente em livrar a sociedade burguesa emergente das amarras dos privilégios e das desigualdades da ordem patrimonial. Assim, o preconceito brasileiro, ao invés de provir dos iguais em direito — competidores numa ordem igualitária —, como nos Estados Unidos, provinha das elites, temerosas de perder privilégios patrimoniais. Daí, entre nós, o preconceito racial tomar esse aspecto de preconceito não revelado, pois o branco, em posição social superior, não reconhece no negro que ele discrimina um competidor, mas um subalterno deslocado de lugar. O problema, portanto, para quem discrimina, não estaria na raça, mas na ausência de subalternidade do discriminado, deslocado de sua classe.

Florestan fará, portanto, do "negro revoltado"[51] um poten-

---

[50] Ver, a respeito, Maio (1997). A frase se encontra em Bastide e Fernandes (1955) e em Fernandes (1965, 1972).

[51] Este é o título dado pelo TEN à coletânea de teses apresentada no I Congresso do Negro Brasileiro. Ver Nascimento (1968).

cial revolucionário a completar o serviço da revolução burguesa, deixado inacabado pelas novas elites brancas. Tal posição possibilitará, mais tarde, o surgimento de uma nova linha política no movimento negro, não mais voltada para a integração dos negros na vida nacional ou para a construção de uma nação mais forte e mais desenvolvida, mas voltada para a construção de uma sociedade mais justa e mais igualitária. O ideal socialista contaminará, durante a década de 60 e seguintes, muitos militantes negros.

As divergências de Florestan em relação à interpretação histórica de Freyre eram profundas. Seus trabalhos, como os de seus alunos, começam sempre por investigar a estrutura social e racial da sociedade colonial, para demonstrar a função central do preconceito e da discriminação raciais nesse período histórico. O abrandamento da discriminação é sempre atribuído à dinâmica socioeconômica que dilacera, aos poucos, a ordem colonial. É a nova ordem burguesa a responsável pelo surgimento do ideal da democracia racial; é a imperfeição da revolução burguesa a responsável pela "persistência do passado" racial e, em última instância, pela transformação do ideal em *mito*, em representação enganosa. Ou seja, a persistência da ordem racial é negada nas representações burguesas, e reafirmada nos seus atos.

Escreveu Florestan, em 1965:

"Portanto, as circunstâncias histórico-sociais apontadas fizeram com que o mito da 'democracia racial' surgisse e fosse manipulado como conexão dinâmica dos mecanismos societários de defesa dissimulada de atitudes, comportamentos e ideais 'aristocráticos' da 'raça dominante'. Para que sucedesse o inverso, seria preciso que ele caísse nas mãos dos negros e dos mulatos; e que estes desfrutassem de autonomia social equivalente para explorá-lo na direção contrária, em vista de seus próprios fins, como um fator de democratização da riqueza, da cultura e do poder" (p. 205).

DIFERENÇAS TEÓRICAS
E DIFERENÇAS EMPÍRICAS

Lidos com atenção, há, em todos os estudos do ciclo UNES-CO, do ciclo Bahia—Columbia e da "escola paulista", o reconhecimento explícito dos estereótipos raciais e do preconceito de cor a que estavam sujeitos os negros em todas as áreas estudadas no Brasil. Os estudiosos observaram a distância social entre brancos e negros, medida pela escala de Bogardus, recolheram ditos e ditados racistas, observaram limites na interação entre brancos e negros, documentaram as dificuldades de ascensão social experimentadas por pretos e mulatos. O que variou, realmente, entre eles, foi a interpretação que deram a esses achados. O que significa o preconceito racial? Qual a sua função social?

Num dos polos do debate, esteve a concepção de sociedade multirracial de classes, de Pierson; no outro polo, esteve a interpretação de Fernandes, de permanência de uma ordem estamental na sociedade burguesa brasileira, a que ele se referiu como "persistência do passado" ou, em outros momentos, como "metamorfoses do escravo".

Donald Pierson, apesar de pesquisador meticuloso, que emprestava mais valor à descrição que à hipótese,[52] foi sem dúvida um dos que se prendeu, de modo mais radical, a certos conceitos teóricos. Suas concepções de "classe" e de "preconceito racial" permaneceram imutáveis durante toda a sua militância disciplinar no Brasil. Assim como sua negativa em considerar como preconceito racial a discriminação sofrida pelos negros, ou como grupo racial o movimento político negro.[53] Fizeram companhia a

---

[52] Ver Cavalcanti (1988).

[53] "Mais notada e sentida e também ressentida, por número originalmente limitado mas hoje ampliado, particularmente no seio da classe média, e frustrado, por uma ou outra razão, às vezes até por atos verdadeiros ou supostos de discriminação, ressentimento que se reflete em organizações criadas de vez em quando por pessoas de cor com consciência de grupo, embora

Pierson na negação do preconceito e das raças no Brasil Charles Wagley, Marvin Harris e, mais tarde, Pierre van den Berghe (1994). Costa Pinto, Bastide e Florestan, além de Oracy, afirmaram sempre o preconceito brasileiro. Thales de Azevedo sedimentou essa opinião ainda nos anos 50, modificando substancialmente a compreensão que tinha, de início, das relações raciais no Brasil.

Do mesmo modo, Florestan refinou o seu pensamento sob a influência dos pontos de vista de Thales, de Oracy e de outros, acatando os seus achados empíricos, e mesmo as suas interpretações. Particularmente importante para a visão madura de Florestan sobre as relações raciais no Brasil é o seu diálogo com o movimento negro e sua polêmica com Guerreiro Ramos, sobretudo a insistência deste em ver o negro como o povo brasileiro, e não como raça. Em nota explicativa a *A integração do negro na sociedade de classes*, por exemplo, Florestan (1965) se apega ao núcleo da proposição de Guerreiro ao afirmar: "Em sentido literal, *a análise desenvolvida é um estudo de como o Povo emerge na história.* [...] E nos aventuramos a ele, através do negro e do mulato, porque foi este contingente da população nacional que teve o pior ponto de partida para a integração ao regime social que se formou ao longo da ordem social escravocrata e senhorial e do desenvolvimento posterior do capitalismo no Brasil".

CONCLUSÕES

Qual a origem, pois, das supostas diferenças regionais e de escola entre o Norte e o Sul do Brasil, entre "baianos" e "paulistas"?

A ideia segundo a qual a situação racial diferia entre o Norte e o Sul do país, mormente entre São Paulo e a Bahia, era um lugar-comum entre a intelectualidade brasileira antes mesmo das

---

tais organizações acabem por se tornar, em geral, amorfas, ineficientes e transitórias" (Pierson, 1971: 61).

modernas ciências sociais brasileiras terem realizado os seus primeiros estudos. Frazier (1942, 1944), por exemplo, havia opinado haver mais preconceito em São Paulo do que na Bahia, atribuindo isso a fatores de ordem cultural (a maior presença de imigrantes estrangeiros com atitudes raciais diferentes da dos brasileiros), de ordem econômica (maior competição entre imigrantes e negros no mercado de trabalho) e de ordem demográfica (os negros e mulatos em São Paulo constituírem uma minoria). Ao fazer tal observação, Frazier juntava argumentos culturalistas, do tipo avançado por Freyre, a argumentos estruturalistas, do tipo desenvolvido mais tarde por Fernandes, Bastide e outros, e a argumentos demográficos, do tipo que será, mais tarde, desenvolvido por Harris. Frazier, com certeza, falava em tese, pois não conduziu uma pesquisa empírica comparativa entre Bahia e São Paulo.

Pierson, por sua vez, ao resenhar, em 1947, a primeira edição americana de *Casa-Grande & Senzala*, parece ecoar o pensamento paulista, ao criticar Freyre por generalizar abusivamente a partir da situação racial das zonas canavieiras de Olinda e Recife e do Recôncavo baiano, dizendo que "o Brasil não é nem nunca foi uma unidade cultural ou societária" (Pierson, 1947: 609). Pierson falava com a autoridade de quem tinha feito trabalho de campo na Bahia e em São Paulo. Mas, ainda que reconhecesse os vários brasis, sustentou, até o fim de sua vida, não existir preconceito racial em nenhum deles.

A essas observações frouxas, hipotéticas, foram-se juntando, depois do trabalho pioneiro de Pierson, em Salvador, as conclusões de alguns dos trabalhos empíricos do ciclo UNESCO ou Bahia—Columbia.

Já em 1952, Wagley reforça essa geografia das relações raciais ao concluir que as principais hipóteses e interpretações avançadas por Pierson, "que concernem essencialmente à cidade de Salvador, no Estado da Bahia, se aplicam de uma maneira geral ao conjunto da região rural do norte do Brasil" (Wagley, 1952: 163).

Bastide, em estudo feito com Pierre van den Berghe, em São Paulo, falsifica por seu turno a afirmação de Pierson (1951) sobre a ausência de preconceito no Brasil, mas tem o cuidado de limitar seus achados a São Paulo, preservando a possibilidade da interpretação de Pierson ser correta para a Bahia (Bastide e Berghe, 1957).

Para Costa Pinto ou para Oracy Nogueira, as diferenças de situação racial no Brasil são menos entre o Norte e o Sul e mais entre áreas tradicionais e áreas modernas do país. Oracy expressa tal hipótese do seguinte modo:

"[...] o volume crescente de contatos secundários, resultante da urbanização e da maior mobilidade espacial proporcionada pelos modernos meios de transporte, ao mesmo tempo que leva a uma maior probabilidade de exacerbação da consciência de cor, tende a libertar os pretos e pardos do tradicional paternalismo do branco, tornando-os, portanto, efetivamente menos peiados para cuidar de seus interesses e reivindicações" (Nogueira, 1998: 202).

Também Fernandes observa que, "em termos de tensão e da pressão que suportam da sociedade inclusiva, a situação do negro e do mulato é relativamente mais dura e desumana em São Paulo" (Fernandes, 1972: 52). Utiliza-se, desta feita, das detalhadas etnografias e das interpretações de Thales sobre Salvador, e com isso dá conta da posição diferencial dos negros e mulatos no mercado de trabalho baiano. Em Salvador, convenceu-se Florestan, a integração do negro à sociedade de classe poderia se dar de modo muito menos traumático do que em São Paulo, posto que lá a industrialização chegou mais tarde, encontrando o negro e o mulato culturalmente mais integrados e em melhor posição para competir, ademais de não ter havido, em Salvador, uma imigração europeia com força suficiente para deslocar o negro do mercado formal de trabalho.

Esses exemplos mostram que, às vezes, foram os próprios pesquisadores, quer pelo cuidado em tratar os resultados encontrados por terceiros, quer pelo impulso de teorizar, que têm alimentado esse suposto dualismo, ou diversidade empírica das relações raciais no Brasil.

O que o texto de Florestan, referido acima, sugere é que houve diferenças concretas no *timing* da industrialização regional e da integração psicocultural do negro na civilização brasileira, as quais poderiam explicar a variação encontrada, regionalmente, nos obstáculos à ascensão social de pretos e mulatos.

Mais além dessas diferenças, a principal cisão entre esses estudos foi também, às vezes, formulada como uma diferença entre abordagens "de cunho culturalista", se incluirmos aí os estudos de comunidade e de aculturação, por um lado, e, por outro lado, abordagens de "caráter histórico-funcionalista", para usarmos os termos empregados por Thales (Azevedo, 1985). Hasenbalg, por seu turno, prefere constatar a forte influência de Freyre e de Pierson nas interpretações dos autores que trabalharam no Norte do país, ao contrário do caráter inovador dos estudos feitos no Sul.

A pista de Hasenbalg me parece mais fecunda. A tensão interpretativa entre Pierson e Florestan esteve sempre presente nos estudos dos anos 50 e 60.

Quando escreveu a introdução à segunda edição de *Brancos e pretos na Bahia*, em 1965, Pierson reagiu duramente às críticas que vinha sofrendo da "escola paulista", mormente no que diz respeito à sua negação do preconceito racial no Brasil.[54]

"A confusão se deve, a nosso ver, a várias razões:
(1) às características heterogêneas dum país imenso; (2) à natureza sutil da 'situação racial' no Brasil; (3) ao papel desempenhado no processo de comunicação pelos

---

[54] Tal negativa inspirou, como contraexemplo, a redação do projeto de Bastide e Florestan. Veja-se, por exemplo, a seguinte declaração de Fernandes: "Redigi o projeto, que foi submetido a sua [de Bastide] crítica. Ele só alterou algumas passagens sobre Pierson, atenuadas ou omitidas, que eu havia utilizado deliberadamente como uma espécie de *straw man*, ressaltando assim as ambiguidades e inconsistências que deveríamos evitar (ou controlar) em uma investigação comprometida com o próprio negro" (Fernandes, 1986: 15).

significados de palavras; (4) ao restrito volume de pesquisas de qualidade *empírica* produzida em relação a este problema; e (5) às variações nos objetivos, abordagens e métodos dos escritores da especialidade, alguns dos quais, por terem indevidamente exagerado certos aspectos da situação total, ofereceram um 'quadro' inconscientemente distorcido" (Pierson, 1971: 29).

Nesse trecho, fica clara a estratégia de defesa de Pierson: invocar possíveis diferenças empíricas regionais como última linha de defesa e, principalmente, imputar a seus críticos uma compreensão equivocada de termos técnicos (preconceito racial), repreendendo a precariedade de seus trabalhos históricos e sociológicos empíricos, e acusando-os de desvio ideológico.

A repreensão de Pierson à "escola paulista" — aproveitando-se de uma frase de Bastide, na "Introdução" a *Brancos e negros em São Paulo*, em que este autor alerta contra a ênfase dada, no livro, ao lado negativo das relações raciais — é tanto direta, quanto indireta. Neste último caso, a crítica mais severa é feita em pé de página, *en passant*:

"Os estudos mais recentes aplicados a uma parte deste problema [variação regional da escravatura] orientaram-se para ilustrar a evolução dum processo histórico cujo desenvolvimento surge preconcebido na mente do investigador e, por esta razão, é conhecido com antecedência, de modo que o investigador sujeita-se a ficar fechado para novos conhecimentos e novas hipóteses" (Pierson, 1971: 30).

A resposta de Florestan, muitos anos depois, é indicativa do que enfatizo neste capítulo, pois ela denota a consciência de quem mudou não apenas a interpretação sobre a "situação racial" mas, sobremodo, a agenda de pesquisa:

"Não podemos apanhar a nossa investigação como um projeto típico de 'pesquisa de relações raciais *à la* norte-americana'. A nossa tentativa buscava render conta de uma realidade histórica" (Fernandes, 1986: 13).

Penso que na obra de Florestan, mais que na obra de qualquer outro intelectual não negro, cristalizou-se uma problemática sociológica das relações raciais propriamente brasileira. Ao contrário de Donald Pierson, Charles Wagley, Marvin Harris e outros que, de certo modo, guardaram uma problemática universalista das relações raciais, na qual o caso brasileiro era sempre contrastante, os autores brasileiros, sendo Florestan o mais expressivo, conseguiram, com o passar dos anos, fazer prevalecer, na academia brasileira, de Norte a Sul, a ideia de que o "preconceito de cor" era, de fato, racial e não de classe, e que a democracia racial, no Brasil, era, a um só tempo, um ideal e um mito.

Seria enganoso, contudo, restringir a Florestan a construção dessa nova agenda, e atribuir sua disseminação à influência deste autor. Ao contrário, quis demonstrar, neste capítulo, a gestação lenta, às vezes ruidosa (como em Florestan), às vezes silenciosa (como em Thales ou Oracy) de uma problemática propriamente brasileira das relações raciais, que se afastava do padrão comparativista e contrastante, herdado de Gilberto Freyre. O ensaio de Thales sobre "Classes sociais e grupos de prestígio", ou o ensaio de Oracy sobre as *Relações raciais em Itapetininga* são inexplicáveis fora dessa nova agenda.

O que Florestan, melhor que todos, fez, foi vocalizar, para as ciências sociais no Brasil, a nova problemática das relações raciais. Ou seja, o que era, antes, visto como uma possível solução, no plano internacional, para o problema racial, tal como vivenciado em outros países, em especial nos Estados Unidos e na África do Sul, passou a ser visto como um problema para os negros e para a democracia no Brasil.

4.
COR, CLASSES E *STATUS*
NOS ESTUDOS DE RELAÇÕES RACIAIS[55]

A associação entre "cor" e posição social sempre foi fundamental no Brasil, e seu estudo ocupou boa parte dos cientistas sociais. Ainda recentemente, dois excelentes artigos, um de Marvin Harris *et al.* (1993), outro de Nelson do Valle Silva (1994), acirraram o interesse no tema, discutindo as inconsistências do sistema de classificação racial adotado nos censos.

Minha intenção, neste capítulo, entretanto, limita-se a discutir o significado teórico no qual "cor", classes e *status* foram relacionados pelas ciências sociais, no Brasil, nos anos 40, 50 e 60. Concentro-me, em particular, nos estudos clássicos de Donald Pierson, de Thales de Azevedo e de Marvin Harris, para examinar os fundamentos de duas hipóteses sobre a relação entre "cor" e posição social no Brasil: uma que teoriza as discriminações raciais como "discriminações de classe", e outra que explica a especificidade de nosso sistema de relações raciais pela permanência de uma hierarquia estamental criada pela escravidão.

O QUE É *COR*

"Cor" é, no Brasil, primitivamente, uma construção racialista, que se estrutura em torno de uma ideologia bastante peculiar.

---

[55] Versão anterior publicada sob o título "Cor, classes e *status* nos estudos de Pierson, Azevedo e Harris na Bahia, 1940-1960". In: Marcos Chor

Segundo tal ideologia, os mestiços de diferentes raças tendem, por meio de um processo de "reversão", a concentrar-se em torno das características de algumas raças fundamentais.

O conceito de reversão pode ser melhor entendido lendo a passagem na qual o autor de *Os Sertões* explica o embranquecimento dos mestiços de negro:

> "As leis naturais pelo próprio jogo parecem extinguir, a pouco e pouco, o produto anômalo que as viola, afogando-o nas próprias fontes geradoras. O mulato despreza então, irresistivelmente, o negro e procura com uma tenacidade ansiosíssima cruzamentos que apaguem na sua prole o estigma da fronte escurecida; o mameluco faz-se o bandeirante inexorável, precipitando-se, ferozmente, sobre as cabildas aterradas... [...] Essa tendência é expressiva. Reata, de algum modo, a série contínua da evolução, que a mestiçagem partira. A raça superior torna-se o objetivo remoto para onde tendem os mestiços deprimidos e estes, procurando-a, obedecem ao próprio instinto da conservação e da defesa. É que são invioláveis as leis de desenvolvimento das espécies..." (Cunha, 1973 [1906]: 97).

Foi baseado na teoria segundo a qual os mestiços "revertem" ou "regridem" para uma das raças cruzadas — ideologia que informava tanto o senso comum, quanto o saber erudito, no final do século passado — que o censo brasileiro de 1872 introduziu quatro "grupos de cor": o branco, o caboclo, o negro e o pardo. Tais grupos são definidos por uma mesma fórmula:

> Grupo de cor = membros da raça pura + fenótipos da raça em reversão.

Maio e Ricardo Santos, *Raça, ciência e sociedade*, Rio de Janeiro, Fiocruz/ Centro Cultural Banco do Brasil, 1996, pp. 143-58.

No grupo branco, por exemplo, estavam, na definição de Oliveira Vianna (1959 [1932]: 45),

"os brancos puros e os fenótipos do branco (mestiços afro-arianos e indo-arianos em reversão para o tipo branco)".

Do mesmo modo, Oliveira Vianna define caboclos e negros. Apenas o pardo foge à lei da reversão aos tipos originais, posto tratar-se, para Oliveira Vianna, de categoria residual:

"O grupo dos pardos ou mulatos era constituído por aqueles mestiços afro-arianos, que, pela pigmentação particular da pele, não podendo incorporar-se a nenhuma das raças originárias, formavam um grupo à parte, perfeitamente diferenciado dos outros grupos" (p. 45).

Para outros, entretanto, os pardos podem também ser o produto da estabilização, por meio do intercruzamento continuado, de um novo tipo racial. Daí a pergunta de Rodrigues de Carvalho (1988 [1934]: 34): "Qual o typo definido no fim de uns tantos annos, quando por successivas reproducções tenha se esbatido de vez a influência negra?".

Mas, com o declínio do prestígio das teorias racialistas no Brasil, a partir dos anos 40, desaparecem — ao menos no plano do discurso e da consciência — os apelos a teorias raciais na definição da cor, tal como a teoria que explicava, pela reversão, a fixação de caracteres somáticos, fenotípicos e de caráter. Os grupos de cor passam a ser, doravante, pensados em termos de senso comum, conformando apenas características fenotípicas, sustentadas numa ideologia da espontaneidade e obviedade de nossas percepções cromáticas e físicas.

Tal ideologia alicerça-se, empiricamente, na constatação de que há um sem-número de denominações para definir-se a "cor" de alguém. Neste sentido, "cor" é tomada como categoria empírica, manifestação objetiva de características fenotípicas, ainda

Cor, classes e *status* nos estudos de relações raciais

que sua denominação seja inteiramente subjetiva e ambígua, por falta de uma regra precisa de descendência racial.

Na sua crítica radical às teorias racialistas, a moderna Antropologia Social procurou retirar da "cor" e dos "grupos de cor" qualquer conotação racial. Mas, também, guardando a designação *emic*, nativa, procurou afastar-se do discurso do senso comum que associa cor à pigmentação.

As características fenotípicas que compõem a "cor" das pessoas foram estudadas, de modo sistemático, pela Sociologia e pela Antropologia Social, a partir do estudo pioneiro de Donald Pierson sobre as relações raciais em Salvador, nos anos 30 (Pierson, 1971 [1942]).

"Cor", tal como passou a ser formulada pelas ciências sociais no Brasil, em substituição a "raça", ou aos grupos de cor censitários, é uma categoria "nativa" (*emic*) e significa mais que pigmentação da pele. Como Donald Pierson corretamente observou na segunda edição ao seu famoso livro *Brancos e pretos na Bahia* (Pierson, 1971: 38):

> "Tal como se emprega no Brasil, [...] 'cor' significa mais que simples cor, isto é, mais do que pigmentação, [significa] inclusive, em primeiro lugar, [a presença] de um certo número de outras características físicas: tipo de cabelo (talvez o mais importante), assim como os traços fisionômicos".

A afirmativa original de Pierson foi, mais tarde, comprovada pelas observações sistemáticas de Harris e Kottak (1963), que conseguiram mensurar a importância das características físicas na definição da cor de um indivíduo. São elas, por ordem de importância: a cor da pele, o tipo de cabelo, o formato do nariz e o formato dos lábios.

Tal significado de "cor" foi ampliado ainda mais, à medida que a Antropologia Social se afastava dos pressupostos racialistas e enveredava pelos estudos de relações raciais. De fato, a principal característica do "sistema de relações raciais" brasileiro, tal como estabelecido pelos estudos dos anos 40, 50 e 60, é menos a novidade de seu sistema de classificação — a ausência de regras de descendência, como caracterizou Harris (1964) —, e mais a sua estreita associação com a hierarquia social, i.e., com a estratificação socioeconômica e com a estratificação do poder e do prestígio social.

Pierson, que, entre 1935 e 1937, realizou o primeiro estudo sistemático de "situação racial" no Brasil, ao notar essa associação entre "cor" e posição social, "traduziu-a" nos termos da sociologia da época: os grupos de cor pertenceriam a uma ordem de *classe* e não a uma ordem de *casta*; seriam, portanto, grupos abertos e não grupos fechados, ou melhor, não seriam, a rigor, grupos, pois a seus membros faltaria consciência coletiva.

A caracterização racial que Pierson fez do Brasil demarcou o terreno dos estudos de relações raciais por mais de vinte anos. Segundo este paradigma, o principal traço da sociedade brasileira seria o de que, nela, não apenas a "raça" é definida por traços fenotípicos (a "cor", em sentido lato), como também participariam da sua definição critérios sociais, como riqueza e, principalmente, educação (Harris, 1964). Essa construção teórica sustenta a intuição de uma democracia racial na qual, mais que a "cor" das pessoas (ou seja, suas características adscritas), importa o seu desempenho (riqueza e educação).

CLASSES E *STATUS*

O conceito de *classes*, tal como utilizado pelas ciências sociais americanas nos anos 30, tinha dois sentidos correlatos. Por um lado, o termo designava qualquer divisão vertical ou agrupamento hierárquico de uma dada sociedade. Foi com este sentido genérico, por exemplo, que A. L. Kroeber (1970) se referiu a classes na seguinte passagem:

"A casta e o clã podem ser descritos de um modo geral como divisões vertical e horizontal, respectivamente, de uma população. Por conseguinte, as castas são uma forma especial de classes sociais, que, pelo menos em tendência, estão presentes em toda sociedade. Contudo, as castas diferem das classes sociais nisto que elas emergiram na consciência social, no ponto em que o costume e o direito procuraram separar-se rígida e permanentemente um do outro. As classes sociais são o solo de que os sistemas de casta brotaram independentemente em várias épocas e lugares" (p. 413).

Por outro lado, *classes* são um tipo específico de estrato vertical, caracterizado pela predominância de relações sociais abertas, tais como conceituadas por Weber. São, portanto, em sentido estrito, camadas abertas que se contrapõem às castas, que são camadas fechadas.

Este segundo sentido do termo *classes* pode ser ilustrado pela seguinte definição de Lloyd Warner (1970: 419):

"'Casta', no sentido em que empregamos aqui este termo, descreve uma disposição teórica das pessoas de determinado grupo em uma ordem em que privilégios, deveres, obrigações, oportunidades, etc. se distribuem desigualmente entre os grupos considerados superior e inferior. Existem sanções sociais que tendem a manter esta distribuição desigual. Muito desta definição também serve para descrever a 'classe'. Um sistema de castas, contudo, deve ser, além disso, definido como aquele em que o casamento entre os dois grupos não é sancionado, e em que não há a oportunidade para os membros do grupo inferior ascenderem ao superior, ou para os membros do grupo superior descerem ao inferior. Num sistema de classes, por outro lado, há certa proporção de casamento entre as classes inferior e superior; e há, na própria natureza da organização de classes, mecanismos estabelecidos pelos quais as pessoas se deslocam para o alto ou para baixo, nas extensões verticais da sociedade".

Para Warner, portanto, tanto classes quanto castas são camadas de uma estrutura vertical. As diferenças da casta em relação à classe estão na (i) endogamia e (ii) na ausência de mobilidade social.

Estas divisões verticais da estrutura social estão, ambas, associadas a diferentes *status*, isto é, a uma distribuição desigual da honra e do prestígio social, tal como se depreende desta outra passagem, escrita por Allison Davis e John Dollard (*apud* Myrdal, 1944: 1.377):

"As formas de participação da *clique* e da classe sociais são do tipo íntimo, o que implica que os seus membros partilham um *status* igual no sentido de que se visitam uns aos outros, desenvolvem rituais interfamiliares tais como refeições ou chás, e podem casar entre si".

Podemos dizer que, para a sociologia do começo do século, do ponto de vista da distribuição do *status* social, *classes* se diferenciavam de *castas* por ostentarem, as primeiras, um *status adquirido*, enquanto as segundas conservavam *status atribuído*. Tal diferenciação pauta-se, todavia, numa "valorização positiva", em termos ideológicos e culturais, das classes, que precisa ser realçada.

As divisões em classes, concebidas apenas segundo diferenças adquiridas pelos indivíduos, como resultado de sua competição num mercado livre, são também valorizadas como "boas" diferenças, ao contrário das diferenças existentes nas castas, as quais, por se deverem a características herdadas e inatas, não referidas ao desempenho individual, são consideradas "más" diferenças.

Aliás, a única conotação negativa do termo "classe" ocorre quando este se associa a restrições à livre competição dos indivíduos, provenientes de privilégios. Este sentido britânico do termo "classe" foi melhor expresso por Myrdal (1944: 674), quando afirma:

"*Classes e diferenças de classe na América são nesta pesquisa concebidas como resultado da restrição à livre competição* e, consequentemente, da falta de uma completa integração social. As classes altas desfrutam os seus privilégios porque as classes baixas são constrangidas na sua 'busca de felicidade' por vários tipos de monopólios sociais relativos e absolutos".

No Brasil, entretanto, as classes tendem a ser sempre *valorizadas negativamente*, pois, à maneira marxista, inclinamo-nos a associá-las a mecanismos de exploração do trabalho, a formas de parasitismo social, à manutenção de privilégios e à exclusão social. O leitor brasileiro, portanto, que não participa do universo de valor que encara as classes como algo positivo, deve ficar atento à maneira com que os cientistas sociais das décadas de 40, 50 e 60 relacionaram classes e *status* a cor.

COR E HIERARQUIA NAS CIÊNCIAS SOCIAIS BRASILEIRAS

Vimos, em capítulo anterior, que a redução da agenda antirracista ao antirracialismo foi um fenômeno mundial. Tal consenso, já formado nas ciências sociais da Europa e Estados Unidos, foi trazido ao Brasil primeiro por Freyre, e depois difundido, na prática sociológica e antropológica, pelos primeiros cientistas sociais a exercerem seu ofício no país. Vimos, também, que foi Donald Pierson (1971 [1942]), então estudante de doutorado em Chicago, sob a orientação de Robert Park, quem primeiro formulou a tese segundo a qual o Brasil seria uma "sociedade multirracial de classes". Pierson queria dizer, sobretudo, que não havia barreiras ao convívio e à mobilidade sociais, entre brasileiros de diversas origens étnico-raciais, atribuíveis à "raça" em si, sendo as barreiras existentes melhor compreendidas como decorrentes da ordem econômica e cultural. Tomava, como evidência de sua tese, o convívio social entre brancos, mulatos e pretos na Bahia, e o fato de se encontrar, em todos os círculos sociais de Salvador, negros e mulatos.

A perfeita sintonia entre a tese piersoniana e o senso comum nacional foi lembrada por Arthur Ramos, com ironia, na introdução brasileira (datada de 1943) ao livro de Pierson (1971: 69): "Mas cumpre logo registrar que, utilizando-se dos seus métodos objetivos de estudo das relações humanas, Pierson chega às mesmas conclusões que estavam admitidas, vamos dizer, tradicionalmente". Tal consenso refere-se ao fato de que, no Brasil, o sistema de castas da escravidão (em que as oportunidades de vida, o prestígio e o poder de senhores, libertos e escravos estavam predefinidos) não dera lugar, na moderna sociedade de classes (isto é, baseada na competição de indivíduos em mercados), a grupos sociais fechados, definidos a partir de uma identidade racial. Ou, dito de outra maneira, a identificação social baseada em raça não passara a definir as oportunidades de vida das pessoas, quer em termos econômicos, quer em termos de honra social, quer em termos de poder. Esta era uma afirmação forte diante das evidências de desigualdades tão gritantes que inspiraram o seguinte comentário de Robert Park, que visitara Salvador dois anos antes de Pierson iniciar seu trabalho de campo naquela cidade:

"Em todo caso, para o estrangeiro que na Bahia percorra uma das elevações onde moram os ricos, é uma experiência um tanto bizarra ouvir, vindo dentre as palmeiras dos vales vizinhos, onde os pobres moram, o insistente rufar dos tambores africanos. Tão estreitas são as distâncias espaciais que separam a Europa situada nas elevações da África situada nos vales, que é difícil perceber a amplitude das distâncias sociais que as separam" (*apud* Pierson, 1971: 84).

Na defesa de tese tão forte, Pierson usou constantemente a categoria nativa de "cor", que substituía, na sociedade local, o termo "raça", como evidência da ausência de grupos sociais que pudessem ser, com precisão, referidos como "raciais", ou seja, grupos que fizessem uso, na vida social e política, de identidades raciais.

Da clareira aberta por Pierson, vale destacar dois caminhos diferentes que foram seguidos. O primeiro, de maior interesse para a Antropologia Social, foi trilhado principalmente por aqueles que procuraram desvendar as "raças sociais",[56] ou seja, as diferentes formas de classificação racial empregadas em sociedades pluriétnicas. Thales de Azevedo (1996: 34), por exemplo, elucidou que a "cor", no Brasil, era mais que pigmentação: além de outros traços físicos (textura do cabelo, formato do nariz e dos lábios), incluía, também, marcas não corporais, tais como vestimenta, modo de falar, boas maneiras, etc.[57]

Os estudos coordenados por Azevedo e Wagley também contribuíram para fixar a tese de que haveria, em operação no Brasil, um processo de embranquecimento, se não em termos biológicos, como queria a antiga antropologia racialista, ao menos social. Ou seja, haveria uma tendência dos negros e mulatos em ascensão social para se transformarem em socialmente brancos, já que a "cor" significava mais que simples pigmentação. Azevedo, por exemplo, já em 1953, em *Les Élites de couleur*, cita Guerreiro Ramos, que assumia papel de destaque na liderança do movimento negro brasileiro, dizendo: "[...] o negro brasileiro pode branquear-se, na medida em que se eleva economicamente e adquire os estilos comportamentais dos grupos dominantes. O peneiramento social brasileiro é realizado mais em termos de cul-

---

[56] Charles Wagley e Marvin Harris (1958: xv) cunharam a expressão: "Neste estudo, quando tratamos de 'raça', estamos falando de 'raça social', da maneira como membros de uma sociedade classificam-se, uns aos outros, segundo características físicas, e não de conceitos biológicos de raça". Ver, também, Harris e Kottak (1963).

[57] Nas palavras de Azevedo (1996: 34): "Aparentemente esses vocábulos [branco, preto, mulato, pardo, moreno e caboclo] descrevem tipos físicos determinados; na verdade o sentido dos mesmos é socialmente condicionado, muito embora basicamente relacionado com os traços raciais, especialmente a cor da pele, o cabelo e as formas faciais". Ver também Azevedo (1966).

tura e de *status* econômico do que em termos de raça", Ramos (1946), *apud* Azevedo (1996 [1955]: 35).[58]

Oracy Nogueira (1985 [1954]), por seu turno, argumentou que, no Brasil, era a marca da cor (a aparência física) que contava, em termos de distinção social, e não a origem biológica (raça), como nos Estados Unidos. Mais tarde, será apoiado nesses estudos que Carl Degler (1991 [1971]) formulará a famosa tese do "mulato como válvula de escape", segundo a qual a ascensão social dos mulatos e mestiços resultava na sua cooptação por um regime de desigualdade social, privando os negros de uma liderança política mais preparada e educada.

De um modo geral, os estudos dos sistemas classificatórios difundiram a ideia de que, no Brasil, não há uma regra clara de filiação racial como a hipodescendência norte-americana, mas que, ao contrário, a classificação é feita pela aparência física da pessoa. Esses estudos reforçaram muito a conclusão de Pierson a respeito do caráter das relações raciais no Brasil. Como disse Harris (1964: 61):

"Um brasileiro nunca é meramente um 'branco' ou um 'homem de cor'; ele é um homem branco rico e bem educado ou um pobre e mal educado homem branco; um homem de cor rico e educado ou um pobre e mal educado homem de cor. O produto desta qualificação pela educação e pelos recursos financeiros determina a identidade de classe de alguém. É a classe e não a raça de uma pessoa que determina a adoção de atitudes subordinadas ou superordinadas entre indivíduos específicos, em relações face a face. [...] Não há grupos raciais contra os quais ocorra discriminação. Há, ao

---

[58] De fato, na 1ª edição, de 1953, em francês, Azevedo cita a primeira sentença da frase de Ramos, mas sem identificá-lo, o que fará, apenas, na edição brasileira, de 1955, quando dá a referência completa da entrevista de Ramos. Cito-a, como veem, pela 2ª edição brasileira, de 1996.

contrário, grupos de classe. A cor é um dos critérios da identidade de classe; mas não é o único critério".

O segundo caminho, mais propriamente sociológico, foi aberto pela contestação, explícita ou não, do conceito de classe utilizado por Pierson e depois por Harris, segundo o qual classe significava, a um só tempo, cor, posição de *status* e posição econômica. Contestou-se, também, a sua visão mais geral da mudança social no Brasil. Florestan Fernandes (1955), analisando a passagem da ordem escravocrata para a sociedade de classes, chega à conclusão de que, em primeiro lugar, tal transição conservara, em grande medida, o sentido hierárquico e a ordem racial da sociedade escravocrata e, em segundo, os negros foram integrados de um modo subordinado e tardio à sociedade de classes, sendo o "preconceito de cor" a expressão da resistência das classes dominantes brasileiras a se adequarem à nova ordem competitiva. Thales de Azevedo (1956), por seu turno, examinando a mesma transição, e bastante influenciado por suas leituras de Weber e Tönnies, interpreta a situação dos negros brasileiros como correspondendo àquela de um *Ständ* (um estamento social), ou seja, um grupo de prestígio, em que a cor e a origem social restringem a mobilidade social e as oportunidades de vida dos indivíduos.

Presente em ambos os autores está a ideia de que a sociedade brasileira não é, para ser exato, uma sociedade de classes, no sentido weberiano, ou seja, uma sociedade de mercados em que *indivíduos* livres competem entre si e se associam em busca de oportunidades de vida, de poder e de prestígio, mas sim uma sociedade ainda hierarquizada em *grupos*, cuja pertença é atribuída pela origem familiar e pela cor.

Dos estudos sociológicos e antropológicos dos anos 50 e 60 ficaram, portanto, algumas contribuições importantes e outros tantos mal-entendidos, que a pesquisa posterior buscou reinterpretar. Vamos aos mal-entendidos. Primeiro, ficou a ideia de que, no Brasil, não existem raças, mas cores, como se a *ideia* de raça não estivesse subjacente à de "cor" e não pudesse ser, a qualquer momento, acionada para realimentar identidades sociais; segundo, formou-se o consenso de que, no Brasil, era a aparência física e não a origem que determinava a cor de alguém, como se houvesse algum meio preciso de definir biologicamente as raças, e todas as formas de aparências não fossem, elas mesmas, convenções; terceiro, criou-se a falsa impressão de que, no Brasil, não se poderia discriminar alguém com base na sua raça ou na sua cor, posto que não haveria critérios inequívocos de classificação de cor; quarto, alimentou-se a ideia de que os mulatos e os negros mais claros e educados fossem sempre economicamente absorvidos, integrados cultural e socialmente, e cooptados politicamente pelo *establishment* branco; quinto, formou-se o consenso de que a ordem hierárquica racial, ainda visível no país, fosse apenas um vestígio da ordem escravocrata em extinção.

Em seguida, analisarei, em maior detalhe, o modo como Donald Pierson, Marvin Harris e Thales de Azevedo enunciaram e desenvolveram a tese da particularidade do Brasil em termos raciais.

DONALD PIERSON

A tese de Pierson só faz sentido se entendida no contexto teórico da sociologia americana da época. Em particular, é fundamental recordar a teoria de interação social, tal como formulada por Robert Park e outros professores da Universidade de Chicago. Segundo essa teoria, *isolamento* e *contato* são categorias que organizam a explicação, seja da evolução das culturas em torno do eixo "cultura de *folk*/civilização", seja do desenvolvimento e amadurecimento das personalidades individuais.

O *contato* entre diferentes pessoas ou povos, tido como responsável pelo progressivo refinamento intelectual e cultural, dar-se-ia basicamente por meio de quatro processos, vistos, em geral, como etapas do processo civilizatório mais abrangente e, em particular, do modo como a sociedade norte-americana se constituía pela absorção e integração de amplos contingentes migratórios. Estes quatro processos são: *competição*, *conflito*, *acomodação* e *assimilação*.

Competição, para Pierson, é "a forma mais elementar e universal de interação; é a luta por objetos concretos (a própria vida, bens); é inconsciente, impessoal, contínua; produz (1) ordem econômica, (2) divisão do trabalho, (3) distribuição em espaço..." (Pierson, 1975: 322). Quando consciente, a competição torna-se *conflito*, passando então a ser intermitente, a produzir *status* e ordem política; diminui apenas por meio da *acomodação* e desaparece por meio de *assimilação*.

Classes e *castas* seriam, segundo a perspectiva adotada por Pierson (1975: 321), fenômenos de *acomodação* — "ajustamento apenas formal e externo, cuja função é a de diminuir o conflito"; ou seja, seriam grupos sociais formados num processo de *competição*, e que se cristalizavam de modo a evitar a continuidade de um *conflito*, social e culturalmente destrutivo. Tal *conflito* só poderia ser resolvido pela *assimilação* final desses grupos ou pessoas aos valores da sociedade global.

No dizer de Pierson (1975: 322), *classe* é

"uma camada social aberta, cujos membros compartilham de certas qualidades sociais e pessoais decorrentes de uma similaridade de ascendência, ocupação, educação, nível econômico, ideias, atitudes, etc., e que possuem *status* aproximadamente igual dentro da mesma ordem social; é um dos grupos de acomodação".

Vê-se, pois, que as classes sociais para Pierson, em termos conceituais, (a) são camadas da estrutura social indistintas de grupos de *status*; (b) são camadas abertas e, portanto, opostas às castas, que são fechadas; (c) são formadas num processo de conflito que só pode ser suprimido pela assimilação de valores, atitudes e interesses.[59]

---

[59] Mas o termo *classes*, em Pierson, se refere a qualquer comparti-

A Bahia de 1935, segundo Pierson, é uma cidade de mestiços afro-europeus, ao contrário do Recôncavo, negroide. Cidade de cultura singular, área "culturalmente passiva", como ele a define, tomando o conceito de empréstimo a Robert Park, a Bahia é caracterizada como uma sociedade patriarcal, familial, onde predominavam "relações primárias", a *competição* era baixa e os *conflitos* econômicos inexistentes.

Pierson justifica a escolha da Bahia como objeto de estudo das relações raciais no Brasil "[...] porque é ali que a *acomodação racial* vem se processando há séculos e com alto grau de persistência [...]" (Pierson, 1971: 91).

Pierson divide a cidade da Bahia em três zonas residenciais, às quais correspondem, grosso modo, classes econômicas e educacionais — ricos, pobres e remediados — e cores — brancos, pretos e mestiços.

Essa segregação seria, entretanto, involuntária e inconsciente, no sentido de não objetivar a manutenção de distinções de grupos fechados (castas). Serão as exceções a esse padrão residencial que, na análise de Pierson, demonstrarão o caráter apenas aparentemente racial dessa forma de segregação. E isto porque as exceções seguiriam, todas, um padrão único de distribuição por classes sociais.

Para fortalecer a ideia de transitoriedade dessa segregação espacial e, ao mesmo tempo, justificar uma certa imobilidade aparente, que transparece em algumas passagens do texto, Pierson introduz no argumento a ideia de que a Bahia é "uma sociedade de competição comparativamente livre e de desenvolvimento gradual" (Pierson, 1971: 106). Ora, quando, antes, Pierson caracterizara a Bahia como uma sociedade estável e isolada, seria de es-

---

mentação vertical da estrutura social. É, aliás, com esse sentido que o termo aparece pela primeira vez em *Brancos e pretos na Bahia*: "Essa fisiografia da região não deixava de ter importância na vida cultural da Bahia; porque, em geral, a distribuição da população por classe, e até certo ponto por grupos de cor, seguia de perto a configuração da terra" (Pierson, 1971: 97).

Cor, classes e *status* nos estudos de relações raciais   115 perar que ele observasse alguma sedimentação de diferenças estamentais. Ao dizer, depois, que se tratava de uma sociedade de competição livre, Pierson parece querer sugerir que tal sedimentação era transitória, vindo a se desfazer, gradual e lentamente, ao incorporar, cada vez mais, mulatos e mestiços nas classes dominantes. Como não havia observado nenhuma barreira legal ou uso de violência física contra a ascensão social, Pierson é levado a preconizar, como causa da segregação transitória, uma desvantagem inicial (a escravidão, a falta de recursos e de educação), que só aos poucos poderia ser revertida.

As exceções à simetria entre *classe* e *cor*, antes de confirmarem uma regra possível — isto é, a existência de uma organização social muito rígida, baseada em *status* estáveis, guardados por distâncias sociais (polidez e etiquetas), culturais (analfabetismo e costumes africanos) e econômicas (desemprego crônico e pobreza) —, são tomadas como falsificadoras dessa simetria, como prova de que não a cor, mas as classes, funcionavam como princípio organizativo.

É como se a polaridade teórica entre *classes* e *castas*, por formar uma dicotomia simples e "realista" (camadas abertas ou fechadas), ao invés de extremos de um contínuo ideal-típico, impedissem Pierson de observar a rigidez histórica das posições sociais. Ao contrário, tal persistência, quando notada, é atribuída ao isolamento, à baixa competitividade e à inexistência de conflitos na sociedade baiana. As classes, fenômenos de acomodação, seriam, portanto, na Bahia, estranhamente reforçadas pela ausência de conflitos.

Interessante notar, a esse respeito, que a dicotomia "classe/castas" é pensada em termos da ausência ou, alternativamente, da presença de uma "linha de cor", do mesmo modo que Myrdal (1944) pensa a "linha de casta" em seu *An American Dilemma...*: a presença de mestiços, tanto entre os ricos, quanto entre os pobres, isto é, a ausência de uma classificação bipolar "brancos/pretos" é tomada como ausência de uma linha de raça ou de casta, e esta ausência é automaticamente expressa pelo conceito de *classe*, grupo social aberto. Este procedimento é muito facilitado pelo fato de Pierson não usar a autodefinição de cor, empregando, portanto, critérios absolutos, fisionômicos para definir as cores ou raças.

Pierson vai, para ser preciso, argumentar, no capítulo V do seu livro, que foi a miscigenação a responsável por diluir a linha de cor e desorganizar as castas que existiram no período colonial. O argumento é complexo. Ele reconhece, primeiramente, seguindo Park, que a miscigenação é uma estratégia geral de conquista e de transplantação de povos. Mas, logo em seguida, começa a descrever os fatores que tornam particular a extensão em que se deu a miscigenação brasileira, tomando de empréstimo a Gilberto Freyre alguns argumentos a respeito do caráter e das características dos portugueses, e da situação demográfica de Portugal. Seriam eles: primeiro, o fato de os portugueses já estarem familiarizados com povos mais escuros e serem, eles próprios, em grande parte, mestiços; segundo, maior tolerância à mancebia e aceitação, pela Igreja, de casamentos inter-raciais; e terceiro, o maior *status* associado à cor branca, que levava as mulheres e os homens a procurarem parceiros mais claros.

Com este último argumento, Pierson deixa escapar precisamente a chave da hierarquia racial e do preconceito racial brasileiros.

Para Pierson, em resumo, na sociedade baiana e brasileira, em geral, não existiam castas raciais, ou mesmo grupos raciais *stricto sensu*, posto que brancos, pretos e mestiços eram encontráveis, de fato e em tese, ainda que em proporções diferentes, em todas as classes e grupos sociais. Como não existia uma "linha de cor" impedindo o contato e a interação entre os membros de uma classe e os grupos sociais entre si, o Brasil seria uma típica sociedade multirracial de classes. Esta concepção de sociedade de classes se contrapõe à concepção de uma sociedade dividida, ao mesmo tempo, em classes e castas raciais, tal como a sociedade sulista dos Estados Unidos, caracterizada por Lloyd Warner (1970).

A simplicidade dessa conceituação apenas reproduzia, em linguagem científica, o que já era senso comum entre brasileiros e estrangeiros, em 1940, acerca das relações raciais no Brasil; a saber, que as discriminações e as desigualdades no Brasil não eram propriamente *raciais*, mas simplesmente *sociais* ou de *classe*.

O peso dessa tradição é enorme, e une autores das mais diversas correntes de pensamento. Caio Prado Jr., por exemplo, mesmo empregando um conceito de *classe* mais preciso — referido, ao modo marxista, a uma estrutura econômica e a um modo de produção bem definidos — não escapa a esse pensamento, escrevendo no mesmo ano em que aparece a 1ª edição americana do livro de Pierson:

> "O fato incontestável [...] é que a diferença de raça, sobretudo quando se manifesta em caracteres somáticos bem salientes, como a cor, se não vem provocar — o que é passível de dúvidas bem fundamentadas, e a meu ver incontestáveis —, pelo menos agravar uma discriminação já realizada no terreno social. E isto porque empresta uma marca iniludível a essa diferença social" (Prado Jr., 1965: 272).

Caio Prado Jr., contudo, tem sobre Pierson a enorme vantagem analítica de afirmar a existência do preconceito racial[60] e, o que é mais importante, realçar as suas consequências. Ao fazê-lo, reconhece, de modo implícito, a sobreposição de duas ordens sociais, uma econômica e outra racial, abrindo, assim, a possibilidade teórica de se tratar empiricamente a inter-relação entre estas duas ordens, como o farão mais tarde Florestan Fernandes, Thales de Azevedo e outros.

---

[60] "Existiu sempre um forte preconceito discriminador das raças, que se era tolerante e muitas vêzes se deixava iludir, fechando os olhos a sinais embora bem sensíveis da origem racial dos indivíduos mestiços, nem por isso deixou de se manter, e de forma bem marcada, criando obstáculos muito sérios à integração da sociedade colonial num conjunto se não racial, o que seria mais demorado, pelo menos moralmente homogêneo" (Caio Prado Jr., 1965: 272).

Ao contrário, Donald Pierson, polemizando em torno de uma tese aceita pelo senso comum da época, procurará negar a existência tanto do preconceito, quanto da discriminação racial e, no limite, a própria existência de raças e grupos raciais no Brasil. São inúmeras as passagens em *Brancos e pretos na Bahia* em que casos de discriminação racial são descaracterizados, enquanto tais, e reinterpretados como formas de discriminação de classe. Na "Introdução" à 2ª edição brasileira, datada de julho de 1965, num rompante anacrônico, afirma: "É possível [...] que ao descrever as relações sociais no Brasil, o próprio termo 'raça' deva ser posto de parte". Mais adiante, inebriado por essa lógica conceitual, arremata:

"Se, do ponto de vista sociológico, não há no Brasil *grupos* estritamente raciais, também não há sequer *grupos* de cor, ao menos no sentido científico do termo 'grupo'; ou se houver, serão ajuntamentos de configuração amorfa e instável" (Pierson, 1971: 39).

MARVIN HARRIS

Em Harris, a tese de que a discriminação existente no Brasil é de classe, e não de raça, é mais refinada. Para entendê-la em todas as suas nuanças, é mister, todavia, lembrar que Harris se coloca contra duas teses clássicas que procuravam explicar o teor não conflitivo das relações raciais no Brasil e o teor gradualista de sua classificação racial. A primeira defendia que a especificidade brasileira devia-se à colonização portuguesa; a segunda, que tal configuração devia-se ao tipo de regime escravista que se desenvolveu no Brasil.

De fato, teorias que se apoiam numa pretensa miscibilidade dos portugueses e na particularidade do seu *ethos*, como as avançadas por Gilberto Freyre e, explícita ou tacitamente, absorvidas por Pierson e Azevedo, estão prenhes, como demonstrou Araújo (1995), de um neolamarckismo maldisfarçado. Opondo-se a essas teorias, Harris, ao contrário, baseia-se na biologia contemporânea para rejeitar, por completo, a ideia de "raça" biológica. Ele segue, a rigor, a formulação de que as únicas raças existentes são *sociais*.

Do mesmo modo, Harris rejeita a ideia segundo a qual o tipo de escravatura que existiu na América do Norte, pretensamente diferente do da América do Sul, pudesse ser uma explicação plausível para as diferenças atuais de classificação e de relações raciais, encontradas nos dois hemisférios.

Para Harris, as diferenças de *situações raciais* devem-se a diferentes padrões culturais desenvolvidos nas Américas a partir de processos históricos complexos, envolvendo uma multiplicidade de determinantes e de condicionantes de ordem econômica, demográfica, política, social e cultural. No que respeita às diferentes formas de classificação racial resultante do contato entre europeus e africanos na América, haveria três grandes tipos de classificação: (1) aquele prevalecente no Caribe dos anos 50, onde se formou uma camada intermediária de mestiços entre brancos e negros; (2) o sistema bipolar norte-americano que, segundo Harris, deve-se a uma regra de traçar a descendência que ele chamou de hipodescendência; e, finalmente, (3) o sistema brasileiro, que se caracteriza pela ausência de regras de descendência.

Ora, ao nomear o sistema bipolar de "hipodescendência", Harris deixa à mostra a perspectiva política que adota em sua caracterização. A hipodescendência é uma estratégia de dominação social, política e cultural que se poderia chamar, para ser preciso, de estratégia étnico-racial. Ou seja, o grupo dominante reproduz sua dominação por meio de uma ordem racial bipolarizada, em que uma parte considerável dos grupos sociais e étnicos subalternos partilha seus privilégios raciais (enquanto brancos), e outra parte considerável é excluída, juntamente com todos os seus mestiços (enquanto negros ou não brancos).

No Brasil, em tese sustentada por Harris, a discriminação de classe mostrou-se suficiente para manter os privilégios sociais e raciais dos dominantes, sem que estes precisassem apelar para uma estratégia étnico-racial. A construção social da raça teria se limitado a um gradiente valorativo branco-preto, em que o branco polarizaria os valores positivos, restando ao negro os valores negativos. Tal construção racial seria, portanto, capaz de gerar e alimentar preconceitos raciais, mas incapaz de sustentar discriminações raciais sistemáticas, pela simples ausência de regras objetivas de pertinência grupal e de descendência racial. Sem ser, pois, o paraíso racial que sugerem as ideias de Donald Pierson, o Brasil seria, ainda assim, uma sociedade em que as discriminações seriam, propriamente, de classe, e não de raça.

É nesse ponto do argumento que Harris recupera e absorve as observações tanto de Pierson quanto de Harry Hutchinson, de Charles Wagley e de Thales de Azevedo sobre as relações entre classes e cor, *status* e cor. A cor (a aparência física) seria um componente importante, mas não exclusivo, nem mesmo o mais importante, da estratificação das classes sociais.

Sua leitura de Thales de Azevedo é, entretanto, uma leitura pobre, que não apreende a novidade teórica introduzida por este.

THALES DE AZEVEDO

Dezesseis anos depois de Pierson, entre 1951 e 1952, Thales de Azevedo conduzirá em Salvador, financiado pela UNESCO, o segundo estudo empírico sobre relações raciais na Bahia.

Do ponto de vista teórico, o estudo pouco inova em relação a Pierson, a quem, de fato, toma emprestada a tese principal. Do ponto de vista etnográfico, entretanto, o ensaio inova muito ao constatar e documentar a dominância do *status atribuído*, principalmente a origem familiar e a cor, sobre o *status adquirido*, proveniente da riqueza e da ocupação. Thales constata, por exemplo, que, entre os diversos caminhos de ascensão social usados pelas pessoas de cor, em sua imensa maioria mulatos, é a educação (e as profissões liberais, por seu intermédio) o caminho mais comumente usado e de resultados mais seguros. O comércio era uma via quase inexistente, e o esporte, sobretudo o futebol, uma via ainda incipiente e limitada pela profissionalização incomple-

Cor, classes e *status* nos estudos de relações raciais

ta; a burocracia e a carreira militar eram rotas de ascensão curta; os casamentos inter-raciais, por fim, eram limitados, em grande parte, aos casais de cores mais próximas.

Enfim, Thales de Azevedo constata, em 1953, que são as redes pessoais, as boas maneiras e as etiquetas aristocráticas — dependentes, ao fim e ao cabo, da origem familiar — e a "*qualidade*" das pessoas (isto é, sua cor) os principais veículos ou principais obstáculos à sua ascensão na sociedade baiana. Mas, embora registrados pela etnografia, o preconceito e a discriminação existentes são acomodados no esquema teórico delineado por Pierson, e interpretados como sendo, ao fim e ao cabo, distinções de *classe*.

Será apenas alguns anos mais tarde, num pequeno artigo publicado em 1956, que Thales romperá com essa limitação teórica. O modo como o fará é simples, pois tomará emprestado à sociologia alemã de Tönnies e Weber as categorias de *classe* e de *grupos de prestígio*, ou *estamentos*, para referir-se à estratificação dos grupos de cor, aplicando-as à Bahia da mesma maneira que Lloyd Warner havia feito, algum tempo antes, com as categorias de classe e casta, em referência ao sul dos Estados Unidos.

A inovação de Thales consiste em teorizar a transição do Brasil colonial, arcaico, para um Brasil moderno, capitalista, em termos da passagem de uma *sociedade de status* para uma *sociedade de classes*, indicando como a associação entre *status* e cor permaneceu incólume nessa transição.

Assim é que, introduzindo os *grupos de status* da velha Bahia, Azevedo (1966: 31) nos diz que:

> "Efetivamente o conceito sociológico que melhor explica a estratificação da nossa sociedade colonial é aquele de *status*, que para Tönnies consiste em estamentos nos quais os indivíduos se classificam por atribuição de posições, independente de suas aptidões pessoais, como clero, nobreza, povo, os *estados* do *ancien régime*. O conceito de *status* contrasta com o de *classes*, que são não hereditárias e têm como referência as ap-

tidões e realizações individuais especialmente de ordem econômica, educacional, além de pressupor permeabilidade dos estratos e, pois, mobilidade social vertical".

Thales começa por caracterizar a sociedade colonial em dois grupos de *status* principais, *brancos* e *negros*, ou *senhores* e *escravos*, intermediados por um estrato ocupacional e socialmente desqualificado chamado *o povo*. Se, com a Abolição, os negros foram incorporados ao *povo*, a dissolução gradativa da hierarquia de *status* e o desenvolvimento de uma sociedade de classes iriam abrir espaço para o surgimento de uma camada intermediária nova, da qual emergirão, mais tarde, as classes médias.

Analisando a sociedade baiana dos anos 50, Thales identifica a convivência simbiôntica destas duas hierarquias — a de *status* e a de classe — numa sociedade em transição. A primeira divide a sociedade em classes alta, média e baixa; a segunda continua dividindo-a em brancos e negros. No seu modo de entender, "Enquanto que os grupos alto, intermediário e baixo funcionam como verdadeiras classes, permeáveis à mobilidade vertical especialmente entre os estratos contíguos, uma linha de distinção separa mais nitidamente os dois grupos de *status* e prestígio constituídos, de um lado, pelo agregado das classes alta e média e, de outro lado, pela classe baixa. É assim que a classe média está muito mais distante da 'pobreza' do que da *elite*, tanto em seus *mores*, como em seus privilégios. As discriminações mais visíveis e as tensões mais manifestas são as que se operam entre estes grandes grupos" (Azevedo, 1966: 38-9).

Thales de Azevedo foi, assim, um dos primeiros a teorizar a sobreposição, na estrutura social brasileira, de duas hierarquias: a primeira, uma ordem econômica de classes sociais, baseada em relações sociais abertas e de mercado, em que dominam os contatos categóricos; a segunda, uma ordem bipolar de *status* e prestígio, demarcada sobretudo por marcas adscritas como "cor" e origem familiar, em que imperam os contatos primários e simpáticos permitidos por uma rede de relações pessoais.

Esses dois grupos de prestígio, remanescentes da ordem escravista, podiam ser indistintamente denominados "brancos" ou "ricos", o primeiro, e "pretos" ou "pobres", o segundo. Na caracterização de Azevedo, "brancos" eram não apenas os ricos, mas também a classe média mestiça (morena ou mulata) e letrada (com nível de educação médio correspondente ao secundário). "Pretos" eram os pobres e iletrados, ainda quando de cor branca ou clara. De modo original, Azevedo dotou as designações raciais brasileiras de um fundamento estrutural, tratando-as não mais como denominações biológicas, mas como nomes de grupos de prestígio. Explicitava, assim, o significado sociológico do velho ditado, também típico-ideal, de que "branco pobre é preto, e preto rico é branco".

Acrescente-se que, para Azevedo (1966: 42), a ordem estamental no Brasil era tão forte que delimitava a ordem competitiva. As desigualdades entre "brancos" e "pretos" estavam, para ele, reguladas por essa ordem estamental, por meio de mecanismos embutidos no sistema educacional, no mercado de trabalho, no sistema jurídico e na ordem política. Maneiras de falar e vestir, privilégios jurídicos e políticos, universos religiosos e estéticos separavam "brancos-ricos" de "pretos-pobres". Aqueles que cruzavam essa barreira estamental perdiam, por assim dizer, sua "cor" original ou fenotípica, para "embranquecer" ou "empretecer", conforme o caso.

Thales de Azevedo, portanto, fiel ao texto de Tönnies, emprega a categoria de *status* como categoria de estrutura social (com o mesmo estatuto de *classe* e *casta*), e não apenas como simples categoria de interação social, ao modo como o faziam tanto os sociólogos da chamada escola de Chicago, quanto os sociólogos estrutural-funcionalistas, que seguiam as trilhas abertas por Talcott Parsons. É minha opinião que, ao empregá-la dessa maneira, Thales de Azevedo encontrava o terreno teórico onde se poderia, com precisão, teorizar a dureza, a rigidez e a importância das distinções de cor no Brasil. Só a percepção do *status* como fenômeno de estrutura permite a seguinte formulação radical:

"Da observação da sociedade da Bahia parece que se pode induzir que o *status* resulta de uma combinação de fatores como nascimento e tipo físico, que se deixam modificar, até certo ponto, pela fortuna, pela ocupação e pela educação. O *status* de nascimento e a cor limitam a distância social que se pode percorrer no processo de mobilidade vertical, quaisquer que sejam os demais elementos condicionantes" (Azevedo, 1966: 42).

É verdade, porém, que Thales de Azevedo, ao longo do texto, como também fazia Weber, emprega a categoria de *status* em dois sentidos, referindo-a tanto à estrutura quanto à interação sociais, e admitindo que as classes também formavam grupos de *status*. Isso, de certo modo, retira um pouco da força de sua novidade teórica, tornando-a invisível para autores posteriores.

Do mesmo modo, a radicalidade da formulação de Thales não inibe o seu otimismo quanto ao futuro das relações raciais no Brasil, posto que, em sua formulação, a sociedade estamental baiana estaria, rapidamente, cedendo espaço a uma sociedade de classes, no sentido weberiano. Em outras palavras, tratava-se de uma sociedade em que a distribuição de poder ocorre, primordialmente, na ordem econômica, a qual passa a delimitar também o *status* ou prestígio social dos indivíduos. Esta tese não só aproxima Thales de Azevedo de Pierson, mas permite que autores como Harris tenham passado ao largo da solução teórica proposta por Thales nos anos 50.

Ao resenhar o ensaio de Thales de Azevedo de 1956, Marvin Harris (1964: 61) irá dizer:

"Esta *discriminação de classe* foi recentemente sumariada por Thales de Azevedo para a sociedade da Bahia. Dr. Azevedo encara a hierarquia social baiana *consistindo de três classes*, com a clivagem social mais

importante incidindo entre os grupos médio e inferior
[...]" (grifos meus).

Ou seja, Harris retraduz o texto de Thales de Azevedo para a sociologia da escola de Chicago, assimilando, de modo torto, a clivagem estamental, apontada por Thales, à estrutura de classes. Perde, com isso, o conceito de grupos de prestígio, confundindo-o com o de classes sociais.

Foi Florestan Fernandes (1955 e 1965) quem desenvolveu essas ideias, embrionárias em Azevedo, de modo mais completo e radical; primeiramente, nos capítulos que assina em *Relações raciais entre negros e brancos em São Paulo* e, depois, em algumas passagens auspiciosas de *A integração do negro na sociedade de classes*. Retomando as ideias de Caio Prado Jr., por exemplo, Fernandes (1965: 193-4) interpreta o "preconceito de cor" como um resquício da sociedade escravocrata, cuja função, na ordem capitalista, seria deletéria. No período de transição para o capitalismo, o preconceito teria a única função de resguardar as distâncias de uma hierarquia estamental já superada em termos de seus fundamentos econômicos.

De qualquer modo, acredito que se estabelece firmemente, no pequeno ensaio de Azevedo, aparecido em 1956, a tendência, nas ciências sociais brasileiras, de teorizar as desigualdades sociais como sendo também desigualdades de cor. Isso porque, em Thales, os *grupos de status*, mais que classes, são *grupos de cor*, baseados na ascendência familiar e racial.

CONCLUSÕES

As intuições de Azevedo parecem, a princípio, corretas, em termos da relação que estabelecem entre ordem racial e hierarquias sociais. Contudo, o tempo se encarregou de mostrar o seu erro, em dois pontos cruciais: primeiro, a ordem estamental (*de status*), ainda que historicamente tenha nascido e se nutrido do escravismo, não ficou restrita a esta formação social e econômica, tendo sido preservada, e se ampliado, em termos absolutos, até os nossos dias; segundo, a ordem capitalista, longe de prescindir do "preconceito de cor", parece ter feito dele um dos seus principais mecanismos de reprodução de desigualdades sociais. É no agrupamento que Azevedo chamou de "pobreza", quarenta anos atrás, e que hoje é, com frequência, referido como "excluídos", que se encontram os pretos.

Para efeito das investigações contemporâneas, todavia, continua frutífera a hipótese interpretativa segundo a qual os grupos de cor brasileiros representam, antes de tudo, a segmentação da sociedade brasileira em dois blocos contíguos, mas estranhados entre si: elite e povo, ricos e pobres, cidadãos e excluídos, brancos e negros. Em outros termos, o racismo e o "preconceito de cor" são formas racializadas de naturalizar a segmentação da hierarquia social. A racialização desta hierarquia pode, inclusive, ajustar-se, segundo as regiões e o tempo histórico, provendo sucedâneos simbólicos aos "negros", como são, no Sudeste brasileiro, os epítetos de "baianos", "paraíbas" e "nordestinos".

No entanto, como poderia uma classificação racial contínua, como a cor, estar associada a uma segmentação estamental, discreta e bipolar? A solução desse paradoxo só pode ser encontrada pela investigação empírica. Deve-se adiantar, ao menos, que esse paradoxo só pode ser desfeito se a classificação gradualista de cor estiver associada, em certos aspectos-chave das desigualdades raciais, como a posição na estrutura ocupacional ou de rendimentos, a uma bipolarização entre "brancos" e "não brancos", como apontaram Silva e Hasenbalg (1992), ou a uma bipolarização "negros" e "não negros", como apontaram Castro e Guimarães (1993).

Isto significa, ao mesmo tempo, teorizar sobre as consequências da segmentação estamental para o sistema de classificação racial no Brasil. Termino, portanto, este capítulo, alinhavando duas observações, ainda preliminares, sobre como estamentos e denominações raciais podem interagir no Brasil.

Cor, classes e *status* nos estudos de relações raciais

Em primeiro lugar, um contínuo de denominações raciais buscará representar as posições intermediárias entre os dois polos, "branco" e "preto", encaixando a diversidade de situações e das combinações possíveis entre critérios raciais e sociais.

Ademais, se é verdade que a denominação da cor é traduzível em termos de *status* e posição social, haverá então uma discrepância entre autoclassificação (*emic*) e classificação fenotípica por terceiros (*etic*), a primeira mostrando uma tendência de embranquecimento. É isso mesmo que Nelson do Valle Silva (1994) verifica: a autoclassificação censitária (branco, pardo e preto), por correlacionar cor fenotípica e "cor social", acaba por exagerar as desigualdades raciais no Brasil. Isto porque os mestiços "ricos" tendem a se declarar "brancos", e a diferença de *status* entre os que se definem "pardos" e "pretos" tende a diminuir, pois nenhuma das duas é uma denominação valorizada.

Em segundo lugar, por se tratar de uma segmentação cujos limites simbólicos, i.e., as marcas de *status* e de prestígio, são ambíguos, posto que sujeitos à manipulação intensiva, é de se esperar que as denominações raciais se tornem, cada vez mais, dúbias, assim como se encrespe a luta por denominações mais positivas. Assim, "moreno" passa a agrupar desde o branco de tez queimada e cabelos pretos, até as pessoas de cor, em posições sociais de destaque.

Não surpreende que, instados a se classificarem entre três denominações (branca, morena e preto), 63% dos entrevistados de Harris *et al.* (1993) se autoclassifiquem na rubrica "moreno". Esta é uma denominação positiva para todos que têm algum grau de mestiçagem, e simboliza, ademais, a nacionalidade brasileira. Dadas essas opções, é provável que se identifiquem como "pretos" apenas aqueles que estão, inescapavelmente, na "pobreza", e como "brancos" apenas aqueles que fazem questão de pertencer às elites.

Quando, no entanto, a opção dada retira dos mestiços qualquer possibilidade de se autoclassificarem positivamente, como é o caso da classificação em "brancos", "pardos" e "pretos", cresce, em consequência, o número de "brancos" e de "pretos". A razão mais plausível para isso parece ser uma assimetria no uso do prestígio social: alguns utilizam o sentido lato, social de "branco" para se incluírem com legitimidade, outros utilizam o sentido estrito, fenotípico de "preto" ou "pardo" para aí se incluírem sem pejo.

5.
VOLTANDO A THALES DE AZEVEDO:
AS ELITES DE COR[61]

A série de estudos sobre relações raciais que a UNESCO patrocinou no Brasil entre 1950 e 1953 foi decisiva para que jovens cientistas sociais brasileiros e estrangeiros refletissem de modo articulado e comparativo sobre a integração e a mobilidade social dos negros na sociedade nacional brasileira. Nomes que despontavam no Brasil — Florestan Fernandes, Thales de Azevedo, L. A. Costa Pinto, Oracy Nogueira, René Ribeiro —, jovens estudantes norte-americanos — Marvin Harris (1952), Harry Hutchinson (1952) e Ben Zimmerman (1952) —, com a cooperação de mestres já estabelecidos — Roger Bastide e Charles Wagley — e o acompanhamento distante, mas vigilante de outros — Gilberto Freyre e Donald Pierson —, produziram um dos mais importantes acervos de dados e análises sociológicas sobre o negro brasileiro. O Projeto UNESCO, como sabemos, não se deveu inteiramente à iniciativa daquela instituição internacional, nem mesmo ao seu exclusivo financiamento. Tanto a revista *Anhembi*, em São Paulo, quanto, na Bahia, o *Programa de Pesquisas Sociais Estado da Bahia—Columbia University* foram igualmente responsáveis pelo financiamento e, na verdade, já haviam dado início aos

---

[61] Nesse capítulo, utilizo-me do artigo *"As elites de cor e os estudos de relações raciais"*, São Paulo, *Tempo Social*, out. 1996, pp. 67-82; e da comunicação "O Projeto UNESCO na Bahia", apresentada ao *Colóquio Internacional "O Projeto UNESCO no Brasil: uma volta crítica ao campo 50 anos depois"*, Centro de Estudos Afro-Orientais da Universidade Federal da Bahia, Salvador, Bahia, entre 12 e 14 de julho de 2004.

estudos antes que a UNESCO decidisse realizá-los. Do mesmo modo, ainda que sem se responsabilizar pelo financiamento, o *Teatro Experimental do Negro*, através do *I Congresso Nacional do Negro*, organizado por Guerreiro Ramos, Abdias do Nascimento e Edison Carneiro, influenciaram, ainda que crítica e indiretamente, seja o desenho do projeto, seja, principalmente, o modo como tais estudos foram divulgados e recebidos pelo público nacional.

Tal ciclo de estudos não apenas projetou internacionalmente jovens pesquisadores (que em sua maioria não tinham antes estudado relações raciais), como procedeu também a dois outros importantes feitos: primeiro, ampliou o foco espacial dos estudos de relações raciais, incluindo o mundo rural brasileiro e transformando o Sudeste e o Sul em áreas privilegiadas desses estudos; segundo, contrapôs às autoridades até então monopolísticas de Gilberto Freyre e Arthur Ramos e, secundariamente, de Donald Pierson, novas autoridades concorrentes, como Bastide, Florestan, Thales, Oracy e René Ribeiro. A melhor síntese desse projeto está em dizer, como o fez o próprio Thales de Azevedo, dezoito anos depois, que a constatação da existência do preconceito racial no Brasil fora uma das suas mais importantes descobertas. Vale a pena citar o trecho integral:

> "Aí [na sua monografia *As elites de cor*] se verifica que, na mais mestiçada população urbana do país, apesar de um ideal fusionista e integracionista, o oposto moral do racismo, atua um preconceito étnico cautelosamente disfarçado pela ideologia da não discriminação; outra verificação é a da mobilidade individual a despeito da cor" (Azevedo, 1969: 16).

De fato, lendo os trabalhos realizados na Bahia, especialmente o de Thales, pode-se apreciar melhor a tensão gerada pelos deslocamentos regionais e interpretativos ensejados pelo chamado Projeto UNESCO. Sem terem dado uma resposta unívoca e peremptoriamente positiva à pergunta: "existe preconceito racial no

Brasil?", que polemizasse com a literatura sociológica já produzida por Pierson (1971) ou Frazier (1942), e sem rever a história social já estabelecida por Freyre (1933, 1936), como procuraram fazer os estudos UNESCO em São Paulo; na Bahia, os estudos dirigidos por Wagley (1952) e Azevedo (1953), exploraram e aprofundaram pistas levantadas por Freyre, Ramos (1971), Frazier (1942), Herskovits (1942), Pierson (1971), Park (1971), e outros pioneiros, para avançar na compreensão do que era "cor" e o que poderia ser entendido como "preconceito de cor".

Neste capítulo, pretendo reconstruir a evolução da análise de Thales sobre a situação racial na Bahia, partindo de seu núcleo empírico, que está, sem dúvida, em *As elites de cor*, e seguindo-a até sua crítica à *democracia racial*.

DONALD PIERSON, O PIONEIRO

Brancos e pretos na Bahia, publicado em português em 1945, foi o raio em céu azul que veio alterar os hábitos metodológicos e teóricos da nascente antropologia cultural brasileira. Arthur Ramos, que escreve a introdução à edição brasileira, nota com precisão:

"É verdade que, desta vez, o plano de trabalho de Pierson era inteiramente novo entre nós. Embora muita coisa estivesse escrita sobre relações de raça, o assunto foi mais estudado no plano da história social do que no da pesquisa regional, num dado tipo de sociedade e na época atual. De outro lado, o ponto de vista agora abordado era inteiramente diverso dos objetivos propriamente antropológicos dessa já hoje extensa fileira de nomes, que vêm desde Nina Rodrigues" (Ramos *apud* Pierson, 1971: 68).

Essa mudança fora gestada nos Estados Unidos desde os anos 1910, quando os primeiros cientistas sociais negros americanos, seguindo Franz Boas, desfizeram-se da armadilha da definição biológica de "raça", que explicava a condição social dos negros a partir da hipótese de sua inferioridade inata, para realçarem, analisarem e discutirem a heterogeneidade social, política e cultural do meio negro, concentrando-se na hipótese de que a discriminação racial era o principal obstáculo para o progresso social, político e cultural dos negros naquele país (Williams Jr., 1996). A outra vertente boasiana, aquela desenvolvida por Melville Herskovits (1941) em seus estudos de aculturação, fora paulatinamente sendo marginalizada pela sociologia que faziam os intelectuais negros, mais interessados em realçar as oportunidades e as condições de vida como determinantes da situação social e das atitudes pessoais e coletivas, em detrimento de fenômenos culturais.

De fato, para esses intelectuais, entre os quais podemos citar W. B. Du Bois, Monroe Work, Booker Washington e Alain Locke, entre outros, o transpasse do paradigma de raça em Boas significava afirmar que as diferenças raciais (biológicas) não poderiam ser responsabilizadas (a) pela falta de integração do negro nas sociedades americanas e (b) pelo seu desempenho inferior em relação ao branco. Os fatores explicativos mais importantes para ambos os fenômenos seriam, ao contrário, o preconceito, a discriminação e a segregação raciais. A explicação pela "cultura", que segundo Herskovits poderia ser um fator condicionante das dificuldades da integração, adquirira, nos anos 1940, um caráter "conservador" que só seria ultrapassado depois dos 1960, quando a política de identidade passou a ser o principal foco do ativismo negro.

A agenda de pesquisa que Pierson trouxe para a Bahia em 1935, como aluno de doutorado em Chicago, sob a orientação de Robert Park, incorporava já a preocupação principal com a integração e a mobilidade social dos negros, a hipótese de que o preconceito racial seria o principal obstáculo a essa integração, em detrimento dos aspectos de aculturação, conforme os ensinamentos de Park e a teorização peculiar de Herbert Blumer (1939) sobre o preconceito racial.

Quando Park introduz o livro de Pierson ao público americano, é muito claro em apontar o significado do Brasil como laboratório de relações raciais:

"Fato que torna interessante a 'situação racial' brasileira, é que tendo uma população de cor proporcionalmente maior que a dos Estados Unidos, o Brasil não tem 'problema racial'. Pelo menos é o que se pode inferir das informações casuais e aparentemente desinteressadas de visitantes desse país que indagaram sobre o assunto [referindo-se a James Byrce e Theodore Roosevelt]. [...]

Esta tendência ['do Brasil absorver a gente de cor'], entretanto, não é simplesmente fato histórico e biológico; é antes manifestação de uma ideologia [*policy*] nacional, na medida em que se pode dizer que o Brasil tem uma ideologia relativa à gente de cor" (Park, 1971: 82-3).

Todos sabem, entretanto, que Pierson já encontrou aqui, entre os acadêmicos brasileiros, uma história social do negro, desenvolvida por Gilberto Freyre, que fizera da miscigenação e da ascensão social dos mulatos as pedras fundamentais de sua compreensão da sociedade brasileira. Ou seja, para ser mais claro, eram fatos estabelecidos, já em meados dos anos 30, pelo menos entre os intelectuais modernistas e regionalistas, que (a) o Brasil nunca conhecera o ódio entre raças, ou seja o "preconceito racial"; (b) as linhas de classe não eram rigidamente definidas a partir da cor; (c) os mestiços se incorporavam lenta mas progressivamente à sociedade e à cultura nacionais; (d) os negros e os africanismos tendiam paulatinamente a desaparecer, dando lugar a um tipo físico e a uma cultura propriamente brasileiros.

O quanto essas crenças proviam mais de desejos que de realidades, refletindo mais ideais do que práticas, notou-o também Park, na mesma introdução, denotando sem dúvida a influência que Radcliffe-Brown já exercia em Chicago (Stocking, 1986):

Voltando a Thales de Azevedo: *As elites de cor*

"Na realidade, a atitude do povo brasileiro em relação ao 'problema racial', no que diz respeito ao negro, parece ser, no seu todo, mais acadêmica que pragmática e real. Há certo interesse etnológico pelas sobrevivências dos cultos afro-brasileiros, os chamados candomblés, que parecem existir em número extraordinário especialmente nas cidades do Salvador e Recife e suas vizinhanças. [...] Uma vez que a maior parte destes candomblés representam formas em pleno funcionamento de práticas religiosas africanas (embora evidentemente em processo de assimilação ao ritual e mitologia do catolicismo local), talvez não devam ser classificados como sobrevivências" (Park, 1971: 84).

As palavras de Park serão desdobradas, um pouco mais tarde, por um outro ex-aluno seu, Franklin Frazier, e darão origem à polêmica com Herskovits em torno do caráter da família negra na Bahia. O fato é que Arthur Ramos tinha razão: as ideias de Chicago chegaram à Bahia depois das de Evanston e, se Herskovits pode ser incorporado facilmente à tradição inaugurada por Nina Rodrigues, Pierson, no que pese ter sido antecedido pela história social de Freyre, iniciava uma nova sociologia que apenas em 1950 seria retomada por Thales de Azevedo.

Seria todavia enganoso se eu não apontasse o quanto da antiga problemática permanecia no novo método e nas novas teorias de Pierson, presentes principalmente na ideia de raça (que permitia que os mestiços fossem às vezes subrepticiamente tratados como negros) e na manutenção de explicações genéticas. Ora, o método genético de explicação, que se confunde com o de estabelecimento de verdades fundacionais, tem em Pierson três fundamentos: (1) a existência de raças diferentes; (2) a mistura racial, ou miscigenação; (3) a mobilidade social de mestiços. Pierson atribui esta última à inexistência do preconceito de raça, que explicaria também, tanto a miscigenação, quanto a correspondente ascensão social dos mestiços. Restava, portanto, para entender os preconceitos de fato existentes, aquilo que ele chamou preconceito de classe. Nem mesmo a rígida estrutura de desigualdades na distribuição de riquezas entre brancos e negros pode contrariar o método genético, que vê as diferenças como resultado de pontos de partida diferentes e trata os mestiços socialmente embranquecidos como negros que ascenderam socialmente.

A esse respeito, há que se fazer justiça a Arthur Ramos, quando, introduzindo o livro de Pierson ao público brasileiro, em 1945, avança a hipótese de trabalho de que Thales se valerá anos depois:

> "Estas conclusões podem ser comparadas com as do professor negro Frazier, [...] que também nos visitou recentemente, e que verificou a existência de um 'preconceito de cor' que deveria ser distinto do 'preconceito de raça'. É um assunto aberto à discussão se este preconceito ligado à cor negra mais carregada coincide ou não com o *status* social e econômico mais baixo, o que as pesquisas de Pierson nos levam a admitir" (Ramos, 1971: 96).

Em outras palavras: se não existia preconceito racial entre nós (tal como Blumer [1939] o definia), existiria preconceito de cor (tal como definido por Frazier [1942])? Ou teríamos apenas preconceito de classe, como queria Pierson?

Quanto a Park, escrevendo em 1942, em plena guerra, ele já antecipa a agenda que Arthur Ramos retomará em 1949, ao assumir o Departamento de Ciências Sociais da UNESCO. Na "Introdução" já citada, Park pensa na nova ordem mundial que surgiria depois da guerra e vê as ciências sociais como responsáveis por prover a base empírica, científica e racional, sobre a qual se deveria edificar uma nova moral de convivência entre povos, raças e culturas diferentes, reconhecendo no Brasil um caso muito interessante a ser estudado pois aqui não existiria um "problema racial" propriamente dito, apesar da grande presença de descendentes de africanos:

"Ao sugerir a possibilidade de estudos futuros em seguida a este, estou levando em conta o seguinte: (1) que o Brasil é um dos mais importantes 'melting-pots' de raças e culturas em todo o mundo, onde a miscigenação e aculturação estão se processando; (2) que o estudo comparativo dos problemas de raça e cultura provavelmente assumirá uma importância especial nesta época, em que a estrutura da ordem mundial parece estar se desintegrando devido à dissolução das distâncias físicas e sociais, sobre as quais esta ordem parece repousar. Num mundo que está atualmente em guerra, porém buscando tenazmente a paz, tornou-se evidente apenas ser possível erigir-se uma ordem política estável sobre uma ordem moral que não se confine às fronteiras dos Estados nacionais" (Park, 1971: 82).

CHARLES WAGLEY
E O PROJETO UNESCO

A monografia escrita por Thales para o Projeto UNESCO teve, porém, um outro predecessor além de *Brancos e pretos na Bahia*. Trata-se da coletânea de ensaios, resultantes de pesquisas de campo etnográficas, realizadas por Marvin Harris, H. W. Hutchinson e Ben Zimmerman, na Chapada Diamantina, no Recôncavo e no sertão da Bahia, orientadas e publicadas sob a organização de Charles Wagley em *Races et classes dans le Brésil rural* (Paris, UNESCO, 1952), estudos que, realizados sob o guarda-chuva do *Programa de Pesquisas Sociais Estado da Bahia—Columbia University*, foram eles também encomendados pela UNESCO, segundo nos ensina Maria Brandão (1996: 16).

A qualidade dessas monografias e a agudeza da observação etnográfica de seus autores documentam as tensões raciais e a sutileza dos mecanismos discriminatórios em jogo nessas comunidades, apesar de que, no plano da teoria e da política social, as conclusões de Charles Wagley não se afastem em muito das de Donald Pierson. Diz ele:

"Concluindo, convém sublinhar que nosso estudo das relações entre grupos raciais e entre classes sociais nas regiões rurais do Brasil setentrional confirma as teorias de Donald Pierson a respeito das relações raciais em Salvador. [...]

Assim, as conclusões de Pierson, concernentes essencialmente à cidade de Salvador, no estado da Bahia, se aplicam de uma maneira geral ao conjunto da região rural da região norte do Brasil" (Wagley, 1952: 162-3).

Tais conclusões, no entanto, não conseguem esconder o grande refinamento conceitual que começa a ser elaborado pela antropologia social feita no Brasil para compreender exatamente o significado da noção nativa de cor, superando, seja a visão dicotômica de Frazier (cor *versus* raça), seja a dicotomia de Pierson (raça *versus* classe). Tanto é assim que Wagley já começa a teorizar sobre o que são as classes sociais, enquanto categoria nativa:

"Qualquer um que exerce uma profissão não manual, que fez os estudos secundários, que descende de uma família honrada e conhecida e que é branco poderá, por exemplo, ser colocado na classe superior local, mesmo se é pobre. Um negro deverá preencher todas as outras condições requeridas para ser admitido nesta classe a despeito de seu tipo físico" (Wagley, 1952: 159).

Do mesmo modo, o preconceito racial começa a ser percebido por baixo da densa camada de etiquetas sociais:

"Todavia, existe uma marcada preferência por certos tipos raciais, acompanhada às vezes por uma atitude de desprezo em relação a outros tipos, o que denota a existência de um preconceito racial em todos os níveis da sociedade rural brasileira. A pouca importância que se dá a raça na classe inferior indica contudo que este preconceito é, por assim dizer, latente e não se manifesta senão em caso de competição pelo acesso a um escalão superior da hierarquia social local" (Wagley, 1952: 159).

Para Wagley, o Brasil se moveria, no futuro, entre dois cenários possíveis:

(1) "O desenvolvimento econômico do Brasil [...] deverá permitir uma elevação generalizada do nível de vida de amplos setores da população beneficiados pelo acesso à instrução. Deste modo, as classes inferiores da sociedade, compostas em sua maioria por pessoas de cor, tenderão cada vez mais a se confundir com a classe média. A raça não constituindo um obstáculo intransponível ao progresso e cada qual se beneficiando da melhoria de oportunidades para ascender na hierarquia social, o contraste que existe do ponto de vista social e econômico entre as classes inferiores, onde predominam as pessoas de cor, e a classe superior, essencialmente composta de brancos, deverá acabar por desaparecer" (Wagley, 1952: 164-5);

(2) "Pôde-se observar que, à medida que mais negros e mestiços melhoram sua condição econômica e adquirem instrução, a posição da classe superior branca se acha mais diretamente ameaçada. Por reação, o critério racial tende a ganhar importância no plano social; ao mesmo tempo, os preconceitos, as tensões entre grupos raciais e as medidas discriminatórias podem se agravar. Enfim, à medida que os laços industriais e comerciais entre o Brasil e o Ocidente se estreitam e que o país melhora sua infraestrutura, as ideologias das nações mais avançadas do ponto de vista científico e técnico ganham terreno aqui. Emprestando a outras culturas os instrumentos, as técnicas e as teorias úteis, o Brasil se arrisca a tomar emprestado também as atitudes, as ideias

e as invenções adventícias. Os observadores, tanto brasileiros quanto estrangeiros, têm a impressão de que ao mesmo tempo que introduz seus processos industriais e técnicos o Ocidente introduz no Brasil suas atitudes e suas teorias racistas" (Wagley, 1952: 165).

Sente-se nitidamente nas palavras de Wagley alguns compromissos acadêmicos incontornáveis ou influências duradouras, como a que se exprime na postura freyriana, que ele faz sua, de localizar na antiga cultura colonial luso-brasileira, particularmente viva na zona açucareira do Nordeste, os valores positivos de nossa civilização e representar a modernização como um risco constante de dissolução, alquebramento e contaminação (Needell, 1995).

THALES DE AZEVEDO E O PROJETO UNESCO

Pode-se imaginar agora, claramente, o grande desafio de Thales ao produzir uma monografia original que dialogava com a história social de Gilberto Freyre, a sociologia de Donald Pierson e a antropologia social de Wagley, seu parceiro no *Programa de Pesquisas Sociais Estado da Bahia—Columbia University*.

Mas o maior desafio de Thales, como o dos demais participantes do Projeto UNESCO, era posicionar-se enquanto homem de ciência, de modo crítico, diante da "ideologia brasileira de relações raciais", como bem definira Robert Park. Tal ideologia ganhara, no pós-guerra, o consenso doméstico de intelectuais e ativistas antirracistas e já adquirira, naqueles anos de 1950, através do ativismo internacional de figuras como Gilberto Freyre e Arthur Ramos, projeção e reconhecimento mundiais, sob o nome de *democracia racial*, como alternativa de política de combate ao racismo. Como salientou Marcos Maio (1997) era aliás esta a principal motivação do Projeto UNESCO.

Em 1950, os instrumentos analíticos e metodológicos dos

Voltando a Thales de Azevedo: *As elites de cor*

estudos da UNESCO começaram a ser desenhados. Thales de Azevedo, todavia, ingressa nesse ciclo de estudos sobre as relações raciais no Brasil um pouco antes, ao preparar, no final dos anos 1940, o seu livro sobre o povoamento da cidade de Salvador, e permanece refletindo regularmente sobre essa temática até meados dos anos 1970, quando escreve *Democracia racial: ideologia e realidade*. Sua fase mais ativa encontra-se, sem dúvida, nos anos 50 e começo dos anos 60, quando manteve intenso diálogo com as reflexões de Donald Pierson, Costa Pinto, Guerreiro Ramos, Marvin Harris, Roger Bastide, Florestan Fernandes, Octavio Ianni, entre outros.[62]

Durante esse período, como era de se esperar, seu pensamento evolui, no mesmo sentido da sua disciplina, em direção à desmistificação da tese da democracia racial brasileira. Do ponto de vista teórico, sua reflexão amadurece na encruzilhada entre (i) o pensamento da escola de Chicago, elaborado nos anos 30, entre outros, por W. I. Thomas, Robert Park, Ernest Burgess, George H. Mead, e trazido ao Brasil pela Escola de Sociologia e Política de São Paulo; (ii) a teoria da modernização e desenvolvimento do Brasil, que começa a ser discutida também na Escola de Sociologia e Política e na Universidade de São Paulo, sob o impacto das primeiras leituras brasileiras da obra de Talcott Parsons, Karl Marx e, sobretudo, de Max Weber; e (iii), principalmente, a sua leitura original de Max Weber e dos sociólogos alemães.

---

[62] Diz Maria Brandão (1996: 21): "Nessa sequência, observam-se dois momentos de maior densidade de produção, além do ciclo inicial de 1951/53. São os períodos de 1956/57 e 1961/62. A partir daí, Thales se ocupa com uma grande variedade de temas e um novo grande ciclo de pesquisas, nascido em 1952 — sobre catolicismo popular, que derivaria em estudos sobre Estado/Igreja e até mesmo sobre ideologia civil —, além da elaboração de uma monografia de história econômica e da retomada do tema da imigração italiana; discute intermitentemente o tema das relações inter-étnicas, publicando afinal, em 1975, *Democracia racial*, uma coletânea de artigos seus, cujo subtítulo — Ideologia e realidade — revela sua posição crítica às motivações originais do ciclo da UNESCO".

Contou Thales de Azevedo a Mariza Correa, em depoimento ao projeto "História da Antropologia no Brasil (1930-1960)", na Unicamp, em 1984, gravado em vídeo, que Alfred Métraux, retornado à Bahia um ano depois de lhe ter encomendado a monografia, e examinando o seu esquema de redação e as primeiras 40 páginas escritas, lhe perguntara a título de comentário: "mas será que brasileiro só sabe escrever história?". Esta orientação de Métraux certamente terá afastado Thales do método genético, forçando-o a manter-se no terreno da etnografia, mas não o obrigava ou desobrigava a arriscar explicações teóricas, que teriam forçosamente de ser muito refinadas e trabalhosas se ele quisesse se opor a Freyre ou a Pierson.

Na verdade, a etnografia de Thales, em minha opinião, tem como objetivo principal averiguar a hipótese já esboçada por Arthur Ramos, a partir das leituras de Pierson, Park e Frazier: não sendo racial, no sentido que lhe emprestava Blumer, seria o preconceito encontrado na Bahia em relação aos pretos e mulatos um preconceito de cor, ou seria mesmo, como teorizara Pierson um preconceito de classe? Para responder a esta pergunta, numa sociedade abertamente excludente e estratificada por classes e grupos de prestígio, e sem ter a ilusão piersoniana de que os socialmente brancos eram negros bem-sucedidos, Thales decide-se por um estudo da ascensão social de homens de cor na Bahia dos anos 1950. Só um estudo deste tipo lhe permitiria observar, a um só tempo, as eventuais barreiras para a ascensão social dos pretos e mulatos, ou seja a sua trajetória familiar ou pessoal, os seus instrumentos, mecanismos e instituições de mobilidade vertical, assim como o padrão das relações sociais entre brancos e negros e as suas atitudes, uma vez inseridos nas classes altas.

Evitando, na maior parte das vezes, tirar conclusões que seu material empírico não lhe permitiria sustentar, Thales esmera-se na arte de relativizar as opiniões de seus informantes, seja a partir de suas próprias observações, seja a partir das opiniões contrárias de outros informantes. Sua conclusão sobre a existência do preconceito de cor na Bahia é exemplar a esse respeito:

"A posição dos que negam inteiramente o preconceito é a de quem formula um padrão ideal de relações, inspirado 'no desejo que não houvesse (o problema), ou no vão intento de contribuir para que a sociedade o esqueça' [Rômulo Almeida]. Os que exageram as proporções da questão poderiam ser personalidades inadaptadas, o que não ocorre sempre; essa exageração é um poderoso meio para chamar atenção para um problema que se supõe inexistente ou sem importância e funciona também como uma forma de agressão contra o grupo discriminante" (Azevedo, 1996: 154-5).

AS ELITES DE COR
E SEUS LIMITES IDEOLÓGICOS

O trabalho empírico para a elaboração de *As elites de cor* foi realizado, segundo Thales, entre fevereiro e outubro de 1951, na cidade de Salvador. Este trabalho consistiu principalmente em (1) um conjunto de 56 entrevistas abertas com negros ou mulatos ocupando posições de prestígio na sociedade local; (2) a observação participante em diversas cerimônias religiosas, paradas militares ou cívicas, reuniões em escolas, faculdades e associações científicas, bailes, festas familiares e eventos esportivos; (3) coleta de dados secundários, como listas de associados e fotografias em arquivos de escolas, clubes recreativos e sociais, confrarias religiosas, assim como no serviço de identificação da polícia (Azevedo, 1953: 5-7).

Como lembrei mais acima, *As elites de cor*, assim como os demais estudos patrocinados pela UNESCO, foi escrito em meio a um clima marcado por algumas características que precisam ser relembradas.[63] Da parte da UNESCO, havia a expectativa de que

---

[63] Ver, a respeito, a tese de doutorado de Marcos Chor Maio (1997).

tais estudos fizessem o elogio da mestiçagem e da mistura étnico-
-racial, assim como do convívio harmonioso entre raças e etnias
em algumas sociedades modernas. No prefácio à edição brasileira
de 1955, por exemplo, Thales diz que seu estudo serve "[...] para
que nossa terra possa sempre ser apontada como aquelas raras,
em todo o mundo hodierno, em que pessoas de origens étnicas
diferentes convivem de modo bastante satisfatório sem embargo
da diversidade e até do contraste entre seus tipos físicos" (Azevedo, 1955: 21).

As elites de cor é, neste sentido, uma monografia engajada
com uma certa política racial e com um programa antirracista bem
definido, encampado pela UNESCO. Tratava-se de demonstrar
a possibilidade empírica de convivência de raças e etnias diversas,
com um mínimo de tensão e conflito raciais. Como Thales reconhece mais tarde, em prefácio aos *Ensaios de antropologia social*,
respondendo a José Honório Rodrigues, que observara a "falta
de caráter histórico" em *As elites de cor*, esta é "uma monografia
mais descritiva do que interpretativa, assim elaborada para corres-
ponder aos objetivos do Programa de Tensões da UNESCO quando, sob a direção do Prof. A. Métraux, nos solicitou a elaboração
de um livro sobre uma situação, a das relações raciais e a da ascensão social das pessoas de cor em uma cidade brasileira, que servisse para mostrar a outros povos uma solução para o problema
do convívio entre tipos étnicos diferentes" (Azevedo, 1959: 9).

Ainda no mesmo "Prefácio", Thales confessa ter retirado de
As elites "dois dos ensaios incluídos neste volume [*Ensaios de
antropologia social*], [...] material que teria sido utilizado naquele livro não houvesse desejado Métraux o tipo de apresentação
indicado" (Azevedo, 1959: 10). Maria Brandão vê, nesta frase,
uma referência aos ensaios "Classes sociais e grupos de prestígio"
e "Índios, brancos e pretos no Brasil colonial: as relações inter-
-raciais na cidade da Bahia",[64] ensaios, de fato, mais interpretati-

---

[64] Ver Brandão (1996: 17): "Mas Thales evolui para a ênfase no peso

vos e históricos. No entanto, se parece fora de dúvida que Thales estava se referindo, de fato, ao último destes ensaios, escrito entre 1952 e 1953, é mais difícil aceitar que o outro fosse "Classes sociais e grupos de prestígio", publicado apenas em 1956 e trazendo cinco referências, do total de nove, a obras publicadas depois de 1954. É possível. De qualquer modo, é possível também que Thales estivesse se referindo a "Comportamento verbal e afetivo para com os pretos", que utiliza material de pesquisa recolhido entre 1951 e 1952, no bojo do *Programa de Pesquisas Sociais Estado da Bahia—Columbia University*, artigo que, embora não sendo "histórico", é todavia muito explícito em demonstrar o preconceito de cor entre os baianos.

Ora, se estou correto, *As elites* apresentava duas limitações de origem: primeiro, obrigava-se a ter um caráter mais monográfico que interpretativo; segundo, pretendia reforçar a ideia piersoniana da Bahia como sociedade aberta, em termos raciais, ela mesma inspirada em Freyre, em detrimento das evidências de preconceito e de sociedade fortemente estamental. Argumentei, no capítulo anterior, que a monografia escrita por Thales é muito mais rica que a teoria que a sustenta. De fato, enquanto esta repete a tese da sociedade multirracial de classes, fazendo uso de um conceito frouxo de sociedade de classes (significando sociedade de grupos abertos à circulação e à mobilidade, em contraste às castas), a etnografia de Thales é um documento precioso da persistência na Bahia da importância do *status* atribuído, principalmente a origem familiar e a cor, sobre o *status* adquirido, como aquele proveniente da riqueza e da ocupação. Terei oportunidade, dentro em pouco, de analisar como Thales evolui, no sentido de dar uma nova roupagem teórica à interpretação de seus dados. Por

---

do preconceito e da discriminação raciais em si, a partir de vários artigos — sobretudo 'Classes sociais e grupos de prestígio', publicado em 1956, mas na verdade esboçado, juntamente com 'Índios, brancos e pretos no Brasil colonial: as relações inter-raciais na cidade da Bahia', publicado em 1953, como parte de *Les élites*".

ora, registre-se apenas que não parece justo atribuir as limitações teóricas de *As elites* a restrições editoriais.

Uma característica do clima intelectual da época estava, justo, na força do ideário assimilacionista no imaginário nacional. Thales observa a força desse consenso em diversas ocasiões, anos depois da publicação de *As elites de cor*. Em sua "Introdução" à *Democracia racial*, por exemplo, Thales dirá que essa instituição:

> "De um lado, constitui o maior motivo de orgulho nacional: não há nada que se invoque tão frequentemente e com tanta ênfase, como prova da ausência de preconceitos e de tensões em nossa sociedade. Constitui provavelmente a mais sensível nota do ideário moral no Brasil, cultivada com insistência e com intransigência. Duvidar dos fatos e dos valores de que se tece esta instituição é algo como negar um elemento substancial dos modos de ser do nosso povo. Desta perspectiva a democracia racial seria mesmo expressão, não apenas de uma realidade histórica mas de uma virtude própria, talvez inata e exclusiva dos brasileiros, que em nenhuma parte do mundo se reproduz com as mesmas características e a mesma espontaneidade" (Azevedo, 1975: 7-8).

Do mesmo modo, ainda em *Democracia racial: ideologia e realidade*, Thales refletirá sobre "[...] a maneira indignada com que na imprensa são reverberados os casos de discriminação e a preocupação de caracterizar tais fatos como estranhos à cultura brasileira" (Azevedo, 1975: 51), sugerindo que a discussão de tais casos, pela imprensa, servia "para substanciar a hipótese de que a condenação e minimização dos fatos como esporádicos e anômalos em termos da cultura dominante atuam como racionalizações da fricção interétnica e da discriminação" (Azevedo, 1975: 55).

Mas há outro consenso ainda mais formidável, do qual Thales também participa, que é aquele em torno da "baianidade", ou seja, dos traços e das características que definem a Bahia aos olhos dos baianos. Consenso tão importante quanto o da democracia racial, definidora de uma identidade nacional, mas, para um baiano, ainda mais abrangente, e tanto mais restritivo quanto mais essa imagem é construída, e se mantém, em tensão com a imagem que outros brasileiros têm da Bahia. Livrar-se por completo desse etnocentrismo parece tarefa impossível.

Os principais eixos que organizam os elementos desse consenso são: (a) o caráter "português" e "aristocrático" da Bahia; (b) a peculiar mistura baiana do português com os negros e índios; (c) a reivindicação desta mistura como sendo a mais tipicamente brasileira. A tensão, por outro lado, encontra-se, justo, no fato de que essa imagem da Bahia, tal como construída pelos baianos, não é acolhida pelos outros brasileiros, que a veem mais como "a mulata velha" ou a associam, sub-repticiamente, à raça negra.

O caráter português da Bahia é uma afirmação recorrente na obra de Thales, aparecendo, por exemplo, em *O povoamento da cidade do Salvador*,[65] e reaparecendo em *As elites*, sempre com a mesma remissão à arquitetura e ao urbanismo colonial, aos costumes aristocráticos e religiosos, à quietude de sua vida social.[66]

A caracterização da Bahia como cidade europeia contrastava, e muito, com outras caracterizações contemporâneas ou precedentes da Bahia como metrópole negra ou cidade mulata, co-

---

[65] "Na Bahia, os contatos mercantis com a Inglaterra e até a residência dalgumas famílias de negociantes ingleses, as leituras francesas, as viagens a Portugal alimentavam o gosto da elegância, das boas festas dançantes, dos banquetes, das modas requintadas. Nos traços arquitetônicos e urbanísticos, na educação, na exterioridade religiosa, nos costumes e sentimentos, no privatismo, na vida sossegada e amena dos brancos, na própria liberdade despreocupada e ruidosa dos negros e sobretudo dos mulatos, a Bahia era a mais típica cidade portuguesa do Brasil, caráter que firmara desde os seiscentos e que em pleno séc. XIX impressionaria os viajantes europeus que a visitavam" (Azevedo, 1969: 219).

[66] Veja-se, como exemplos, as duas citações, retiradas do primeiro capítulo de *As elites*, referidas no capítulo 1.

mo demonstram a sua denominação de "nova Guiné" por Adolphe d'Assier, citada pelo próprio Thales no primeiro capítulo de *As elites*, ou a alcunha de "mulata velha", correntemente referida na imprensa da Primeira República,[67] e repetida por Franklin Frazier (1942: 219) e Ruth Landes (1947: 8), ou a caracterização de "Roma negra", atribuída a Mãe Aninha do Axé de Apô Afonjá, e referida por Edison Carneiro e Blaise Cendrars.[68]

A insistência de Thales em caracterizar a Bahia como europeia e portuguesa parece ter dois objetivos: primeiro, contra-arrestar a visão "estrangeira" da Bahia como cidade negro-mestiça; segundo, acentuar a miscigenação cultural e racial, com predominância europeia, daquela cidade e de seu povo. A miscigenação, aliás, é uma preocupação fundante da reflexão de Thales. Ela é considerada fator de democratização social, rompendo as barreiras erigidas pelos estamentos do período colonial, e fator

---

[67] *Correio de Notícias*, 09/03/1898, p. 1, "Carta de um creoulo":

"A opportunidade é cousa que não se deve perder: dahi, tendo se extraviado os números deste mez da *Gazeta de Noticias*, anteriores a 3, para não perder o momento psychologico damos hoje mesmo a 3ª das cartas que sob o titulo acima aquella gazeta está publicando editorialmente.

Ei-la:

III. Ao Sr. Dr. Manoel Victorino

Ora, aqui estou eu, sr. doutor! Acabou o estado de sitio e acabou também o manifesto de V.S. — graças a Deus! já podemos conversar em liberdade. V.S. não pode imaginar qual foi a anciedade deste creoulo bahiano (tão bahiano quanto V.S.) durante todo o tempo da suspensão das garantias!... foi um supplício!... foi um horror!

E estando V.S. sem garantias, estava sem garantias a Bahia que o meu chefe Dantas dizia ser a alma mater do Brasil. Também o meu chefe Deodoro quando falava da Bahia dizia: 'mulata velha'... E veja V.S. a vasta intuição philosófica que esta phrase revela... mulata velha!... ninguem quer ser mulato no Brasil, mas, enfim, todo mundo gosta daquella formosa avó, que é a Bahia — veneranda e serena mulata velha".

Este trecho me foi cedido por Jefferson Bacelar, a quem agradeço.

[68] Ver Carneiro e Ferraz (1940: 7) e Cendrars (1987) *apud* Agier (1992: 9-13).

Voltando a Thales de Azevedo: *As elites de cor*

de democratização racial, ao borrar as cores das castas raciais.[69] O mestiço baiano, o "branco da Bahia" ou "branco da terra", é explicado como o produto mais autêntico, do ponto de vista da nacionalidade brasileira, do caldeirão racial entre portugueses, índios e negros. Beirando a fronteira do plausível — posto que desafia todas as políticas de embranquecimento desencadeadas pelo governo brasileiro desde a República —, Thales é capaz de fazer da falta de brancos europeus um requisito a mais da autenticidade brasileira, peculiar aos brancos baianos. Vale a pena citar, na íntegra, uma passagem de "Índios, brancos e pretos no Brasil colonial":

> "A falta de nova imigração branca, a ausência, por assim dizer completa, de barreiras à exogamia nesse grupo, e portanto o seu crescimento puramente vegetativo, de algum modo já afetado, nas classes média e alta, pelo emprego de meios anticoncepcionais, parecem explicar o lento acréscimo relativo dos brancos. É interessante registrar que, devido a essa falta de brancos e estrangeiros, a população baiana deve os seus fenótipos brancos quase unicamente aos antigos colonos portugueses, de modo que é, nesse sentido, considerada uma das populações 'mais brasileiras' do país" (Azevedo, 1956: 93).

---

[69] Dirá Thales em "Índios, brancos e pretos no Brasil colonial": "A mestiçagem foi, por sua vez, o mais vigoroso fator de democratização social no Brasil, fornecendo, com os mestiços, os primeiros elementos de reação contra os Senhores de Engenho" (p. 95); para acrescentar em seguida: "[...] dois fatores agiam desde os primeiros dias da colonização atenuando as linhas que separavam como classes as raças que entraram na formação do povo brasileiro. Um desses fatores foi a religião, que, pelo batismo, tornava iguais, ao menos idealmente, os 'bárbaros' da terra e os pagãos africanos aos colonizadores europeus. [...] O outro fator, imediatamente desencadeado pela próxima convivência das três raças, foi a mestiçagem; esta, muito cedo, começou a quebrar as arestas do regime social e a abrir o caminho à democratização racial" (Azevedo, 1956: 97).

É esta batalha ideológica que é travada na "Introdução" e nos seis primeiros capítulos de *As elites de cor*, em que opiniões contrárias, como a de d'Assier, são expostas ao lado de opiniões tortuosas de intelectuais locais, como J. Valadares,[70] para que Thales possa arrematar:

> "Por efeito da mestiçagem e de outros fatores sociobiológicos, o grupo mais escuro, de fenótipo preto, vem sendo absorvido gradativamente no caldeamento étnico; os brancos aumentam em ritmo um pouco mais rápido, enquanto cresce o número de mestiços, registrados nas estatísticas como pardos, para afinal virem a submergir, pela mistura, no grupo de ascendência predominantemente europeia" (Azevedo, 1953: 51).

Mas, ao lado dessa intenção de embranquecer a Bahia e os baianos, a etnografia de Thales, mesmo nesses capítulos iniciais, mais contaminados da fé antirracista do seu tempo, é capaz de mostrar, com pujança, as contradições e os conflitos classificatórios do nosso sistema racial. No capítulo sobre "Os tipos étnicos da Bahia", por exemplo, que abre o livro, a excelente descrição dos termos de classificação racial usados na Bahia de então, detalhados com refinamento, acaba por demonstrar a importância social da cor. Tempos mais tarde, todos poderão argumentar que a riqueza da classificação atesta justamente a sutileza e abrangência da discriminação. Do mesmo modo, no capítulo

---

[70] "Já nossos avós diziam que há crioulas de 'barriga limpa'. Seus filhos, sendo também filhos de homem mais claro, puxam ao pai. Talvez a Bahia seja uma cidade com muitas pretas de barriga limpa. Todos notam que marchamos para uma população totalmente mestiça, mas com aparência de branca" (J. Valadares, *Beabá da Bahia*, 1951: 91, *apud* Azevedo, 1953: 23-4). Outro intelectual local, Nestor Duarte, é citado em "Índios, brancos e pretos no Brasil colonial" dizendo que a Bahia, "apesar das suas características culturais negras, é a cidade mais europeia do Brasil" (Azevedo, 1956: 94).

sobre "As opiniões sobre a gente de cor", aparece, em cores vivas, o preconceito contra os mulatos e os morenos, assim como vai ficando claro que os baianos e a Bahia, "geralmente representada como a mulata baiana, vestindo o traje característico das mulheres filiadas ao candomblé", são vistos pelos outros brasileiros como mulatos.

É essa transformação do mulato e do moreno baiano em branco da terra, branco da Bahia, e branco, *tout court*, que mais ocupa Thales. Algo com que ele, em *As elites*, não pode abarcar por inteiro, dado o já citado caráter descritivo da monografia, mas que se constituirá, futuramente, numa das suas mais importantes preocupações teóricas, levando-o a refletir sobre as interconexões entre as linhas de classe, de *status* e de cor.

Em "Índios, brancos e pretos no Brasil colonial", publicado também em 1953,[71] Thales enfrenta o tema de frente: os mulatos baianos, que suscitavam tanto preconceito por parte de alguns reinóis e colonizadores,[72] "foram gradativamente ascendendo a cargos públicos e posições sociais de relevo, processo que se acentuou depois da Independência, quando muitos mulatos tiveram destacada atuação política na Província e no parlamento do Império, ocupando postos de Ministros e recebendo títulos nobiliárquicos" (Azevedo, 1956: 101).

Esses mulatos do Império já são, de certo modo, socialmente brancos, e é esse fenômeno de ascensão social o objeto mesmo de *As elites de cor*. Um objeto difícil de ser explicitado, posto que

---

[71] Ver Brandão (1993), sobre as datas de publicação dos ensaios e livros de Thales. "Índios, brancos e pretos..." foi publicado em *América Indígena*, México, vol. 13, nº 2, pp. 119-32, abril de 1953, e republicado na coletânea *Cultura e situação racial no Brasil* (Azevedo, 1966).

[72] "Uma alta autoridade colonial acreditava que 'o demasiado favor que têm conseguido' na Corte portuguesa os homens pardos da Bahia, obtendo honrarias e proventos oficiais, muito contribuía para 'aumentar mais a vaidade e presunção que se constitui o seu caráter, fazê-los mais atrevidos'" (Azevedo, 1956: 101).

está prenhe da ambiguidade dos termos raciais, como mulato, ou dos termos de cor, como pardo, a designar tanto o *status* "racial" quanto "social".

Thales toma de empréstimo a teorização de Pierson para lidar com a relação entre classes e raças na Bahia. Mas, se essa teorização parece enquadrar-se bem na sua descrição da posição social dos mulatos, pardos e morenos socialmente brancos, ela tem o enorme defeito de contrariar os fatos de discriminação a que estão sujeitos, em determinados círculos, não apenas esses indivíduos, mas, em particular, os pretos. Se *As elites* é uma monografia sobre a ascensão social de pretos e mulatos, é inevitável que essa monografia trate da discriminação e do preconceito de cor a que estão sujeitos pretos e mulatos, por causa da ideologia assimilacionista que, a um só tempo, possibilita a sua ascensão e os inferioriza. Os capítulos restantes de *As elites* demonstram exatamente isso, ao examinar alguns caminhos de ascensão — o casamento, o comércio, a política, a burocracia, o exército, as artes, a educação, a religião, os esportes, as profissões liberais — e alguns espaços reservados ao convívio social, como a vida intelectual e os clubes recreativos.

Dois fenômenos de restrição da ascensão social, que expressam os limites da mestiçagem enquanto mecanismo de mobilidade, estimularão a reflexão de Thales no futuro imediato: a persistência do *status* de origem, dada pelos laços de família e pela cor; e a relativa rigidez cromática dos casamentos inter-raciais. O primeiro desses temas, Thales desenvolverá em "Classes sociais e grupos de prestígio", artigo de 1956; o segundo será desenvolvido em "Mestiçagem e *status*", de 1964.[73] Para escrevê-los, Thales precisou, entretanto, rever os conceitos de classe e *status* com que até então trabalhara, a partir, provavelmente, de uma cui-

---

[73] Ver Brandão (1993). "Mestiçagem e *status* no Brasil" foi publicado nas Actas do Colóquio Internacional de Estudos Luso-Brasileiros, Coimbra, 1964, e republicado na coletânea *Cultura e situação racial no Brasil* (Azevedo, 1966).

dadosa e original releitura de Tönnies e Weber, como sugerem suas palavras em nota introdutória à *Cultura e situação racial no Brasil*, explicando o que unificava os ensaios ali reunidos: "Além do objeto, outro foco de unificação é o método de tratamento, nem meramente descritivo nem apenas explicativo, mas interpretativo e compreensivo à maneira de Max Weber [...]" (Azevedo, 1966).

CLASSES, *STATUS* E GRUPOS DE COR

O diálogo que o ciclo de estudos raciais da UNESCO deflagrou entre intelectuais brasileiros (em especial da Bahia, Pernambuco e São Paulo), americanos e franceses, que estudavam diferentes regiões do país, não pode ser nunca suficientemente enfatizado. Terão tido maior impacto sobre Thales, é provável, os resultados a que chegaram Costa Pinto (1953), no Rio de Janeiro, e Roger Bastide e Florestan Fernandes (1955), em São Paulo, publicados já em 1953,[74] nos quais o preconceito e a discriminação racial de cor são tratados de modo mais direto, e livres da conceituação piersoniana e freyriana. Teve, também, importância decisiva sobre Thales a problematização, já corrente na Escola de Sociologia e Política de São Paulo e na Universidade de São Paulo, sobre a formação de uma sociedade de classes no Brasil. O tema da modernização do Brasil, da passagem brasileira do mundo tradicional para o moderno, suscitara uma ampla discussão sobre o conceito de classes sociais, a partir da releitura exegética dos clássicos e de seu cotejo com a primeira síntese sociológica, feita em Chicago.[75]

---

[74] "Relações raciais entre negros e brancos em São Paulo" foi publicado, originalmente, na revista *Anhembi*, de 1953, números 30 a 34. Ver Fernandes (1986: 16).

[75] Ver, a esse respeito, o n° 2-3, vol. X, 1948, de *Sociologia*, em que

Thales inspirar-se-á no modo como Weber usara o conceito de *status*, de Tönnies, para conceituar a forma como a antiga nobreza da terra e do Estado no Brasil se formara, como grupo social. *Status* passa a referir-se, então, a uma hierarquia social peculiar, os *Stände*, e não apenas ao prestígio social associado a qualquer hierarquia, ao modo como a escola de Chicago difundira. Tal formação, argumenta Thales, remonta à hierarquia racial, que equacionava os senhores (e, depois da Abolição, os ricos) aos brancos, e os escravos e a ralé, aos pretos. Como fenômeno de estrutura social, portanto, a discriminação racial seria fato mais persistente e mais rígido que um simples fenômeno de inferiorização devido a ideologias racialistas, apesar de assimilacionistas. Tanto é assim que Thales procura aplicar à Bahia, em "Classes sociais e grupos de prestígio", o mesmo esquema analítico que Lloyd Warner empregara no Sul dos Estados Unidos, para traçar a relação entre as classes e as castas raciais (Warner, 1970).

Havia, entretanto, uma diferença importante entre o esquema de Warner e o de Thales. Enquanto o primeiro tratava da coexistência entre duas ordens, a econômica e a racial, organizadas, respectivamente, em classes e castas, as quais conviviam e persistiam no tempo, o segundo, influenciado pela problemática que se articulava na sociologia latino-americana de então, focalizava a transição de uma sociedade racializada de *status* para uma sociedade capitalista de classes.

Mesmo que o assimilacionismo abrandasse as discriminações raciais na sociedade de *status*, sua abrangência e persistência eram, ainda assim, notáveis.

No entanto, a pergunta crucial, que se fizeram Roger Bastide, Florestan Fernandes, Pierre van der Berghe, Costa Pinto e Thales de Azevedo, em momentos diferentes, era: persistirão essas discriminações numa sociedade de classes, isto é, no Brasil do futuro?

Donald Pierson, Emílio Willems e Florestan Fernandes discutem o conceito de classes sociais.

Voltando a Thales de Azevedo: *As elites de cor*

A resposta de Thales não foi conclusiva. A persistência, na Bahia, de uma sociedade de *status* devia-se ao "retardamento da industrialização", mas também ao "fato de que o grande repositório de indivíduos à espera de promoção a posições mais altas é constituído de gente de cor, cuja posição social é, em larga medida, predeterminada pelos mesmos fatores já expostos" (Azevedo, 1966: 43). A relativa rigidez desse sistema de prestígio, entretanto, dependeria, no futuro, caso adviesse uma mudança de infraestrutura no sentido da industrialização, da função dos valores culturais antirracistas. Thales expõe as alternativas:

"Se persistirem na sociedade baiana os valores culturais que se opõem, em medida variável, às discriminações por motivo de origem e de marcas raciais, é possível que uma mudança na infraestrutura econômica crie condições para a mobilidade ascensional de grande número de pessoas das camadas baixas e para a transformação definitiva do regime de *status* num regime mais fluido de classes sociais.

Se, porém, aqueles valores representam apenas as racionalizações, traduzidas em ideologia, dos grupos de poder e prestígio que controlam tradicionalmente a estratificação social, há a possibilidade [...] de que, sob a pressão dos casos de ascensão de pessoas de cor, sobretudo de marcas mais caracteristicamente negroides, a própria ideologia se reoriente para justificar a formação de um novo regime de castas, semelhante ao norte-americano, com sistemas autônomos de classe de brancos e não brancos" (Azevedo, 1966: 43).

Thales hesitou, como se vê, em considerar os valores da democracia racial como puras racionalizações dos poderosos, tanto quanto se recusou a tomá-los, de modo ingênuo, ao pé da letra. O fato é que, numa sociedade racialmente tanto assimilacionista quanto estamental, tais valores são, a um só tempo, racionalizações conservadoras, para os brancos, e instrumentos de ascensão, para mulatos e negros. Justo porque a sociedade baiana é estamental e assimilacionista, os mulatos embranquecem ao ascender e comportam-se como brancos, transformando em barreiras os valores que as quebraram.

Esta dialética racial, que faz persistir o passado estamental na sociedade moderna, aponta, justamente, para a necessidade de se pensar a sociedade brasileira fora dos tipos ideais da sociedade de classes e da sociedade de castas, algo que foi tentado por Thales de Azevedo, ainda que de modo incompleto, em "Classes sociais e grupos de prestígio", e, mais extensamente, desvendado por Florestan Fernandes n'*A integração do negro na sociedade de classes*. Thales afasta qualquer resposta teórica absoluta, forçosamente determinista, para uma questão que, afinal, é prática, e depende muito do modo como os valores antirracistas serão manipulados na luta social. Entretanto, sua teorização da sociedade baiana, no referido ensaio, não deixa margem a dúvida quanto à força e à abrangência da discriminação e do preconceito de cor, algo que, em *As elites*, como no livro de Donald Pierson, é dissimulado por uma teoria incompatível com a realidade da discriminação.

Foi, como vimos, a partir do estudo da miscigenação que Thales chegou a uma reflexão mais profunda sobre a relação entre classes e raças no Brasil. Em "Mestiçagem e *status*", de 1964, Thales volta ao tema que já tinha abordado, de modo mais descritivo, em *O povoamento* e em *As elites* para, por assim dizer, elaborar sua síntese teórica. Três são seus pontos de partida. Primeiro, mantém-se no consenso erudito da época, enunciado por Pierson, em 1942, de que a cor não é uma percepção racialista, mas biossocial. A distinção entre cor e raça continua fundamental para sustentar a afirmação de que há, no Brasil, um sistema de relações raciais de natureza diferente daquele dos países não assimilacionistas.[76] Segundo, toma como ponto de partida que,

---

[76] "O que é realmente importante na análise é o conceito biossocial

se existe discriminação de cor no Brasil, esta ocorre incontestavelmente "com referência ao casamento e à incorporação na família". Terceiro, aceita como evidência empírica a afirmação de que essa discriminação existe nas classes sociais mais altas, embora inexista nas classes populares.

A chave para explicar o padrão de casamento heterocromático só pode estar, portanto, na relação entre os sistemas de estratificação e de poder, por um lado, e os grupos de cor, por outro. Thales precisa compatibilizar seu ponto de vista, expresso nos estudos históricos, de que a miscigenação foi um fator de democratização e ascensão social com sua descoberta etnográfica de que o casamento heterocromático era evitado e negativamente sancionado, sobretudo entre as classes altas. Essa compatibilização é encontrada por meio da observação do valor diferenciado que têm o casamento e as uniões livres para o sistema de poder e de estratificação social. Entre os pobres, estruturalmente dissociados do poder, o casamento pode ser cego, em termos cromáticos, o que não pode acontecer entre os ricos. Do mesmo modo, as uniões livres estão também dissociadas do poder de Estado, o que faz Thales dizer: "[...] a mestiçagem é antes indício de discriminação porquanto resulta mais de concubinagem e de relações sociais fortuitas do que de casamento, pois neste o preconceito atua com maior força" (Azevedo, 1975: 52). Miscigenação, portanto, não pode ser ingênua e ideologicamente tomada como prova de ausência de preconceito e discriminação. Mas, como então, na realidade, a mestiçagem poderia funcionar como um canal de ascensão social?

No caso das uniões livres, mais comuns entre homens brancos, de boa posição, e mulheres de cor, de posição inferior, Thales

---

sintético de 'cor'. Se cedêssemos, sem maior exame da questão, à ideia de persistência de um prejuízo de raça propriamente dito, seríamos levados inevitavelmente a admitir que o Brasil só difere de outros países em grau de intolerância, não em natureza. A única distinção verdadeira estaria no modo de conceituar 'raça'" (Azevedo, 1975: 62).

não precisou inovar; pôde aceitar o mecanismo suficientemente descrito pelos historiadores sociais e pelos romancistas: a ascensão só poderia se dar por meio da proteção paterna ao filho bastardo, fazendo valer o peso da sua rede de relações pessoais. Mas, em se tratando de casamentos, Thales observou um outro padrão: era mais comum o casamento de homens de cor de educação ou posição econômica elevadas com mulheres brancas.

A explicação desenvolvida por Thales para este fato baseia-se numa outra observação: no Brasil, a herança cultural se transmite, com maior frequência, por via materna que paterna, dada uma tendência à matrifocalidade dos novos pares. A matrifocalidade faz com que o homem de cor que se casa com mulher branca e seu filho mestiço "sejam enculturados nos valores, nas regras de etiqueta e até na estrutura de relações próximas e de amizades da mãe". Se, portanto, o homem de cor trouxer consigo para o casamento marcas de prestígio, dados pela riqueza, pela educação e pelo poder, a compensação mútua de mulher e homem, no casamento heterocromático, será completa. "O contrário se passa quando mulher escura é escolhida por homem branco ou menos escuro. Socialmente isto promove certo desprestígio do par masculino, talvez porque esta nova família virá orientar-se e a situar-se matri ou uxipolarmente" (Azevedo, 1975: 66).

Não tenho dúvidas de que a formulação de Thales pode exercer, ainda hoje, um importante impacto sobre a política feminista, pois o mecanismo que ele detectou mostra, com clareza, que homens e mulheres de cor têm chances bem diferenciadas em seu intercurso sexual e afetivo com os brancos: enquanto os primeiros podem fazer da educação e da riqueza um meio seguro de ascensão social e de embranquecimento, para as mulheres, as coisas são muito mais tortuosas: na maioria das vezes, as mulheres de cor terão de se contentar com as oportunidades que as uniões heterocromáticas abrirão para os seus filhos.

Voltando a Thales de Azevedo: *As elites de cor*

A ATUALIDADE DE THALES

Em 1931, aos 27 anos, Thales de Azevedo publicava, na revista *Mundo Médico*, do Rio de Janeiro, um artigo cujo título — "As raças humanas superiores e raças inferiores" — traz a marca de tradição da velha Faculdade de Medicina da Bahia, onde se formara, justamente famosa pelas suas doutrinas racialistas de medicina legal.[77] Thales apenas começava uma longa trajetória intelectual, que o levaria da ruptura com o racialismo, ainda dominante em alguns meios intelectuais brasileiros nos anos 30, ao domínio e à maestria da Antropologia Cultural e Social.

Poucos terão, ao longo de uma vida, acompanhado tantas mudanças do científico e politicamente correto: oriundo do berço mais nobre do racismo científico brasileiro, ajudou, com seus primeiros trabalhos, a feri-lo de morte, estabelecendo o novo consenso culturalista de negação das raças, de afirmação das cores e de louvação dos ideais da democracia racial. Não durou muito, todavia, para passar a militar contra a ideologização desse novo consenso, desmascarando as racionalizações e revelando as discriminações e preconceitos raciais e de cor.

Essa trajetória foi, entretanto, como Thales gostava de dizer, simples consequência de uma reflexão baseada em trabalho intenso e extensivo: leituras, orientação de estudantes, mormente estrangeiros, mas, sobremodo, trabalho de campo.

O fato é que seus estudos sobre as relações raciais na Bahia ajudaram a fundar uma nova sociologia das classes e das raças no Brasil. Acredito que devemos a "Classes sociais e grupos de prestígio" a tendência atual nas ciências sociais brasileiras em teorizar as desigualdades sociais como sendo também desigualdades de cor; assim como devemos a "Mestiçagem e *status*" a com-

---

[77] Sobre o clima intelectual que predominou na Faculdade de Medicina da Bahia até a segunda década do século XX, ver, entre outros, Schwarcz (1993: 202-17).

preensão de que as pessoas de cor têm um gênero a diferenciar suas oportunidades de vida.

Para Thales, corretamente, os grupos de *status*, mais que classes, são grupos de cor, baseados na ascendência familiar e racial. As classes sociais brasileiras de hoje, portanto, guardam menos semelhanças com os agrupamentos formados pela institucionalização da cidadania, na França ou Inglaterra, e mais com os grupos de prestígio formados no nosso período colonial, e amadurecidos no Império e na Primeira República.

Parte III
TOMANDO PARTIDO

6.
ARGUMENTANDO PELA AÇÃO AFIRMATIVA[78]

Em julho de 1996, o Ministério da Justiça chamou a Brasília vários pesquisadores, brasileiros e americanos, assim como um grande número de lideranças negras do país, para um seminário internacional sobre "Multiculturalismo e racismo: o papel da ação afirmativa nos estados democráticos contemporâneos". Foi a primeira vez que um governo brasileiro admitiu discutir políticas públicas específicas voltadas para a ascensão dos negros no Brasil.[79] O termo escolhido para designá-las foi emprestado do *affirmative action* americano, termo carregado de segundos significados, tal a polarização existente, nos Estados Unidos, em torno dessas políticas.

Antes, portanto, de avançar em qualquer discussão sobre a necessidade, a viabilidade e a eficácia de eventuais políticas de ação afirmativa no Brasil, convém fazer uma breve resenha da discussão que se trava, atualmente, nos Estados Unidos. Isso porque corremos o risco de tomar emprestado não apenas um termo, mas os significados que são esgrimidos, referidos, insinuados ou sugeridos nas diversas arenas políticas nas quais o mesmo tem sido utilizado.

---

[78] Publicado, anteriormente, sob o título "Políticas públicas para a ascensão dos negros no Brasil: argumentando pela ação afirmativa", Salvador, *Afro-Ásia*, nº 18, 1996, pp. 235-61.

[79] Iniciativas anteriores de congressistas antirracistas, como Abdias do Nascimento e, mais recentemente, Florestan Fernandes e Benedita da Silva, encontraram resistência no Congresso.

Discutir políticas de ação afirmativa, hoje, nos Estados Unidos, e também agora no Brasil, significa engajar-se num debate que contempla, ao menos, duas perspectivas.

Primeiro, uma perspectiva axiológica e normativa, ou seja, uma discussão em torno da correção ou não do tratamento de qualquer indivíduo a partir de características adscritas e grupais. O valor que enfoca tal discussão é aquele segundo o qual todo e qualquer indivíduo deve ser tratado a partir de suas características individuais de desempenho e de mérito, independente da situação do grupo social a que pertence. Algumas posições podem ser facilmente identificadas nessa perspectiva axiológica.

A posição liberal aceita discutir o tratamento de modo diferenciado e privilegiado de indivíduos pertencentes a determinados grupos que sofrem, ou sofreram, uma discriminação negativa e difusa em amplos setores da vida nacional. Tal aceitação é, entretanto, circunscrita a situações concretas e a condições específicas que tornariam tais políticas permissíveis do ponto de vista moral.

A posição conservadora atribui, por princípio, aos indivíduos toda a responsabilidade pela posição social que ocupam; por isso, qualquer interferência estatal nessas matérias é considerada indevida. Implícita ou explicitamente, tal posição sugere que, se há um grupo racial, étnico, religioso ou sexual em situação de desvantagem permanente, na sociedade americana, e, por generalização, em qualquer sociedade, tal desvantagem deve ser atribuída às características que identificam o grupo.

A posição esquerdista, ao contrário, põe em xeque as noções de individualismo e de mérito, assim como a realidade dos valores que estruturam as duas outras posições. Seu objetivo é demonstrar que tais valores não passam de uma fachada ideológica para mascarar uma prática sistemática de opressão e exploração de grupos dominados e discriminados. Ou seja, sugere que a reação atual às políticas de ação afirmativa, ou revela ingenuidade, ou esconde uma nova forma de racismo, mais sutil e não declarado.

Uma segunda perspectiva, que ganha cada vez mais espaço na literatura, à medida que o debate político passa a vulgarizar-

-se em argumentos de fé, é de natureza histórica e sociológica. Ela enfatiza o modo como políticas de ação afirmativa vieram ou podem vir a se constituir, e os impactos que tiveram ou podem vir a ter sobre a estrutura social. Isto é, procura compreender os antecedentes sociais e históricos (sistema de valores, conjunturas políticas, movimentos sociais e ações coletivas) que tornaram ou podem vir a tornar possível a construção de políticas públicas de cunho e de intenção antidiscriminatórios em países plurirraciais ou étnicos de credo democrático. Tais discussões giram ainda em torno dos obstáculos e dos incentivos sociais (o sentido do jogo político e social) para a adoção dessas políticas em situações nacionais concretas. Podem, também, refletir sobre as potencialidades, a eficiência e a eficácia de diferentes políticas públicas para a obtenção de alvos ou metas políticas, e, neste caso particular, a ascensão de negros a posições e ocupações que lhes têm sido historicamente pouco acessíveis.

Neste capítulo, procederei da seguinte forma: na sua primeira parte, farei uma síntese da discussão das políticas de ação afirmativa nos Estados Unidos, utilizando a classificação acima. Em sua segunda parte, engajar-me-ei na discussão, ainda incipiente, que toma corpo no Brasil, procurando compreender os argumentos e contra-argumentos empregados, mas tomando uma posição clara de defesa da ação afirmativa. Na parte final, sistematizarei a agenda de discussão.

AÇÕES AFIRMATIVAS *VERSUS* MERITOCRACIA

Num pequeno artigo publicado recentemente, Seymour Martin Lipset (1993) sintetiza, de modo muito claro, a discussão axiológica e normativa em torno das políticas de ação afirmativa. Seu argumento central é "que as políticas de ação afirmativa forçaram uma confrontação aguda entre dois valores nucleares da sociedade americana: igualitarismo e individualismo" (Lipset, 1993: 209). As políticas de ação afirmativa teriam substituído o igualitarismo americano original, centrado na ideia de *igualdade de oportunidades* para indivíduos, por uma *igualdade de resultados*, que transfere a unidade de ação social, econômica e política dos indivíduos para os grupos de pertença identitária.

Lipset conclui que tal tensão só poderá ser desfeita se as políticas de ação afirmativa retomarem "seu objetivo original de garantir tratamento igual para os indivíduos", sugerindo que as novas estratégias, para proporcionar a ascensão social de membros das minorias, "sejam de cunho universalista ou referidas a traços variáveis, tais como a pobreza, ao invés de se referirem a raça, gênero ou etnicidade" (Lipset, 1993: 210).

Na verdade, o argumento de Lipset retoma a interpretação de Gunnar Myrdal (1944) sobre as relações raciais nos Estados Unidos, em termos de um *Dilema Americano*. Ou seja, a contradição entre o credo universalista, baseado no mérito individual e na igualdade de oportunidades, e os particularismos e hierarquias da vida cotidiana, mormente a segregação e discriminação raciais. É interessante notar, porém, que Lipset substitui os termos do dilema: em vez de segregação e discriminação raciais, aparece agora a pobreza. O que em Myrdal era implícito — o Direito é a arena dos indivíduos, e não dos grupos — em Lipset torna-se explícito. Em Myrdal, trata-se de um conflito moral entre as intenções e as ações[80] da maioria branca, conflito que apenas poderia ser resolvido por meio do reconhecimento pleno dos direitos civis dos negros, e sua consequente transformação em cidadãos, ou seja, em indivíduos. Em Lipset, esse conflito transforma-se num conflito entre valores individualistas e pertenças grupais. Sua conclusão é que não haveria mais lugar para direitos de grupo. Ademais, no que se refere aos negros, está explícita, no pensamento liberal americano dos nossos dias, a ideia de que o racismo já não é mais um fator chave a explicar a relação entre negros e

---

[80] Ver, a esse respeito, os comentários de Sniderman e Piazza (1993) sobre o pensamento de Myrdal.

brancos.[81] O gozo dos direitos civis e as leis que proíbem a discriminação teriam feito dos negros e dos membros de quaisquer outras minorias cidadãos iguais aos outros.

De certo modo, as decisões da Suprema Corte americana e as discussões que elas suscitaram constituem a documentação mais apropriada para seguirmos a evolução desse pensamento e as diferentes tendências de opinião no campo dos direitos. Elas precisam ser antecedidas, entretanto, de um esclarecimento histórico, posto que as leis e os valores que as inspiram estão inseridos numa certa tradição e têm uma história que os vivifica.

Antes de mais nada, sobre que princípios de direito baseiam-se as leis e os programas referidos como ações afirmativas? Comecemos por definir a própria expressão. Jones (1993: 345) define ação afirmativa como "ações públicas ou privadas, ou programas que proveem ou buscam prover oportunidades ou outros benefícios para pessoas, com base, entre outras coisas, em sua pertença a um ou mais grupos específicos".

A expressão, tal como é usada no cotidiano, refere-se a programas voltados para o acesso de membros de minorias raciais, étnicas, sexuais ou religiosas a escolas, contratos públicos e postos de trabalho. No entanto, suas raízes encontram-se no direito consuetudinário inglês. Como diz Jones (1993: 345), "a primeira e mais antiga noção de ação afirmativa refere-se a uma reparação de pós-adjudicação ou de parte do processo de adjudicação". Ensina John D. Skrentny (1996: 6): "A ideia básica vem do centenário conceito legal inglês de equidade [*equity*], ou de administração da justiça de acordo com o que era justo numa situação particular, por oposição à aplicação estrita de normas legais, o que pode ter consequências cruéis".

A primeira referência à "ação afirmativa" aparece, com o sentido atual, na legislação trabalhista de 1935 (*The 1935 Natio-*

---

[81] Tal afirmativa é esposada por alguns pensadores negros, e se encontra, factualmente documentada, em pesquisas de opinião pública. Ver Sniderman e Piazza (1993).

Argumentando pela ação afirmativa

nal Labor Relations Act), que previa que "um empregador que fosse encontrado discriminando contra sindicalistas ou operários sindicalizados teria que parar de discriminar e, ao mesmo tempo, tomar ações afirmativas para colocar as vítimas nas posições onde elas estariam se não tivessem sido discriminadas".

A antiga noção de ação afirmativa tem, até os dias de hoje, inspirado decisões de Cortes americanas, conservando o sentido de reparação por uma injustiça passada. A noção moderna se refere a um programa de políticas públicas ordenado pelo executivo ou pelo legislativo, ou implementado por empresas privadas, para garantir a ascensão de minorias étnicas, raciais e sexuais. Como observou, corretamente, Jones (1993: 349): "Ambas estão dirigidas para remediar uma situação considerada socialmente indesejável. Na primeira, a situação foi considerada pela Corte uma violação da lei existente. Na segunda, uma agência legislativa ou executiva determina que algum problema merece uma atenção especial".

No entanto, Jones omite uma diferença fundamental entre o sentido antigo e o moderno. No primeiro caso, existe uma pessoa que foi vítima de um tratamento discriminatório, comprovado em Corte; no segundo, existem pessoas que têm grande probabilidade estatística de virem a ser discriminadas, por pertencerem a um grupo. No primeiro caso, a ação é reparatória; no segundo, é preventiva, ou seja, procura evitar que indivíduos de certos grupos de risco tenham seus direitos alienados. As duas noções ilustram a evolução do nosso conhecimento sociológico sobre causas sociais e sobre os modos de operação das estruturas sociais. Mas, para a teoria jurídica, é muito difícil aceitar probabilidades estatísticas como fatos, ainda que elas se aproximem de 1. Voltarei a isso adiante.

Ao ocultar a novidade do sentido moderno da ação afirmativa, Jones o reduz à justificativa clássica para sua implantação nos Estados Unidos — o de uma reparação pelos três séculos e meio de escravidão e de segregação a que os negros estiveram submetidos. A inspiração foi encontrada tanto nas compensações pagas aos nipo-americanos encarcerados em campos de concentração durante a Segunda Grande Guerra, quanto nas reparações aos sobreviventes do Holocausto.

A discussão americana toma, pois, o rumo que apontamos acima. A diferença entre a antiga e a nova forma de ação afirmativa é traçada em termos de aplicar-se a indivíduos enquanto tais ou enquanto membros de grupos. Por isso mesmo, boa parte do debate sobre as ações afirmativas e sua jurisprudência revolve-se sobre os seguintes pontos: é necessário comprovar ou não uma discriminação sofrida por parte do réu? Está a ação afirmativa devidamente definida, circunscrita e precisa, de modo a não ferir direitos de terceiros? Assim por diante. A razão é simples, e já foi apontada por Lipset. É preciso manter uma coerência estrita entre os valores que sustentam essas ações afirmativas e os que orientam os demais direitos dos indivíduos. Para isso, elas precisam ser definidas como ações que corrigem distorções no sistema de alocação por mérito, assentando-se nos valores individualistas e "republicanos" que norteiam o direito civil ocidental.

Como se transitou, nos Estados Unidos, de uma acepção a outra da ação afirmativa? A resposta talvez esclareça muito sobre a polêmica atual.

Deve-se ter em mente que a legislação inicial dos direitos civis, promulgada na administração Kennedy-Johnson, era composta por leis que coibiam a segregação e a discriminação raciais, e que visavam, assim, criar as condições de igualdade de oportunidades educacionais, de vida e de trabalho entre todos os americanos. Eram leis e políticas que se coadunavam com o que Lipset chama de *ações compensatórias*, ou seja, "que compreendem medidas para ajudar grupos em desvantagem a se alinhar aos padrões de competição aceitos pela sociedade mais abrangente". São políticas com este espírito que Lipset contrasta com políticas que ele chama de *tratamento preferencial*, e para as quais o termo "ação afirmativa" passou a ser um codinome. Coerente com tal juízo de valor, Lipset define política de tratamento preferencial como aquelas que "envolvem a suspensão destes padrões [de competição], ao adotar cotas ou outros instrumentos que favo-

Argumentando pela ação afirmativa

recem cidadãos, com base em sua pertença a grupos, ao invés de em seu mérito individual" (Lipset, 1993: 210).

Jones lembra que as primeiras políticas públicas de ação afirmativa, com este sentido de tratamento preferencial, foram obra não de liberais ou de esquerdistas, mas da administração conservadora de Eisenhower, quando o então vice-presidente Richard Nixon presidia o programa executivo encarregado de coibir discriminações por parte de empresas com contratos governamentais. Diz Jones: "No seu relatório final ao presidente Eisenhower, Nixon identificou o problema. Não se tratava de pessoas más, guiadas por motivos perversos, que demonstravam intenção de discriminar suas vítimas, mas, ao contrário, que o sistema operava de um modo regular e inercial (*business-as-usual*), o que recriava os padrões do passado". Ou seja, para Jones, ações afirmativas que dão tratamento preferencial a minorias foram um produto da constatação da pouca eficácia da legislação e das políticas de cunho universalista e individualista, com vistas a quebrar o padrão inercial da discriminação nos Estados Unidos.

Interessante que, por volta dos anos 60, também a ciência social começa a abandonar os esquemas interpretativos que tomam as desigualdades raciais como produtos de ações (discriminações) inspiradas por atitudes (preconceitos) individuais, para fixar-se no esquema interpretativo que ficou conhecido como racismo institucional, ou seja, na proposição de que há mecanismos de discriminação inscritos na operação do sistema social e que funcionam, até certo ponto, à revelia dos indivíduos. Na ciência política, por exemplo, essa foi a época em que as análises clássicas de poder e dominação de Dahl e do próprio Lipset cederam lugar a análises sobre o "poder sistêmico", feitas por estudiosos como Barach e Baratz, Steven Lukes e outros.

De fato, parece ter sido a evolução do pensamento social, descobrindo e teorizando fenômenos sociais irredutíveis ao indivíduo, que conduziu a teoria do direito, e o próprio pensamento liberal, à busca de novas formas de compatibilização entre direitos individuais e restrições coletivas à ação individual.

Eu diria que a jurisprudência que se forma nos Estados Unidos, em torno da legalidade ou não de certas práticas de ação afirmativa, busca justamente construir pontes entre os direitos coletivos e os direitos individuais. O ponto central dessa jurisprudência, como já foi apontado, é a noção de reparação. Direitos de ação afirmativa constituem-se também, antes de tudo, em prevenção de direitos. Isto é, em ações cautelares, que garantem direitos com grande possibilidade de serem desrespeitados. Uma breve síntese do debate travado em torno dessas decisões será ilustrativo.

Em primeiro lugar, há um esforço, consciente, das Cortes para separar "ação afirmativa" de "cotas". Isso porque tal equivalência criaria, sem dúvida, problemas para um senso de justiça republicano e individualista. Tal equivalência, ao contrário, tem sido usada pelos conservadores e opositores da "ação afirmativa", que querem caracterizá-la como uma política distributivista, baseada em grupos. O problema da cota está justamente no fato de que ela ignora e contraria a noção de mérito e valor individual. Assim, independentemente do desempenho dos indivíduos, os recursos coletivos seriam alocados por grupos, de acordo com o seu peso proporcional na população total. Se tivermos 51% de mulheres e 10% de negros na população, então deveríamos ter, em consequência, iguais proporções de mulheres e de negros admitidos nas universidades, empregados nos diversos ramos da economia, e assim por diante. A injustiça de um sistema como este torna-se clara quando impede o acesso de pessoas a certos postos ou recursos baseado em características grupais (imagine-se alguém impedido de entrar numa universidade porque é negro, branco, mulher ou homem, apenas porque já se esgotaram as cotas destes grupos). Sua incoerência encontra-se na pressuposição de que a distribuição encontrada, não proporcional, é produto de mecanismos ilegítimos de discriminação, independentes de comprovação e da reivindicação dos grupos envolvidos.

Convém citar, a esse respeito, o voto da Ministra Sandra Day O'Connor, em *Local 28 of Sheetmetal Workers International Association vs. EEOC*:

"Para ser consistente com o estatuto, um contrato ou uma meta de contratação baseada em raça deve pretender servir meramente como um parâmetro para mensurar o cumprimento do Título VII e eliminar os efeitos remanescentes de discriminação passada, ao invés de estabelecer um requisito numérico rígido, que deva ser incondicionalmente cumprido, sob pena de sanção. Obrigar um empregador ou sindicato a utilizar determinada percentagem de postos com o emprego de membros de minorias ou de grupos, e fazê-lo sem prestar atenção a circunstâncias tais como condições econômicas ou número de candidatos minoritários qualificados que se oferecem, é impor uma cota inadmissível.

Em contraste, uma meta admissível requereria apenas um esforço bem-intencionado de parte do empregador ou sindicato para atingir um limite de variação compatível com a meta estabelecida".[82]

A distinção entre "cotas" e "metas" feita pela ministra da Suprema Corte parece ter o objetivo de resguardar o mérito individual, a qualificação de membros da maioria e a liberdade dos empregadores, ao tempo em que, também, resguarda os membros de minorias dos efeitos inerciais de discriminações passadas, entendidas como desvantagens temporárias em termos de desempenho.

Ora, a sobrerrepresentação de pessoas com uma mesma característica "naturalizada", em qualquer distribuição de recursos, deve ser investigada, não porque seja anormal, mas porque "sexo", "cor", "raça", "etnia" são construções sociais, usadas, precisamente, para monopolizar recursos coletivos. Ações afirmativas são políticas que visam afirmar o direito de acesso a tais recursos a membros de grupos sub-representados, uma vez que se tenham

---

[82] Justice Sandra Day O'Connor in 478 U.S. 421 (1986) *apud* Jones (1993: 359).

boas razões e evidências para supor que o acesso seja controlado por mecanismos ilegítimos de discriminação (racial, étnica, sexual). A atribuição de metas de redistribuição é apenas um recurso de correção de mecanismos bastante entranhados de discriminação, que impedem, por exemplo, que uma pessoa com certos atributos físicos ou culturais seja membro de diretorias ou admitida em algumas profissões, etc. Em qualquer caso, é necessário acreditar que existem mecanismos de discriminação atuando na distribuição observada; segundo, que existe vontade, por parte de indivíduos com tais atributos, de concorrer a esses postos; terceiro, que sua qualificação para o desempenho dessas funções não esteja aquém do que é, em geral, requerido. Ou seja, políticas afirmativas visam corrigir, e não eliminar, mecanismos de seleção por mérito, e garantir o respeito à liberdade e à vontade individuais.

Alguns fatores parecem importantes para que a Suprema Corte decida sobre a correção de um programa de ação afirmativa. A maior parte deles tem a ver com o escopo restrito e preciso que tais programas devem ter, assim como sua temporalidade. Assim, por exemplo, conta-nos Jones que "em *Wygant vs. Jackson Board of Education* [...] a prefeitura de Jackson e o sindicato de seus empregados negociaram um acordo de barganha coletiva que não apenas previa ações afirmativas em contratações, mas impedia a dispensa de professores membros de minorias. A maioria da Suprema Corte concluiu que a provisão de dispensa era inconstitucional porque não estava estritamente definida e porque mantinha níveis de contratação de membros de minorias incompatíveis com a meta de remediar a discriminação no emprego" (Jones, 1993: 357). O mesmo Jones refere-se ao voto dado em *United vs. Paradise*: "Para determinar se medidas conscientemente baseadas em raça são apropriadas, consideramos vários fatores, incluindo a necessidade da ação reparatória e a eficácia de medidas alternativas, a flexibilidade e duração da ação, a disponibilidade de cláusulas de desistência [*waiver*]; e o impacto da ação sobre o direito de terceiros" (Jones, 1993: 360).

No entendimento da Suprema Corte, no entanto, não se re-

Argumentando pela ação afirmativa

quer a demonstração de que a instituição pública ou privada que promova ações afirmativas esteja ou tenha estado, comprovadamente, implicada em casos de discriminação. "Seria suficiente que [se] demonstrasse que tal instituição era um participante passivo num sistema de exclusão racial praticado por outros elementos da economia" (Jones, 1993: 361).

Já se vê, portanto, que a posição de Lipset — contrária, por princípio, a ações afirmativas que explicitem atributos naturalizados, tais como etnia, raça, sexo, etc. — não se sustenta diante da tradição liberal americana, ela mesma constituída de exceções, seja na forma de reparos, seja na forma de privilegiamentos excepcionais.

Chegamos assim ao ponto nevrálgico da crítica de esquerda.

O MÉRITO COMO IDEOLOGIA

Vimos anteriormente que, pelas razões expostas por Lipset, os liberais americanos, ainda quando não neguem a realidade da discriminação racial ou sexual, preferem as políticas universalistas, chamadas *color-blind*, às políticas particularistas, chamadas *race--conscious*. A resposta mais consistente da esquerda e dos defensores da ação afirmativa tem sido defensiva, reagindo aos argumentos dos liberais. Por isso, talvez seja necessário resumir os argumentos contrários às ações afirmativas *race-conscious*.

Os argumentos contrários, listados por Lipset, são de que essas políticas: (1) contrariam o credo americano; (2) alienam dos negros possíveis aliados brancos, sobretudo entre a classe operária e entre os liberais; (3) fomentam atitudes racistas, à medida que identificam os negros como pessoas de baixo rendimento; (4) fortalecem politicamente os conservadores; (5) são prescindíveis, posto que medidas que aumentassem as chances de mobilidade social dos mais pobres teriam, ao fim e ao cabo, o mesmo efeito (possibilitar a ascensão de negros), sem incorrer no risco de balcanização social.

Ronald Dworkin (1985: 296), um defensor da ação afirmativa, identifica ainda outros três argumentos: (6) esses programas, que visavam diminuir a longo prazo a importância da raça nos Estados Unidos, prejudicam, mais que ajudam, a consecução deste objetivo; (7) tais políticas são estigmatizadoras dos grupos beneficiados; e (8) essas mesmas políticas ferem os direitos constitucionais daqueles que passam a ser excluídos, em consequência de sua aplicação (direito de ser julgado como pessoa e não como membro de uma coletividade), constituindo-se em uma discriminação ao reverso.

Respondendo a este último argumento, Dworkin (1985: 301) define a especificidade das discriminações raciais por terem "sido, historicamente, motivadas não por um cálculo instrumental qualquer, como no caso da inteligência, idade, distribuição regional, ou habilidade atlética, mas por causa do próprio desprezo pela raça ou religião excluídas. Exclusão por raça era, em si mesmo, um insulto porque era gerada por desprezo e o revelava". Essa especificidade da discriminação por raça invalida, segundo Dworkin, o argumento segundo o qual os excluídos dos recursos, em consequência de ações afirmativas, tenham sofrido discriminação racial. Referindo-se, em particular, ao queixoso Allan Bakke, que alegou discriminação racial, diante da Suprema Corte, por não ter sido admitido, devido ao sistema de cotas, na Escola de Medicina da Universidade da Califórnia/Davis, Dworkin (1985: 301) afirma: "Ele alega ter ficado fora da escola de medicina por sua raça. Quer ele dizer que ficou de fora porque sua raça é objeto de preconceito ou desprezo? Tal sugestão é absurda. A raça, no caso dele, não é diferente de outros fatores [que entram na avaliação da escola] (inteligência, idade, aparência) igualmente fora de seu controle. Não é diferente porque, no seu caso, sua raça não se distingue pelo caráter especial de insulto público".

Capital para entender o argumento de Dworkin (1985: 299) é a afirmação de que "não há nenhuma combinação de habilidades e qualidades e traços que constitua 'mérito' em abstrato". De fato, como o próprio Lipset admite, as universidades americanas utilizam, de modo sistemático, em seus processos seletivos, outros critérios para a admissão de alunos, além dos testes de conhecimento. Entre estes, os mais conhecidos são: serem filhos de benfeitores ou de membros do *alumni*; serem residentes regionais; terem habilidades esportivas; estarem numa certa faixa de idade; demonstrarem (por meio de entrevistas) habilidades específicas para algumas áreas do saber, etc. Do mesmo modo, no que se refere ao emprego, algumas exceções ao sistema de mérito são aceitas sem resistências, a principal delas sendo o emprego preferencial de veteranos de guerra.

No debate atual, para se contrapor à perspectiva ideal-típica de meritocracia, esposada tanto pelos conservadores quanto pelos liberais, os defensores da ação afirmativa voltam a se concentrar na crítica do mérito como ideologia. Não se trata, entretanto, de uma crítica dos valores individualistas *per si*, mas da ideia de que os valores estruturam ou orientam, sempre, ações específicas. Ao contrário, os valores, em geral, escondem e justificam ações diferentes das que explicitam. Por isso tanto Jones, quanto Dworkin, perguntam-se: "Afinal, o que é mérito?", "O que é uma pessoa melhor qualificada?", "Como determinar, sem sombra de dúvidas, o melhor qualificado?". Jones chega mesmo a dizer: "A crua realidade é que, virtualmente, nenhum sistema opera de maneira tão estrita[mente regulada]".

Ou seja, a primeira resposta dos defensores das ações afirmativas, que empregam critérios raciais explícitos, é que não existe, de fato, nenhuma esfera social que opere com base no puro mérito, se é que existe "puro mérito". Dworkin (1985: 295) parece mesmo se lamentar, ao dizer: "Nós não conseguimos reformar a consciência racial de nossa sociedade por meios racialmente neutros". Logo adiante, responde aos liberais, afirmando: "Diz--se que numa sociedade pluralista, a pertença a um grupo particular não pode ser usada como critério de inclusão ou exclusão de benefícios. Todavia, a pertença grupal é, como matéria de realidade social e não de padrões formais de admissão, parte do que determina inclusão e exclusão, atualmente, entre nós".

A defesa em torno da validade moral de ações afirmativas conduziu, como deixam antever essas citações, a duas posições: por um lado, há aqueles que defendem as ações afirmativas, baseando-se na ideia de mérito, de igualdade de oportunidades, no credo individualista, enfim; e, por outro lado, há aqueles que as defendem a partir de uma ética política, que abomina tanto a meritocracia, quanto o individualismo.

Essa última posição é muito bem representada por Duncan Kennedy (1995), que chama a posição liberal de "fundamentalismo meritocrático". Para contrapor-se ao que ele julga ser uma ideologia do mérito, Kennedy (1995: 162) argumenta: "No caso da ação afirmativa, assim como no que se refere ao voto e à liberdade de expressão, o objetivo é político e prévio à realização de ilustração ou à recompensa de 'mérito', tal como determinado pelas instituições existentes. O valor em causa é a comunidade, e não a capacitação individual". Para Kennedy, o valor supremo a ser perseguido é, portanto, a representação da diversidade cultural e comunitária, em todos os âmbitos da vida pública. Partindo da convicção de que as desigualdades entre os seres humanos é, hoje, produto de formas de subordinação política e cultural, Kennedy acredita que apenas a ampliação do âmbito das ações afirmativas poderia garantir a preservação e o desenvolvimento da diversidade cultural.

Caudatária dessa discussão, forma-se, nos dias de hoje, nos Estados Unidos, uma grande controvérsia em torno da existência ou não de uma nova forma de racismo, mais sutil que a antiga, por não se explicitar, e pergunta-se se este novo racismo é responsável pelo ataque às conquistas dos negros americanos nos últimos trinta anos.

Paul Sniderman e Thomas Piazza (1993) sublinham corretamente que, na tese do "novo racismo", o mais importante é a afirmação de que, hoje, nos Estados Unidos, o sentimento contra os negros anda a par com os valores tradicionais que formam o que Myrdal chamou de "credo americano", ou seja, uma constelação de valores baseados na ética do trabalho, no individua-

Argumentando pela ação afirmativa

lismo e na autoconfiança. Foi para negar essa tese e reafirmar a velha teoria de Adorno, de que o racismo anda sempre junto com valores autoritários, que Sniderman e Piazza escreveram *The Scar of Race*.[83] Nesse livro, Sniderman e Piazza pretendem estabelecer três teses. Primeiro, que o racismo existente, hoje, nos Estados Unidos, não tem a sutileza atribuída pela tese do "novo racismo", e se apoia nos mesmos velhos valores autoritários. Segundo, que a oposição às ações afirmativas é generalizada na opinião pública americana branca, mas essa oposição não se estende a outras políticas públicas que beneficiam os negros. Terceiro, que "o preconceito racial já não organiza e domina as reações dos brancos; já não faz com que um grande número deles se oponha a políticas públicas para a assistência de negros". O que conta agora são "os objetivos da política e como ela se propõe a realizá-los" (Sniderman e Piazza, 1993: 5).

Em resumo, os que defendem as ações afirmativas argumentam que: (1) são a melhor forma de corrigir distorções nos mecanismos de alocação de recursos por meio da competição por mérito; posto que (2) as políticas universalistas [*equal opportu-*

---

[83] Interessante notar que a conceituação do "novo racismo", nos Estados Unidos, não guarda semelhança com o modo como é definido na Europa, conservando desse apenas o nome. O que se chama de "novo racismo", na Europa, define-se como o emprego de categorias culturais de exclusão e discriminação em vez de categorias biológicas. Tais categorias culturais, longe de terem o caráter dinâmico e aberto que caracteriza os conceitos sociais, são empregadas de modo fechado e estático, à maneira da categoria de raça. Nos Estados Unidos, ao contrário, o "novo racismo" estaria mais próximo do racismo à brasileira, no qual categorias biológicas são ainda utilizadas para discriminar e excluir, mas tais categorias não são reconhecidas ou confessadas, escondendo-se sob codinomes, alusões e figurações. No Brasil, mas não nos Estados Unidos, a marca principal desse racismo é que, em vez de categorias culturais, como religião ou valores, serem consideradas irredutíveis e irremovíveis, é uma categoria econômica — a classe ou a posição econômica — que é considerada responsável pela discriminação ou exclusão social.

180　　　　　　　　　　　　　　　　　　　Tomando partido

nities policies], advogadas pelos liberais, não rompem os mecanismos inerciais de discriminação e exclusão; (3) elas servem de reparação a injustiças passadas; (4) proveem *role models* de êxito profissional para negros que, de outro modo, não teriam em quem se espelhar na busca de ascensão social; (5) a resistência a essas políticas deve-se menos a um eventual conflito com o "credo americano", que ao ressurgimento de uma forma mais sutil de racismo; (6) a alocação de bens e serviços opera, em grande parte, ainda que de modo não declarado, por meio de pertenças grupais; (7) nenhum tribunal americano considerou, até hoje, inconstitucional a operação de políticas que usam explicitamente o critério racial.

Com isso, chegamos à segunda parte deste capítulo. Antes, porém, de passar a resenhar o debate que se trava no Brasil, resumo, no quadro 2, os argumentos *contra* e *a favor* das ações afirmativas no debate norte-americano.

Quadro 2
ARGUMENTOS ESGRIMIDOS
NO DEBATE NORTE-AMERICANO
SOBRE AÇÕES AFIRMATIVAS

CONTRA	A FAVOR
Contrariam o credo americano no mérito individual, demonstrado na competição, a partir de oportunidades iguais.	São a melhor forma de corrigir distorções nos mecanismos de alocação de recursos, através da competição por mérito.
Alienam os aliados brancos na classe operária e entre os liberais.	Raça é um dos critérios reais, embora não declarados, usados seja na alocação de recursos, seja na política.
Fomentam atitudes racistas.	Estão sob ataque de formas mais sutis de racismo.
Medidas universalistas teriam o mesmo efeito.	Medidas universalistas não rompem os mecanismos inerciais de exclusão.

Argumentando pela ação afirmativa

CONTRA	A FAVOR
Prejudicam, mais que ajudam, o objetivo de diminuir a importância da raça.	Entre prós e contras, são ainda as políticas mais eficientes.
São estigmatizadoras dos grupos beneficiados.	Proveem *role models* de êxito profissional para negros.
Ferem os direitos constitucionais daqueles que passam a ser excluídos em consequência de sua aplicação.	Nenhum tribunal americano considerou, até hoje, inconstitucional a operação de políticas que usam critérios raciais explícitos.

A DISCUSSÃO BRASILEIRA

É ainda incipiente a discussão brasileira sobre políticas públicas com o fito específico de beneficiar os afro-brasileiros. Na verdade, o debate tem-se limitado a entidades do movimento negro e a alguns espaços acadêmicos, ampliando-se para um público mais diversificado apenas há pouco, por iniciativa do governo federal. Discussões anteriores são raras e episódicas.[84]

No Brasil, até agora, os argumentos contrários a ações afirmativas tomam três direções. Primeiramente, para alguns, as ações afirmativas significam o reconhecimento de diferenças étnicas e raciais entre os brasileiros, o que contraria o credo nacional de que somos um só povo, uma só raça. Em segundo lugar, há aqueles que veem em discriminações positivas um rechaço ao princípio universalista e individualista do mérito, princípio que deve ser a principal arma contra o particularismo e o personalismo, que ain-

---

[84] Além das iniciativas de introduzir legislação afirmativa por parte de congressistas, como Abdias do Nascimento, Florestan Fernandes e Benedita da Silva, tenho conhecimento de apenas um posicionamento anterior aos anos 70, da escritora Rachel de Queiroz. Ver nota seguinte.

da orientam a vida pública brasileira; finalmente, para outros, não existem possibilidades reais, práticas, para a implementação dessas políticas no Brasil. Examinemos cada uma dessas constelações de argumentos.

Em 11 de novembro de 1968, os *Diários Associados* publicaram uma carta aberta da escritora Rachel de Queiroz, dirigida ao então Ministro do Trabalho, Jarbas Passarinho.[85] Nessa carta, a escritora reage, indignada, ao comentário de técnicos daquele Ministério a uma reportagem jornalística sobre a discriminação racial no mercado de trabalho brasileiro. Os técnicos afirmavam, então, através do *Jornal do Brasil*, serem favoráveis a uma lei que "poderia estabelecer, por exemplo, que certas empresas seriam obrigadas a manter em seus quadros 20% de empregados de cor, outras 15%, outras 10%, conforme o ramo de suas atividades e respectivo percentual de demanda". A indignação de Rachel de Queiroz tem uma razão principal, que ela expressa da seguinte forma:

> "Pois na verdade o que não se pode, Sr. Ministro, é pactuar com o crime, discutir com a discriminação, reconhecer a existência da discriminação. [...] E eu digo mais: é preferível que continue a haver discriminação encoberta e ilegal, mesmo em larga escala, do que vê-la reconhecida oficialmente pelo governo — já que qualquer regulamentação importaria num reconhecimento".

O ponto de vista de Rachel de Queiroz, ainda que expresso de modo mais veemente e polêmico que a média, era e ainda é compartilhado por amplos setores da sociedade brasileira, principalmente aqueles mais intelectualizados. Entre os cientistas so-

---

[85] Devo a Jocélio Teles dos Santos o conhecimento deste documento. Rachel de Queiroz, "Carta aberta ao ministro Jarbas Passarinho", *Diário de Notícias*, Salvador, 10 e 11/11/1968, p. 4

Argumentando pela ação afirmativa

ciais, por exemplo, tornou-se comum, desde o pós-guerra, o banimento da palavra "raça" dos textos científicos ou mesmo eruditos, substituída pelo termo "etnia", como forma de negar qualquer existência às raças, e evitar que seu emprego constitua uma realidade racista. Na verdade, porque o antirracismo da época tinha como objetivo extirpar o racismo por meio da negação da existência empírica das raças, fazia sentido combater a discriminação racial, como queria Rachel de Queiroz, através da polícia e do Serviço Nacional de Informação, reconhecendo-o no código penal, mas sem reconhecê-lo nas políticas públicas. Estar-se-ia assim, pensava-se, combatendo e extirpando o mal pela raiz.

Essa versão romântica de antirracismo se escudava, e se escuda, ainda hoje, numa visão também romântica da sociedade brasileira. Visão que Rachel de Queiroz expressou do seguinte modo: "Como é que a gente vai distinguir entre nós quem é negro e quem não o é? Nos Estados Unidos, na África do Sul, há uma rígida linha de cor: nesses lugares se considera negro quem não é cem por cento branco. Aqui, a tendência é considerar branca toda pessoa que não for ostensivamente de cor. A maioria esmagadora da nossa população é constituída de mestiços: somos realmente um país de mestiços. E esses mestiços todos, como é que seriam enquadrados?".

A negativa em reconhecer a existência formal da discriminação racial, quando ela é denunciada e comprovada, transmuda-se, assim, na afirmação de que ela não pode existir porque não somos brancos, porque somos todos mestiços. Este consenso nacional, todavia, não resiste a um exame mais detalhado.

Ora, se não somos brancos, por que "consideramos 'branca' toda pessoa que não é ostensivamente de cor"? Classificamos ou não as pessoas por sua cor? Consideramos ou não algumas pessoas "brancas" e outras pessoas "negras"? Discriminamos ou não discriminamos as pessoas em termos de cor? Tudo se passa, nessa versão romântica do antirracismo, como se se quisesse negar uma realidade na qual, no íntimo, acredita-se: declara-se que as raças não existem, mas usa-se a classificação de "negros" e "brancos" dos Estados Unidos, como se esta fosse uma classificação racial verdadeira, como se os brancos americanos não fossem, eles próprios, também mestiços; como se eles fossem puros, "cem por cento" brancos. Apenas nossos brancos é que seriam mestiços e, por isso, seriam considerados "negros" nos Estados Unidos.

Na verdade, é contra essa classificação "odiosa", que nos transformaria, a todos, em negros, que se levanta a nossa indignação, negando as raças e, ao mesmo tempo, a possibilidade de haver discriminação entre nós. Mas que "nós" é este, caberia perguntar? Quem se inclui neste "nós"? Aparentemente todos os que "não são ostensivamente de cor". Mas alguém pode definir, com objetividade, quem são eles? Certamente não. Por isso, para não bagunçar de vez, portanto, com uma classificação tão permissiva — porquanto permite, sustenta e nega as discriminações de cor — o melhor é não expressá-la, não estudá-la, não pronunciá-la, não formalizá-la.

Uma segunda constelação de argumentos se cristaliza, assim como nos Estados Unidos, em torno da defesa do ideal de igualdade de tratamento e de alocação de recursos segundo o mérito, que poderia ser sacrificado por políticas de ação afirmativa. Lá, como aqui, os argumentos contrários arguem a inconstitucionalidade ou a incorreção moral de tais políticas. Entre nós, do ponto de vista jurídico-normativo, temos poucas, mas sólidas defesas da constitucionalidade de legislação que use discriminações positivas. Marcelo Neves (1996) sintetiza assim a discussão feita por Celso Antonio Bandeira de Mello (1993) acerca do conteúdo jurídico do princípio da igualdade: "Numa perspectiva rigorosamente positivista, Bandeira de Mello enfatiza que o princípio constitucional da isonomia envolve discriminações legais de pessoas, coisas, fatos e situações. Discute, então, quando discrímenes se justificam sem que o princípio vetor seja deturpado. E aponta três exigências: a presença de traços diferenciais nas pessoas, coisas, situações ou fatos; correlação lógica entre fator discrímen e desequiparação procedida; consonância da discriminação com os interesses e valores protegidos na Constituição" (Neves, 1996: 262).

Argumentando pela ação afirmativa

Marcelo Neves segue, então, esses parâmetros para verificar que *"quanto mais se sedimenta historicamente e se efetiva a discriminação social negativa* contra grupos étnico-raciais específicos, principalmente quando elas impliquem obstáculos relevantes ao exercício de direitos, *tanto mais se justifica a discriminação jurídica positiva* em favor dos seus membros, pressupondo-se que esta se oriente no sentido da integração igualitária de todos no Estado e na sociedade". Neves (1996: 263) conclui, enfim, que "as discriminações legais positivas em favor da integração de negros e índios estão em consonância com os princípios fundamentais da República Federativa do Brasil, estabelecidos nos incisos III e IV do seu artigo 3º".

Sérgio da Silva Martins (1996: 206), no mesmo diapasão, lembra que "a Constituição de 1988 inaugurou na tradição constitucional brasileira o reconhecimento da condição de desigualdade material vivida por alguns setores e propõe medidas de proteção, que implicam a presença positiva do Estado". Martins invoca ainda o Programa Nacional de Direitos Humanos, que propõe "desenvolver ações afirmativas para o acesso de negros aos cursos profissionalizantes, a universidades e às áreas de tecnologia de ponta", como reconhecimento oficial de politicas de combate à discriminação racial, pelo governo brasileiro. E aponta para as Convenções Internacionais, das quais o Brasil é signatário (sobre a Discriminação em Emprego; Discriminação no Ensino e sobre a Eliminação de Todas as Formas de Discriminação), como possíveis justificativas jurídicas de constitucionalidade da discriminação positiva.

Não resta dúvida, portanto, de que, a exemplo do que sucede nos Estados Unidos, é possível demonstrar a correção moral e a justeza constitucional de políticas de ação afirmativa também no Brasil. Lá, como aqui, entretanto, o que parece estar em jogo é muito mais do que os princípios constitucionais ou éticos que devem orientar a vida pública: é o próprio sentido da nação e de seus cidadãos, ou seja, é a vida pública mesma que está em questão — quem somos "nós", os protegidos pelas leis e pela ação do Estado?

Finalmente, a terceira constelação de argumentos é de ordem histórica e empírica.

Comecemos pelo seguinte raciocínio político: a sociedade brasileira, até hoje, não conseguiu se constituir como uma verdadeira sociedade de classes, sustentada por mecanismos impessoais de mercado e regras de convivência baseadas em padrões de formalidade, universalidade e impessoalidade. Nesse quadro, o principal objetivo político seria, justo, o fortalecimento de mecanismos universais e de mérito, de modo a coibir as práticas personalistas, clientelistas, particularistas, etc. Ora, dada essa premência, nada mais errôneo do que advogar políticas de escopo particularista, em detrimento de políticas de cunho universalista e de maior abrangência social. Márcia Contins e Luiz Carlos Santana (1996: 220) expressam essa preocupação do seguinte modo: "Já no caso brasileiro, um contexto marcadamente hierárquico e avesso aos princípios modernos do igualitarismo, os efeitos daquela política [ação afirmativa] poderiam representar mais uma volta no parafuso, favorecendo, ao invés de inibir, essa dimensão hierarquizadora de nossas relações".

Tal preocupação casa-se, à perfeição, com uma constatação óbvia: as maiores desigualdades raciais, no Brasil, poderiam ser facilmente revertidas por meio de políticas universalistas de combate à pobreza, posto que a maioria dos negros está situada na faixa de pobreza. Políticas de educação de massa, saneamento básico, habitação popular, emprego e distribuição de terras sem dúvida beneficiariam, proporcionalmente, mais os negros que os brancos. E não me contenho em acrescentar: tal como aconteceu na Cuba revolucionária.[86]

A ironia não é gratuita. Em realidade, o caráter individualista das ações afirmativas, o fato de se restringirem seus beneficiários a relativamente poucos, sem alcançar a massa da população negra mais pobre, tudo isso as torna antipáticas a alguns se-

---

[86] Ver, a respeito, Fuente (1995).

tores do movimento negro. Contins e Santana (1996: 217-8) documentaram muito bem essa reação em suas entrevistas. Eles dizem, sobre a discussão corrente no movimento negro: "De um modo geral, o debate centra-se na afirmativa de que esses sistemas discriminatórios apenas criariam uma 'elite negra' e não resolveriam a questão do racismo de uma maneira eficaz". E, mais adiante, reproduzem a fala de um militante sindicalista negro, que diz: "A cota e a ação afirmativa impõem-se em países do hemisfério sul, mas apenas tapam o sol com a peneira, porque as questões de fundo, as mais importantes, não são tocadas".

Outro grande argumento, brandido por quase todos, é de ordem prática: como implementar políticas afirmativas, se não temos uma classificação racial (ou de cor) rígida e bem estabelecida? Quem seriam os beneficiários dessas políticas? E mais: dada a distribuição desigual da população negro-mestiça e indígena no território nacional, como nuançar essas disparidades regionais?

Passo a analisar esses argumentos. Em primeiro lugar, há de se ter, muito claro, que aquilo que se pode chamar, em geral, de "políticas públicas para a ascensão social de populações negras", ou "ações afirmativas" *tout court* não se resume a um tipo especial e particular de política, baseada em "metas" a cumprir, ou cotas a preencher. É óbvio que políticas que envolvem o acesso ao ensino superior, a posições de direção em empresas e autarquias, a contratos públicos de prestação de serviços ou fornecimento de material, etc. só podem beneficiar uma parcela restrita da população negra, justamente aquela que tem qualificação e capacitação requeridas para tais postos, lugares ou contratos. É óbvio também que, beneficiando poucos, tais políticas venham a afetar muito mais o perfil e o tamanho da classe média negra que o nível de vida da maioria da população negra e pobre do país. Políticas como essas devem estar ancoradas em políticas de universalização e de melhoria do ensino público de primeiro e segundo graus em políticas de universalização da assistência médica e odontológica, em políticas sanitárias, enfim, numa ampliação da cidadania da população pobre.

Não deve haver dúvidas, portanto, de que não se podem elaborar políticas de ação afirmativa sem que estas estejam respaldadas por políticas de ampliação dos direitos civis, tal como aconteceu nos Estados Unidos. O que está em questão, portanto, não é uma alternativa simples, diria mesmo simplista, entre políticas de cunho universalista *versus* políticas de cunho particularista. O que está em jogo é outra coisa: devem as populações negras, no Brasil, satisfazer-se em esperar uma "revolução do alto", ou devem elas reclamar, de imediato e *pari passu*, medidas mais urgentes, mais rápidas, ainda que limitadas, que facilitem seu ingresso nas universidades públicas e privadas, que ampliem e fortaleçam os seus negócios, de modo que se acelere e se amplie a constituição de uma "classe média" negra?

Não preciso repetir a justificativa e o respaldo moral, ético e constitucional para tal pleito. Também não acho que se sustente, pelo menos no plano lógico, o argumento de que políticas de exceção (de discriminação positiva), que reafirmem normas universalistas (de não discriminação), acabem por minar a universalidade dessas normas. Afinal, todos os países democráticos têm aberto exceções para proteger e beneficiar parte de seus cidadãos, sem que tenham, com isso, diminuído sua convicção democrática. Pense-se, por exemplo, nas medidas que beneficiam os habitantes de certas regiões, os veteranos de guerra, as mulheres, os povos indígenas, etc. A questão, portanto, deve ser: merecem os negros ser incluídos entre os beneficiários de tais medidas?

Essa questão foi entendida e corretamente levantada por dois participantes de um recente debate sobre o tema, organizado, no Rio de Janeiro, pela revista *Estudos Feministas*. Edward Telles (1996: 194) apontou, com elegância, para a pouca importância com que tratamos o racismo no Brasil, ao dizer: "No Brasil, o racismo é apenas um dos problemas não resolvidos da democracia, em meio a muitos outros, e a raça ainda não é considerada um elemento central na construção das desigualdades". Sérgio da Silva Martins (1996: 203) foi mais direto: "[...] podemos afirmar que não há um consenso substancial na sociedade brasileira sobre a desigualdade racial, premissa fundamental para ensejar a adoção de políticas afirmativas".

Entretanto, há ainda aqueles que, embora reconhecendo que os negros são discriminados e merecedores de políticas compensatórias, creem que tais medidas não têm viabilidade histórica e não seriam eficazes. Deixem-me, portanto, começar a responder a esses últimos.

Um argumento sempre repetido, desde que se discutiu, pela primeira vez, a possibilidade de ações afirmativas entre nós, é que não poderíamos, com precisão, definir quem é negro no Brasil e, portanto, quem seria o beneficiário de tais políticas. Já vimos uma versão romântica desse argumento, que me parece insustentável, posto que confunde identidades raciais realmente existentes — ou seja o modo como as pessoas se definem e são definidas, em termos de cor, no Brasil — com identidades pseudocientíficas ou identidades raciais usadas em outros contextos culturais. Para me contrapor a essa argumentação romântica, repito o que disse anteriormente. Algo acaciano. Uma política compensatória só tem razão de ser se a população beneficiária compensa por meio dela uma situação, mais geral, de desvantagem e desprestígio. Tal política compensatória, porque tem um âmbito limitado de validade, não anula a situação desprivilegiada que visa corrigir pontualmente: quem gostaria de ser negro toda a vida para se beneficiar, na adolescência, de regras privilegiadas de ingresso a universidades? Todos sabem que quando um grupo de caboclos resolve reivindicar sua ancestralidade indígena, para regularizar suas terras, está, por este ato, passando a se relacionar, pelo resto da vida, com o governo brasileiro numa situação de tutelagem. Poderia ampliar *ad infinitum* os exemplos.

O argumento que me parece mais importante é aquele que lembra também o óbvio: como pode um Estado que não identifica racialmente seus cidadãos beneficiar os cidadãos negros? Hoje, no Brasil, a identificação da raça ou da cor só é feita por muito poucas agências e não consta dos principais documentos fornecidos pelo Estado, tais como a cédula de identidade, a carta de habilitação para dirigir, a carteira de trabalho, etc. Neste contexto, faz sentido perguntar-se como se poderá fazer uma distribuição justa de determinados bens entre os que eventualmente se considerem negros. E retornamos, assim, a um ponto crucial, ao ponto que atingiu os brios de Rachel de Queiroz, em 1968: tais políticas compensatórias significam o reconhecimento, amplo e universal, de raças ou cores pelo Estado. Algo que fere, até hoje, o âmago da nossa nacionalidade imaginada.

O argumento acerca do obstáculo que representaria a distribuição desigual da população negro-mestiça sobre o território nacional, este não me parece sólido. Por um lado, ele se sustenta, a meu ver, numa concepção ainda essencialista ou biológica de raça. Ora, aquilo que define a identidade negra varia regionalmente e, portanto, um "negro da Bahia" pode ter características fenotípicas diferentes das de um "negro de Porto Alegre". Não há problema em que a definição de raça ou cor varie regionalmente. Raça e cor não são algo objetivo e real, em si mesmas, apenas demarcam situações reais de discriminação. Mas pode-se argumentar que a população negra poderia vir a se constituir numa maioria demográfica, ao menos em certos lugares. Como ficaria, então, a aplicabilidade de políticas desenhadas para compensar minorias? Acho essa hipótese implausível: a região onde existe um maior número de pessoas que se declaram "pretas" é Salvador, com apenas 15,6%.[87] Não há nada que me diga que os 64,9% que se declaram "pardos", nessa cidade, queiram, ou venham a querer, no futuro, ser negros. E no dia em que a maioria dos 80% de pardos e pretos se identificar como negros e tiver acesso regular às universidades, por exemplo, não haverá mais necessidade de políticas de ação afirmativa.

Outra variante desse argumento diz que, no Brasil, a maioria da população é negro-mestiça e, portanto, não haveria neces-

---

[87] Dados da Pesquisa Nacional de Amostragem por Domicílio (PNAD), referentes a 1995.

sidade de ações afirmativas, mas sim de ações universalistas de ampliação da cidadania. Creio ter demonstrado que tal afirmativa é falsa: não podemos classificar a maioria da população brasileira como "negra", porque não é assim que ela se define e se identifica racialmente. A verdade é que muito poucos querem ser (ou não podem deixar de ser) negros ou pretos e a estes, os mais discriminados, são dirigidas as políticas de ação afirmativa.

O quadro abaixo resume os principais argumentos da discussão travada, até aqui, no Brasil, sobre ações afirmativas para populações negras.

Quadro 2
ARGUMENTOS ESGRIMIDOS
NO DEBATE BRASILEIRO
SOBRE AÇÕES AFIRMATIVAS

CONTRA	A FAVOR
Significam o reconhecimento de raças e distinções de raças no Brasil e isso contraria o credo brasileiro de que somos um só povo, uma só nação.	Raça é um dos critérios reais, embora não declarados, de discriminação, utilizados em toda a sociedade brasileira; para combatê-lo, é mister reconhecer sua existência.
Não se pode discriminar positivamente, no Brasil, porque não há limites rígidos e objetivos entre as raças.	Esses limites não existem em nenhum lugar; o que conta, na discriminação, tanto positiva quanto negativa, é a construção social da raça (identificação racial).
A indefinição dos limites raciais, no Brasil, ou a ausência de tradição de identificação racial daria margem a que oportunistas se aproveitassem da situação.	Esse risco é real. Políticas de ação afirmativa requerem reconhecimento oficial das identidades raciais. No entanto, a discriminação positiva, por ser pontual, não pode reverter, a curto prazo, a estrutura de discriminação existente; por isso, o oportunismo esperado seria mínimo.

CONTRA	A FAVOR
Medidas universalistas teriam o mesmo efeito.	Medidas universalistas não rompem os mecanismos inerciais de exclusão.
Não há, na sociedade brasileira, consenso sobre a desigualdade social provocada por diferenças de cor e raça.	Tais políticas poderiam ajudar a legitimar esse consenso.
Reforçariam práticas de privilegiamento e de desigualdade hierárquica.	Teriam o efeito contrário: ao inverter a desigualdade, poriam a nu o absurdo da ordem estamental.
Ferem os direitos constitucionais daqueles que passam a ser excluídos em consequência de sua aplicação.	Não há base legal para demonstrar a inconstitucionalidade de políticas de ação afirmativa.

CONCLUSÕES

O que se pode concluir deste debate? Para mim, é importante salientar alguns pontos, sequer tocados no debate brasileiro.

Em primeiro lugar, políticas públicas que utilizam discriminação positiva são impopulares em todo o mundo ocidental — na Europa e nas Américas. Ainda que se demonstre, por meio de argumentos sólidos, a compatibilidade dessas políticas com os ideais universalistas e individualistas, o fato é que a maioria das populações brancas se opõe a elas. Isso é fato.

Em segundo lugar, não me parece demonstrável a tese segundo a qual a oposição dos brancos a tais políticas deriva de um "novo racismo", velado e sustentado em valores individualistas. Creio que o livro de Sniderman e Piazza é rico em demonstrações em contrário: embora os racistas sejam ao mesmo tempo opositores a essas políticas, não são a maioria.

Em terceiro lugar, não me parece correto, nem como estratégia, nem como pensamento, atacar os valores universalistas e individualistas que sustentam as democracias ocidentais, pelo fato

Argumentando pela ação afirmativa

de que essas sociedades continuam abrigando particularismos e favorecimentos discriminatórios. Imaginar uma sociedade proporcionalista ou coletivista me parece, neste momento, um projeto de engenharia social, sem base em qualquer realidade concreta. Transferir para utopias — sejam proporcionalistas (representação étnica proporcional em todas as esferas da vida social), sejam socialistas (fim de todas as desigualdades sociais, inclusive raciais), ou ainda populistas (um grande e imediato esforço de ataque às desigualdades sociais em geral) — a responsabilidade de agir positivamente em relação à população afro-brasileira seria eximir--se dessa responsabilidade. O que precisamos é agir por meio de políticas viáveis e eficientes, aqui e agora.

Feitas essas três observações, gostaria de chamar a atenção para o que me parece uma mudança significativa do antirracismo mundial, nos meados dos anos 90, que parece estar na raiz da resistência de alguns intelectuais brasileiros às políticas de discriminação positiva.

Todos sabemos que o racismo científico é ainda um cadáver recente (alguns duvidariam se é mesmo um cadáver). Apesar do esforço, patrocinado pela UNESCO no pós-guerra, para desmistificar e denunciar o caráter pseudocientífico e ideológico das teorias e categorias raciais, estas e a própria ideia de raça não desapareceram nem da mente das pessoas, nem (o que é mais grave) muito menos deixaram de ser utilizadas pelas ciências exatas e sociais. Nas ciências sociais, a não utilização de categorias raciais, por meio do uso abusivo de aspas, para denotar ser raça uma categoria nativa ou socialmente construída, perdeu o sentido no momento em que se percebeu, por meio da crítica desconstrutivista, que, afinal de contas, as noções mais imediatas, como "cor da pele" ou "tipo de cabelo", não têm realidade natural diferente da noção de "raça". Nas ciências exatas, raça continua a ser utilizada da mesma maneira essencialista e naturalista que fora antes utilizada em pesquisas das ciências biológicas.

Tudo isso parecia inocente até o momento em que o uso da noção de raça voltou a fazer parte do discurso político, à direita e à esquerda, nos movimentos racistas e antirracistas, igualmente. Isso está fazendo com que alguns cientistas sociais voltem aos ideais do antirracismo dos anos 40 e 50, e preguem o banimento das categorias raciais não só do discurso político, mas, sobretudo, do discurso das ciências sociais.

Ainda que eu compreenda os motivos e concorde com os objetivos que movem tais intelectuais, não posso, ainda assim, concordar com essa atitude. Primeiro, porque a estratégia que eles propugnam já foi tentada, respaldada pela ONU, e não deu certo; segundo, porque ela pode incorrer num certo imobilismo político nas ciências sociais — afinal a realidade mais candente, neste fim de século, está articulada às recriações de identidades sociais particulares. Parece-me, ao contrário, que a agenda antirracista precisa, em vez de banir a palavra, construir e vulgarizar um conceito propriamente sociológico de raça, que desloque do imaginário erudito o conceito biológico de raça. Falo, de propósito, em "imaginário erudito" e não em imaginário social, porque estou certo de que, neste último plano, o fenômeno de naturalização e essencialização dos conceitos é algo irreversível, algo que, para parafrasear Collete Guillaumin (1992), faz parte do instrumental de qualquer tecnologia de dominação.

Para concluir, quero reiterar o que considero, em verdade, problemático na aplicação de políticas de ação afirmativa no Brasil.

Em capítulos anteriores deste livro, ficou claro que a discriminação racial, no país, está atrelada a formas estamentais de discriminação, i.e., a discriminações baseadas no pressuposto de privilégios naturais para grupos e classes de pessoas. A naturalização das desigualdades raciais, a subsunção das pessoas às suas redes de relações, a subordinação dos direitos das pessoas ao direito de propriedade,[88] tudo isso faz com que a discriminação racial, no Brasil, não seja percebida como um fator decisivo de bloqueio à

---

[88] Hipótese empregada por Sérgio Adorno (1995) para explicar o descalabro da violência no Brasil urbano.

igualdade de oportunidades dos negros nesta sociedade. Na verdade, para todos, é essa desigualdade inicial dos cidadãos diante da lei e da autoridade que parece — e é, de fato — o fator decisivo no jogo social de discriminação e subordinação. Este é o núcleo verdadeiro da afirmativa vulgar de que não temos uma questão racial no Brasil, mas uma questão de classe. Essa afirmativa está assentada na percepção correta de que não somos todos iguais, nem tratados como iguais.

Nosso grande desafio como nação, portanto, é não cair numa paralisia, a um só tempo relativista e fatalista, ou seja, não aceitar, como traço definidor da nação aquilo que criticamos. Não podemos continuar a dispensar um tratamento formalmente igual aos que, de fato, são tratados como pertencendo a um estamento inferior. Políticas de ação afirmativa têm, antes de mais nada, um compromisso com o ideal de tratarmos todos como iguais. Por isso, e só por isso, é preciso, em certos momentos, em algumas esferas sociais privilegiadas, que aceitemos tratar como privilegiados os desprivilegiados.

7.
AINDA AÇÕES AFIRMATIVAS:
DESIGUALDADE CONTRA DESIGUALDADE[89]

Apesar de não parecer claro ao senso comum, o princípio da ação afirmativa encontra seu fundamento na reiteração do mérito individual e da igualdade de oportunidades como valores supremos: a desigualdade de tratamento no acesso aos bens e aos meios justifica-se, apenas, como forma de restituir a igualdade de oportunidades, e, por isso mesmo, deve ser temporária em sua utilização, restrita em seu escopo, e particular em seu âmbito. Enfim, a ação afirmativa, sob esta ótica não reificada, é vista como um mecanismo, um artifício, para promover a equidade e a integração sociais.

Já se vê, portanto, que a ação afirmativa surge como aprimoramento jurídico de uma sociedade cujas normas e *mores* se pautam pelo princípio da igualdade de oportunidades na competição entre indivíduos livres. Longe de ferir ou atentar contra a ordem instituída pelo mérito, a ação afirmativa tem na individualidade, na igualdade e na liberdade os pressupostos que a garantem. Em se tratando de sociedades democráticas e individualistas, e vista desde uma perspectiva puramente normativa e teórica, a crise da ação afirmativa não pode residir senão nas condições de sua aplicabilidade, ou seja, em sua temporalidade, escopo e âmbito.

---

[89] Originalmente, publicado sob o título "A desigualdade que anula desigualdades: notas sobre a ação afirmativa no Brasil". In: Jessé Souza (org.), *Multi-culturalismo e racismo: uma comparação Brasil-Estados Unidos*, Brasília, Paralelo 15, 1997, pp. 233-42.

Feitas essas ressalvas normativas, cabe perguntar em que condições a ação afirmativa pode servir para aplainar as desigualdades raciais e contra-arrestar a atuação do racismo no Brasil. Como vimos no capítulo anterior, oferecem-se, frequentemente, dois obstáculos à aplicabilidade da ação afirmativa entre nós. Por um lado, no plano dos valores, argumenta-se que a sociedade brasileira é, de um modo geral, regida por normas de pessoalidade, hierarquia e compromissos de clientela, baseando-se, portanto, na desigualdade, e utilizando a igualdade formal apenas como um biombo, um modo de legitimação das diferenças. A ação afirmativa, portanto, poderia ter aqui o efeito perverso de instituir e legitimar, às claras, a desigualdade; ou seja, incorporar a ideia de privilégios ao direito, o que dificultaria a luta secular da sociedade brasileira em fazer valer a igualdade formal como valor concreto, e instituir o mérito como critério de acesso a bens.

Por outro lado, argumenta-se, agora no plano concreto, que a quantidade de grupos e pessoas destituídas de direitos e de igualdade de oportunidades é tão grande, no Brasil, que não fazem sentido ações afirmativas, as quais, pelo seu caráter mesmo, devem-se restringir a um grupo particular de pessoas. De fato, sem precisão temporal e sem uma delimitação de seu escopo, não se justifica falar em ação afirmativa. Se a política pública deve dirigir-se à maioria, ao universal, e não ao particular, é a igualdade, e não a desigualdade, a lógica que deve presidir a ação.

Neste capítulo, discutirei, em maior detalhe, esses dois argumentos, de modo a procurar invalidá-los. Buscarei no conhecimento sobre a incidência da discriminação e da desigualdade raciais no Brasil os elementos para avaliar a solidez dessas teses.

BRASIL, SOCIEDADE HIERÁRQUICA

Nos últimos anos, sociólogos e antropólogos têm desenvolvido uma visão um tanto amarga da sociedade brasileira. As visões elaboradas nos anos 30 e 40 tinham o Brasil como um país cordial, um país do futuro, um país da alegria, um paraíso racial. Essas expressões foram, aos poucos, cedendo lugar à visão do Brasil como sociedade hierárquica, clientelista e de exclusão social e racial.

No princípio — ainda nos anos 60, quando vigoravam, nas ciências sociais, os paradigmas deterministas e estruturalistas —, os particularismos, os privilégios, o clientelismo, o mandonismo, assim como o preconceito racial, eram percebidos como traços remanescentes de uma ordem escravocrata, que desapareceriam na nova sociedade em gestação, fosse ela socialista ou capitalista, fosse o meio de sua desaparição natural ou não, provocada pela ação governamental ou por armas revolucionárias.

Nos anos 70, esses traços deixaram de ser vistos como anacrônicos ou transitórios por um crescente número de cientistas. Dois fatores foram responsáveis por tal desencanto: por um lado, o naufrágio das utopias políticas começou mais cedo no Brasil que na Europa, com o golpe militar, que desmoralizou tanto a utopia socialista, quanto a democracia real; por outro lado, a rejeição dos paradigmas deterministas pelas ciências sociais possibilitou uma visão menos otimista do futuro. Foi-se firmando, assim, uma interpretação do Brasil na qual as desigualdades, as hierarquias, os particularismos e os privilégios passavam a fazer parte de seu *ethos*, de sua ideologia, de sua estrutura mais fundamental.

Mas há, ainda, um outro fator. O racismo brasileiro, considerado inexistente durante o tempo em que a agenda antirracista limitou-se ao combate ao racismo de Estado, diferencialista e segregacionista, passou rapidamente, nos anos recentes, a ser teorizado como um racismo assimilacionista, do ponto de vista cultural, e excludente, do ponto de vista socioeconômico. De inexistente, o racismo passou, agora, a ser encarado como um fator chave na estruturação da sociedade brasileira. O Brasil seria um país que se define pela raça, como diz Lilia Schwarcz (1996), um país onde a cor é de fundamental importância para a identidade social de alguém, e para a posição social que esse alguém pode

Ainda ações afirmativas: desigualdade contra desigualdade

ocupar, com legitimidade (como observaram os antropólogos dos anos 50 e 60), na estrutura social.

Esse modo de pensar o Brasil já é consensual em alguns grupos, como entre os militantes negros, mas ainda parece exagerado para a maioria da população. Esse bom senso nacional, todavia, está em vias de ser desfeito, iluminado pela observação de que afinal, em grande parte, é a cor que tem legitimado, durante séculos, a exclusão social no Brasil. São os negros — primeiro africanos, depois crioulos, em seguida pretos, por último pardos — que têm conformado o que entendemos por ralé, gentinha, povão. São eles os destituídos de individualidade e, portanto, de direitos. Ora, é exatamente esta a expressão mais perversa do racismo, que consiste em negar, a uma parcela dos *nacionais*, a igualdade e a individualidade plenas desfrutadas por outras, segregando-a e discriminando-a no acesso a bens, serviços e emprego, ou ainda limitando-a nos seus direitos à cidadania.

Se o Brasil é uma sociedade hierarquizada e personalista, se é racista, o modo de deixar de sê-lo não será, obviamente, apenas por meio do combate a esses valores negativos. Mesmo porque todos sabem o quanto cada brasileiro despreza o racismo, o clientelismo, a injustiça, etc. Em termos de valores e de sentimentos, não acredito que ninguém considere inadequado o imaginário antirracista brasileiro. O problema está na perpetuação de enormes desigualdades de origem racial, que ocorrem, apesar dos bons sentimentos, com a anuência ativa da sociedade.

Deve-se reconhecer que, por um lado, a sociedade brasileira tem sido incapaz de garantir o acesso universal à educação, à saúde, ao emprego, à habitação, etc., e, por outro, tem discriminado os negros, de modo que eles têm sido mais limitados que outros grupos raciais e étnicos no acesso a bens e direitos. As premissas dos argumentos em favor de ações afirmativas, em relação aos negros, são, para ser acaciano: (i) as desigualdades sociais no Brasil têm um fundamento racial, ou seja, a cor explica parte importante da variação encontrada nos níveis de renda, educação, saúde, habitação, etc. dos brasileiros; (ii) a relação entre a cor e esses níveis não pode ser explicada pela biologia (pela inferioridade racial, por exemplo), mas por causas históricas e sociais; (iii) esta constelação de condições históricas e sociais não pode ser revertida apenas pelas leis do mercado e por políticas públicas de cunho universalista.

Uma enorme literatura pode ser consultada, que corrobora os dois primeiros itens desse argumento; passo, portanto, ao que interessa aqui: podem essas condições sociais ser revertidas por algum tipo de ação afirmativa?

PRIMEIRA FALÁCIA — A AÇÃO AFIRMATIVA DESTRÓI O PRINCÍPIO DO MÉRITO

Um dos argumentos mais ouvidos dos que combatem a ação afirmativa reduz-se a uma questão de princípio: o privilégio positivo de desprivilegiados seria, ainda assim, uma forma de discriminação e, como toda discriminação, também odiosa. Ou seja, a ação afirmativa contrariaria um princípio universalista básico, qual seja: a lei aplica-se aos indivíduos, independentemente de suas pertenças sociais e de suas características naturais. Ao visar as pessoas como membros de uma coletividade, e não como indivíduos, a ação afirmativa feriria o princípio de equidade e de individualidade, pressupostos de uma ordem democrática. Trata-se de algo grave, principalmente quando aplicado a uma sociedade em que é tão difícil fazer pautar a conduta das pessoas por valores de universalidade, formalidade, mérito e competência.

Antes de mais nada, cabe lembrar que a sociedade brasileira tem, já acumuladas, algumas experiências de discriminação positiva bem-sucedidas. Cito apenas duas: a chamada lei de 2/3, assinada por Vargas, que exigia a contratação de, pelo menos, 2/3 de trabalhadores nacionais por qualquer empresa instalada no país, e a legislação de incentivos fiscais para aplicações industriais no Nordeste, depois expandida para o Norte, que propiciou a criação de uma burguesia industrial e uma moderna classe média nordestinas. Ambas as políticas foram amplamente justificadas, aceitas, quando não implementadas, pelas mesmas pessoas ou grupos sociais que hoje resistem a uma discriminação positiva dos negros. Ou seja, este país já conheceu, antes, correntes de solidariedade, baseadas em causas nacionais ou regionais, que permitiram a aplicação de políticas de ação afirmativa.

Mas voltemos ao plano normativo. Parece residir aí um equívoco de onde se origina toda a falácia: a ação afirmativa não dispensa, mas, ao contrário, exige uma política universalista de equidade de oportunidades, pois, como já disse, a ação afirmativa só tem sentido quando limitada a um âmbito restrito. Trata-se não de privilegiar os negros em todos os âmbitos, mas apenas naqueles onde encontram-se obstáculos comprovados a seu acesso. Assim, por exemplo, não se trata de privilegiar o negro no acesso às escolas públicas de 1º e 2º graus, posto que nestes âmbitos da formação escolar não existem nichos étnicos ou raciais que os prejudiquem substancialmente. Nesses âmbitos, a reivindicação mais adequada para os negros é universalista e não diferencialista: serão a melhoria da qualidade do ensino nas escolas, a ampliação e a retenção dos alunos de todas as cores na rede pública o que mais beneficiará o aluno negro.

No 3º grau, ao contrário, onde existe uma rede pública de excelente qualidade e, ao mesmo tempo, uma pequena proporção de negros, mormente em alguns cursos, faz sentido falar em estabelecer metas que privilegiem a matrícula de alunos e a contratação de professores negros. Ou seja, enquanto no 1º e 2º graus o objetivo parece ser de universalização do ensino, no 3º grau trata-se de garantir o acesso a certas minorias. A diferença de objetivos sustenta-se no simples fato de que o acesso ao 3º grau não pode, nas circunstâncias atuais, ser universalizado, como nos outros níveis. Ou seja, do ponto de vista normativo, não se questiona que o mérito deva ser o principal critério de ingresso, nem que o ensino superior seja, nas condições presentes, reservado a uma elite intelectual. Questiona-se, sim, que o mérito e os dotes intelectuais estejam sendo empanados por desigualdades raciais e de classe, que podem ser corrigidas por políticas compensatórias.

Ora, os estudos disponíveis sobre as desigualdades raciais, no Brasil, são unânimes em apontar que existe um resíduo nas explicações sobre as desigualdades de renda, educação, habitação, saúde, etc. que deve ser atribuído a diferenças raciais. Se isso é verdade, ainda que políticas de universalização de direitos sejam mais eficazes em reduzir o grosso das desigualdades no Brasil (inclusive as raciais, por meio do aumento da renda e da melhoria do padrão de vida), elas não irão desfazer, sozinhas, os nichos de privilégios meritocráticos, dominados por um grupo de cor. E não o farão, para ser preciso, porque esses nichos pressupõem uma acumulação racializada de oportunidades atribuíveis ao mérito. Desse modo, é justo onde o acesso a tais nichos se faz de modo racialmente exclusivo que uma política universalista se mostra irrelevante, ao passo que uma política compensatória pode ser eficaz.

Vê-se, portanto, que a questão de princípio, levantada pelos que se opõem à ação afirmativa, confunde dois níveis do problema. Se é certo que a desigualdade racial, no Brasil, reflete, em grande parte, a falência da cidadania — ou seja, a insuficiente universalização das políticas públicas —, é também certo que uma possível universalização não eliminaria, por completo, as desigualdades raciais. Se é certo que a ação afirmativa não é um princípio de política capaz de universalizar a cidadania para as massas, é também certo que é o único princípio capaz de, a curto e médio prazos, possibilitar a desracialização de elites meritocráticas, sejam elas intelectuais ou econômicas.

Aqui está, acredito, a chave para compreender a justeza da ação afirmativa: ela se constitui numa defesa da desracialização, desetnização ou dessexualização de elites, e não num ataque à formação de elites em geral. Ela é, num certo sentido, uma defesa da legitimidade do mérito e uma tentativa de livrá-lo da contaminação de acidentes raciais, étnicos ou sexuais; sua virtude está em procurar evitar que mecanismos meritocráticos acabem por concentrar no topo indivíduos de uma mesma raça, etnia ou sexo. Não por acaso, todos os autores que louvam a aplicação de ações afirmativas, nos Estados Unidos, apresentam como uma das virtudes dessas políticas a formação de classes médias ou burguesias negras.

SEGUNDA FALÁCIA — A DESIGUALDADE REAL IMPEDE O TRATAMENTO DESIGUAL

Os estudos que realizei sobre o racismo, no Brasil, convenceram-me de que os mecanismos que reproduzem e ampliam as desigualdades raciais baseiam-se no abuso da autoridade, seja ela pública ou privada (Guimarães, 2004 [1998]).

Quando observei as queixas de discriminação racial sofridas por negros, no Brasil, verifiquei que elas tinham como pano de fundo relações de mercado, principalmente a compra e venda de mercadorias e a prestação de serviços públicos. A discriminação decorre, assim, da desigualdade de tratamento entre os indivíduos e da ausência mesma de normas formais, isto é, da inoperância prática da ideia jurídica de que os indivíduos são portadores de direitos iguais. É essa ausência de formalidade que faz com que um proprietário ou um seu preposto, por exemplo, discrimine um cliente ou um usuário de seu estabelecimento. Do mesmo modo, o desrespeito que a polícia nutre pelos direitos de criminosos ou suspeitos de crime é consequência de uma atitude generalizada de desrespeito aos direitos civis. Uma das justificativas centrais da discriminação racial no Brasil baseia-se na suspeição da vítima. Discriminam-se e agridem-se pessoas de quem se esperam condutas criminosas ou comportamentos social ou culturalmente desviantes. A suspeição baseia-se em certas marcas sociais, referidas, no conjunto, como "aparência" (ou seja, gestos, atitudes, fala, vestimenta, cuidados com o corpo, etc.), mas cujo principal marcador é a cor da pessoa.

A expectativa que *ego* desenvolve em relação ao comportamento de *alter*, baseada na cor deste, legitima seu comportamento violento e desrespeitoso. Existe, portanto, uma classe de gente para com a qual é aceitável agir de maneira violenta e desrespeitosa: são os transgressores da lei e dos costumes. Daí poder-se encontrar uma manchete de jornal em que se lê: "jogador apanha como ladrão".

É verdade, em parte, que essa desigualdade formal só é amplamente aceita no cotidiano porque ela parece natural, justificada pela desigualdade real entre as pessoas; ou seja, porque os que são tratados desigualmente são, de fato, desiguais em termos de renda, educação, maneiras, cultura, etc. Nesse sentido, seria tentador afirmar que a pobreza e a destituição "naturalizam" a desigualdade.

Os limites de tal afirmação tornam-se claros, no entanto, tão logo prolongamos sua lógica: roubariam os que não têm trabalho; teriam elevadores em separado os que não sabem se comportar; seriam discriminados os que não sabem se "apresentar", etc. Essa é a lógica que justifica a "suspeição".

O que, à primeira vista, poderia parecer uma ideia óbvia — que, para contra-arrestar a desigualdade, formal ou real, é necessário brandir a igualdade, universalizando a educação, o emprego, os modos, os gostos, etc., posto que a desigualdade formal seria um produto da desigualdade social e material —, aparece agora delimitado pelo que consideramos universal. No caso brasileiro, a igualdade de tratamento parece supor homogeneidade cultural e social, o que evidentemente é, cada vez mais, impossível numa sociedade moderna.

Essa digressão leva a uma outra consideração. O princípio da ação afirmativa só parece razoável quando, além do respeito ao mérito e à igualdade formal entre os indivíduos, toleram-se as diferenças entre eles. Ou seja, diferenças culturais, sociais e econômicas não podem servir para justificar desigualdades formais de direito entre as pessoas, porque a igualdade pressupõe a tolerância de diferenças.

Em resumo, pode-se dizer que políticas públicas universalistas, dirigidas às massas, políticas que universalizam direitos do cidadão, relativas à educação, à saúde, à habitação e ao emprego, são elementos imprescindíveis e necessários ao combate a qualquer prática discriminatória. Essas políticas são muito mais necessárias quando se trata do racismo no Brasil, onde a população discriminada foi submetida, no decorrer de três séculos, a uma política de exclusão completa dos direitos da cidadania. Quando se extinguiu a legalidade da discriminação, as políticas governamentais passaram a ser controladas por interesses de grupos econômicos e raciais bastante estreitos.

No entanto, por mais universalizadas e massificadas que sejam tais políticas, existem nichos privilegiados no mercado que, apesar de estabelecidos em mecanismos de mérito, são caudatários da desigualdade racial. Tais nichos são, a médio prazo, impermeáveis a políticas redistributivas, e só poderão ser abertos a representantes de grupos discriminados por meio de políticas compensatórias, que privilegiem o ingresso de pessoas destes grupos naqueles círculos. Se se considera benéfica a criação, a médio prazo, de elites intelectuais e econômicas menos homogêneas em termos raciais, por exemplo, este é o caminho a seguir.

QUEM SÃO OS NEGROS NO BRASIL?

Uma última dúvida quanto à aplicabilidade de políticas de ação afirmativa no Brasil diz respeito aos critérios que definem o possível grupo beneficiário de tais políticas. Afinal, quem é negro no Brasil, um país onde 61,7% da população não se define como "branca", segundo os dados do Datafolha? Devem tais políticas ficar restritas àqueles que se definem como "pretos", ou devem englobar, também, os "morenos", os "pardos", os "morenos escuros" e as demais denominações de cor?

De fato, a questão que se levanta não é superficial. Se não

se pode definir, formalmente, sem margem de dúvidas, o beneficiário de uma política pública, então sua eficácia será nula.

Parte do problema advém da discrepância existente entre a classificação racial com que trabalha o IBGE, fonte dos estudos sobre as desigualdades raciais no país, e a autoclassificação de cor da população, detectada em pesquisas amostrais. Na classificação do IBGE, as pessoas são instadas a se agrupar em cinco grupos: "brancos", "pretos", "pardos", "amarelos" e "indígenas". Os estudiosos das desigualdades raciais agrupam, muitas vezes, os "pretos" e "pardos" sob a denominação de "negros". Este agrupamento, no entanto, ainda que se revele adequado à pesquisa sociológica, é arbitrário em termos de identidade social e cultural. Ou seja, não reflete o número, muito menor, daqueles que se definem socialmente como negros. Ora, como, por definição, não estamos tratando de um fenômeno que possa ser resolvido de modo objetivo pela ciência — na verdade, nem a cor nem a raça são atributos definíveis com precisão —, seria necessário haver uma clara identidade social, uma comunidade de sujeitos que se autorreconhecessem e fossem reconhecidos como negros para que uma política de ação afirmativa pudesse ter eficácia. Na ausência de tal identidade, o legislador poderá estar ajudando a criar, com sua legislação, a comunidade sobre a qual pretende legislar. Ou seja, não há, a princípio, nenhuma garantia de que aqueles cujas características serviram de justificativa para a elaboração de ações afirmativas (isto é, os "negros" dos estudos de desigualdade racial) venham a ser os mesmos beneficiários dessas políticas.

Tal fato, entretanto, não deve inibir ou assustar o legislador. Isso por dois motivos. Primeiro, porque há experiência, no Brasil, de legislação que agiu no sentido de incentivar o desenvolvimento de identidades étnicas entre grupos que já a tinham perdido. É o caso dos grupos indígenas do Nordeste, que viram seus contingentes crescerem quando se regulou o direito dos remanescentes indígenas às terras ancestrais. Não me consta, todavia, que a legislação tenha provocado, no Norte do país, onde predomina

Ainda ações afirmativas: desigualdade contra desigualdade   207 a população de origem indígena, uma corrida a identidades ancestrais inexistentes. Isso ensina o seguinte: uma política compensatória (de ação afirmativa) só tem sentido quando o grupo para o qual tal política se dirige vive, de fato, uma situação de inferiorização e privilegiamento negativo, no âmbito social geral, de tal modo que os mecanismos de privilegiamento positivo, criados para certos âmbitos específicos, não representam uma reversão total e imediata daquela situação. Assim, por exemplo, se se estabelecem políticas que beneficiem o ingresso de negros nas universidades públicas, tais políticas, que revertem a discriminação naquele âmbito, não têm o poder de reverter de imediato o *status* inferior do negro na sociedade brasileira. A seguinte pergunta deve, então, fazer sentido: quem gostaria de ser negro para ingressar nas universidades, por exemplo, a não ser os negros?

Na verdade, o que preocupa o legislador é a fraude de identidade — ou seja, que alguém que se identifique e seja identificado, regularmente, como "branco", passe a se definir como "negro" com o objetivo pontual de obter um benefício. Nada mais simples, para controlar tal tipo de fraude, do que reintroduzir em todos os registros do Estado a identificação da cor. Se ser negro é realmente algo desvantajoso, quem gostaria de ser identificado como negro?

Chega-se, assim, ao segundo motivo: um dos objetivos das ações afirmativas é, para ser preciso, o de reforçar a identidade, seja racial, seja sexual, do grupo parcialmente privilegiado pela legislação. Na verdade, apenas sob uma perspectiva integracionista e assimilacionista muito estreita o reforço a identidades particulares pode ser considerado nocivo. Afinal, como já frisei, a justificativa mesma da ação afirmativa é que as diferenças, que são fontes de desigualdades, devem, para deixar de sê-lo, não desaparecer — o que é impossível —, mas transformar-se em seu contrário, ou seja, em fonte de compensação e reparação.

PODEMOS APRENDER
COM OS ESTADOS UNIDOS?

Gostaria, para finalizar, de enfrentar um último conjunto de argumentos, que se baseiam na suposta falência da experiência norte-americana de ação afirmativa. De fato, as políticas de discriminação positiva, em especial as cotas raciais para ingresso em universidades ou postos de emprego, têm sido alvo de constantes críticas, à direita e à esquerda do espectro político, ao mesmo tempo que a Suprema Corte norte-americana tem insistentemente deliberado por reverter tais práticas.

Os argumentos à direita podem ser assim resumidos: (a) as políticas de ação afirmativa foram elaboradas, no início, para um público específico (os africano-americanos) e tinham um caráter temporário; (b) tal escopo e temporalidade foram, posteriormente, estendidos de modo a incorporar todos os grupos da sociedade americana, exceto os brancos do sexo masculino, ganhando, ademais, características de permanência, ou seja, de "direitos" e não de mecanismos excepcionais; (c) tal extensão deturpa e contraria o princípio da promoção do indivíduo e do respeito à sua liberdade, vontade e competência, transformando assim o estado de direito em um administrador de interesses de grupos e corporações.

À esquerda, o argumento pode ser sumariado do seguinte modo: (a) a política de ação afirmativa foi concebida como complementar às políticas de um Estado de bem-estar social, que buscava minimizar as diferenças de classe, por meio da ampliação de direitos universais; (b) tais políticas universalistas foram revertidas por sucessivas administrações republicanas conservadoras; (c) em tal contexto, as políticas de ação afirmativa acabaram por desenvolver o efeito perverso de ampliar as diferenças de classe no interior da comunidade negra. O que poderia ser promoção de uma elite negra, baseada no mérito, passou a ser o privilegiamento de uns poucos, que tinham já acesso aos níveis de educação secundária, e contavam com o apoio de uma família minimamente estruturada.

Ainda ações afirmativas: desigualdade contra desigualdade

A experiência americana revela-se, desse modo, como quer que seja apresentada e interpretada, importante elemento de comprovação e de reforço da linha de minha argumentação. Em suma: (a) a legitimidade de ações afirmativas pressupõe a universalização progressiva dos direitos civis — ao invés de substituí-los, elas lhes são complementares; (b) a única justificativa de ações afirmativas, no âmbito de uma ordem competitiva, encontra-se no aprimoramento do mérito, enquanto mecanismo de formação de elites.

8.
COMBATENDO O RACISMO:
BRASIL, ÁFRICA DO SUL E ESTADOS UNIDOS[90]

Como superar o racismo, nas sociedades atuais, quando já não se reconhece facilmente um racista? Como enfrentar hoje, ao menos no Brasil e nos Estados Unidos, um problema que é qualificado como exagero ou manipulação política e que, muitas vezes, aparece assim envolto? Que pontos mínimos uma agenda antirracista deve contemplar hoje em dia?

Neste capítulo, faço um esforço para identificar minimamente o que podemos chamar atualmente de "racismo", tomando como referência empírica o debate político e intelectual corrente na África do Sul, no Brasil e nos Estados Unidos. Do ponto de vista acadêmico, o texto guarda, ainda, um caráter provisório, posto que, apesar de sugerir novos caminhos teóricos, não aprofunda a discussão mais conceitual nem resenha a literatura sociológica e antropológica sobre o estudo comparado das relações raciais nesses países, ficando restrito à intersecção entre os embates político e científico. Situa-se, assim, naquele espaço intermediário onde as ideias ganham forma, mas ainda pedem para se cristalizar.

A estrutura do capítulo é a seguinte. A primeira nota demarca um terreno axiológico comum ao antirracismo, independente da posição dos debatedores na dicotomia racialismo[91] e não racia-

---

[90] Publicado, anteriormente, sob o título de "Combatendo o racismo: Brasil, África do Sul e Estados Unidos", na *Revista Brasileira de Ciências Sociais*, vol. 14, nº 39, fev. 1999, pp. 103-17.

[91] "Racialismo" é usado no sentido de "crença na existência de raças

lismo; a segunda esclarece o significado do termo "racismo"; a terceira procura situar, em termos sociológicos, o racismo nos três países tomados como referência, fazendo um esforço para situar a relação entre a definição dos direitos da cidadania e a definição da nacionalidade. A quarta nota explora os tipos de mecanismos que produzem e reproduzem desigualdades sociais relevantes na distribuição de recursos e honra sociais; a quinta nota define melhor a especificidade do racismo no Brasil; a sexta, a sétima e a oitava discutem o movimento antirracista hoje em dia, no Brasil, Estados Unidos e África do Sul, respectivamente.

PRIMEIRA NOTA —
SOBRE OS VALORES

Há uma visão de sociedade e um ideal de Estado democráticos que parecem comuns a todos os indivíduos e instituições que lutam contra o racismo. Trata-se da visão de um Estado baseado na igualdade dos indivíduos perante a lei e na garantia das liberdades individuais; uma sociedade que garanta a igualdade de oportunidades a todos os indivíduos.

Nas modernas democracias liberais, tal garantia é dada, em geral, independentemente de qualquer característica coletiva, grupal ou atribuída, mas, em casos especiais, o Estado pode erigir políticas corretivas para garantir oportunidades iguais aos indivíduos que apresentem certas características grupais estigmatizadas. Segundo o credo da igualdade de oportunidades e universalidade dos direitos humanos, qualquer diferença entre os indivíduos só é legítima quando decorrente de características individuais adquiridas. Além do mais, faz parte desse ideal democrático que,

---

humanas", o que, a princípio, não constitui racismo, ou seja, não significa acreditar na inferioridade moral, intelectual ou cultural de alguma raça. Os significados do termo "racismo" são desenvolvidos mais adiante no texto.

independente do desempenho individual, todos os indivíduos são portadores de direitos inalienáveis à vida em sociedade, num certo patamar de dignidade.

Sem dúvida alguma, tais ideais são bastante genéricos para abrigar diversas correntes de pensamento político, tanto aquelas que enfatizam as liberdades individuais, os direitos subjetivos e as políticas universalistas, quanto as que enfatizam as igualdades, os direitos coletivos e as políticas racializadas.

Começar por lembrar tais ideais tem a vantagem de nos pôr, desde o início, num patamar comum de crenças e valores, a partir do qual podemos discutir e negociar nossos diferentes entendimentos e propostas acerca de uma questão crucial: como combater o racismo ainda presente em nossas sociedades?

SEGUNDA NOTA —
DEFININDO MELHOR O RACISMO

A desigualdade entre os seres humanos, na história do Ocidente, tem se originado de diferentes formas: pela diferença de sexo, pela conquista e ocupação de terras estrangeiras, pela escravização ou colonização de outros povos e, mais recentemente, pela migração de indivíduos de outras nacionalidades para estados capitalistas mais ricos, na condição de trabalhadores.

A diferença entre os sexos fundou talvez a primeira e a mais duradoura justificativa de desigualdade, dando lugar à expressão de *ethos* sexuais diferentes, na maior parte das vezes em relação assimétrica de poder: o masculino e o feminino. A conquista gerou, por sua vez, a justificativa mais generalizada da desigualdade entre os povos (o poder faz o direito — *Might is Right*), que fundamenta, até hoje, ainda que parcialmente, os estados e a sua soberania.

Foi a adoção de uma visão equivocada da biologia humana, expressa pelo conceito de "raça", que estabeleceu uma justificativa para a subordinação *permanente* de outros indivíduos e povos, temporariamente sujeitados pelas armas, pela conquista, pela

Combatendo o racismo: Brasil, África do Sul e Estados Unidos   213 destituição material e cultural, ou seja, pela pobreza. A transformação da desigualdade temporária — cultural, social e política — numa desigualdade permanente, biológica, é um produto da ideologia cientificista do século XIX. No entanto, depois da justificativa racial ter perdido legitimidade científica, a suposta inferioridade cultural — em termos materiais e espirituais — de grupos humanos em situação de subordinação[92] passou a ser a justificativa padrão do tratamento desigual.

O que estamos tratando aqui, portanto, o racismo, origina-se da elaboração e da expansão de uma doutrina que justificava a desigualdade entre os seres humanos (seja em situação de cativeiro ou de conquista), não pela força ou pelo poder dos conquistadores (justificativa política que acompanhou todas as conquistas anteriores), mas pela desigualdade imanente entre as raças humanas (inferioridade intelectual, moral, cultural e psíquica dos conquistados ou escravizados).[93]

Essa doutrina justificava, pelas diferenças raciais, a desigualdade de posição social e de tratamento, a separação espacial e a desigualdade de direitos entre colonizadores e colonizados, entre conquistadores e conquistados, entre senhores e escravos e, mais tarde, entre os descendentes desses grupos, incorporados num mesmo Estado nacional. Trata-se da doutrina racista que se expressou na biologia e no direito.

Hoje, todavia, tanto no Brasil quanto na África do Sul e nos Estados Unidos, essa doutrina já não tem legitimidade social ou vigência legal: a igualdade de direitos entre todos os seus cidadãos, independente de cor e raça, é formalmente reconhecida e garantida, tanto na Constituição, quanto nas leis ordinárias. Chegamos a este patamar por caminhos diversos, por meio de histórias e de lutas

---

[92] A situação de subordinação voluntária mais corrente nos dias de hoje é aquela que se dá pela via da imigração ilegal para países mais desenvolvidos, à margem dos direitos universais da cidadania.

[93] Ver a este respeito Arendt (1951) e Michel Foucault (1997).

muito diferentes, que deixaram as suas marcas e imprimiram um certo sentido particular ao que chamamos hoje de racismo. A ideologia racista já não existe mais como justificativa legal e legítima. O que, então, significa, hoje, racismo em nossas sociedades?

Em primeiro lugar, qualquer forma de explicação e de justificativa para diferenças, preferências, privilégios e desigualdades entre seres humanos, baseada na ideia de raça pode, a princípio, ser considerada racista, posto que não há base científica que possa sustentar que o que chamamos "raça" tenha qualquer realidade metassocial ou física. Atribuir, portanto, desigualdades sociais, culturais, psíquicas e políticas à "raça" significa legitimar diferenças sociais a partir de diferenças biológicas.

Mas, em segundo lugar, a noção de superioridade ou inferioridade cultural de povos, etnias ou grupos, que substituiu a noção de raça, nos discursos oficiosos, pode também justificar desigualdades e diferenças que se engendram na desigualdade de oportunidades e de tratamento, na desigualdade política e na interiorização do sentimento de inferioridade por essas populações. A "cultura" pode tornar-se, assim, uma noção tão fixa e metassocial quanto "raça". Trata-se, neste caso, da manipulação de um carisma racial sob justificativa culturalista.[94]

Racismo pode, ademais, referir-se não apenas a doutrinas, mas a atitudes (tratar diferencialmente as pessoas de outras raças e culturas, ou seja, discriminar) e a preferências (hierarquizar gostos e valores estéticos de acordo com a ideia de raça ou de cultura, de modo a inferiorizar, sistematicamente, características fenotípicas raciais ou culturais). Encarado como doutrina, atitude ou preferência, o racismo pode ser combatido, dentro de cer-

---

[94] "Carisma" e "estigma" serão usados, neste texto, no sentido sociológico que lhes foi emprestado por Max Weber e definido, posteriormente, por Norbert Elias, como "pleito bem-sucedido de um grupo por graças e virtudes superiores, através de um dom eterno, em comparação a outros grupos, condenando-os efetivamente a qualidades adscritas coletivamente como inferiores e como atributos eternos". Ver Elias (1998).

tos limites, por um desmascaramento e deslegitimação da ideia de raça. Neste sentido, o antirracismo, no Ocidente, passou a fazer do antirracialismo a pedra de toque da agenda antirracista. Esse tipo de estratégia, entretanto, é pouco eficiente para combater o racismo baseado na noção de hierarquia cultural e de cultura enquanto herança imutável, ou seja, baseado no estigma cultural.

Em terceiro lugar, pode-se precisar melhor o racismo, tal como se manifesta, por suas consequências, e dizer que a manutenção e reprodução de desigualdades sociais e econômicas, por meio dos mais diferentes mecanismos, entre grupos de pessoas identificadas como de diferentes raças, etnias ou cores constitui racismo, desde que se encontrem presentes mecanismos de discriminação que possam ser retraçados à ideia de raça. Tal refinamento torna-se necessário toda vez que as discriminações que atingem um determinado grupo humano, seja ou não uma etnia, não são explicitamente racialistas (usam, por exemplo, a ideia de cor ou de cultura), mas motivadas ou justificadas por critérios a-históricos e a-sociais, tais como a ideia de raça, de modo que possam ser retraçados ou reduzidos a essa ideia. Neste sentido, o racismo pode prescindir da noção de raça, transmudando-se para operar através de tropos dessa noção. Neste caso, mesmo deixando de ser uma doutrina, pode continuar informando atitudes e preferências.[95]

Em quarto lugar, podemos ainda definir o racismo não com referência a atitudes, ações e preferências individuais, mas com relação a um determinado sistema social.[96] Isto é possível quando grupos humanos considerados raças ou identificados por traços raciais ou racializados (como a cor, por exemplo) são postos em situação desvantajosa do ponto de vista econômico, político, social e cultural. Neste caso, as desigualdades sociais são tidas como raciais na medida em que se encontrem e se comprovem

---

[95] É o que os europeus chamam de racismo sem raça. Ver, entre outros, Miles (1993) e Taguieff (1987).

[96] Ver, por exemplo, Blauner (1972).

mecanismos causais, que operem no plano individual e social, e que possam ser retraçados ou reduzidos à ideia de raça. Neste sentido, racismo não é mais uma ideologia que justifica desigualdades, mas um sistema que as reproduz. A justificativa, nesse caso, pode ser cultural (inferioridade ou inadequação) ou outra. O importante é que grupos que se definem e são definidos por meio de atributos raciais (como a cor) ocupam, de modo permanente, posições de poder e posição social assimétricas, como resultado da operação de mecanismos de discriminação. Para que tal configuração seja correta é necessário, portanto, demonstrar que os indivíduos de raça ou cor diferentes não têm as mesmas oportunidades de vida e não competem, em pé de igualdade, pelos mesmos recursos sociais, culturais e econômicos.

Que mecanismos são esses? Bom, em primeiro lugar, são mecanismos que podemos chamar de psicológicos ou individuais, que consistem na criação e manutenção de um grande percentual de pessoas com baixa autoestima, em grupos que apresentam determinadas características somáticas ou culturais. Tal fenômeno é possível pela sistemática inferiorização dessas características somáticas ou culturais, e pela socialização desses valores em pessoas pertencentes a tais grupos. Isto ocorre tanto por meio da escolarização formal, quanto por meio das redes informais de informação de vizinhanças em pequenas comunidades.[97] Em segundo lugar, são mecanismos que atuam, na vida cotidiana, por meio da exclusão ou da discriminação direta (de indivíduos em relação a outros), ainda que discreta, polida ou amável, de pessoas que apresentam tais características somáticas ou culturais. E, em terceiro lugar, são mecanismos de exclusão e discriminação de pessoas com características somáticas ou culturais dadas, que atuam de modo quase impessoal, por meio de atributos burocratizados

---

[97] Diz Norbert Elias: "[...] uma das muitas armas pelas quais o grupo superior defende suas reivindicações carismáticas e mantém os estranhos e proscritos em seu lugar é o mexerico [*gossip*]" (Elias, 1998: 107).

pelos mercados, como os preços das mercadorias e dos serviços, as qualificações formais ou tácitas exigidas, qualidades pessoais, diplomas, aparência, etc.

Nas sociedades modernas atuais, o racismo, enquanto sistema, manifesta-se e exterioriza-se apenas por meio de duas situações: a pobreza e a não cidadania (nesse último caso, entretanto, só se enquadram hoje os imigrantes e seus descendentes). Tais situações podem ser constituídas e gerenciadas por estas quatro formas gerais — os direitos, a autoestima, a discriminação e os mecanismos formais e burocráticos —, que são os meios pelos quais são geradas e se reproduzem a situação de não cidadania, a posição social de inferioridade e a situação econômica de subordinação.

TERCEIRA NOTA —
O SISTEMA RACISTA NA ÁFRICA DO SUL, NO BRASIL E NOS ESTADOS UNIDOS[98]

Tanto no Brasil, quanto nos Estados Unidos e na África do Sul, o racismo, enquanto ideologia, foi uma forma transitória de justificativa da ordem social da escravidão ou colonização, em primeiro lugar, e, em seguida, do colonato, servidão ou parceria. Ou seja, a subordinação e a sujeição política e econômica dos negros foram, inicialmente, justificadas pela conquista e pela força dos senhores e, apenas mais tarde, pela inferioridade biológica e/ ou cultural dos sujeitados, antes de passarem a ser racionalizados pela pobreza e pelas características individuais e grupais dos

---

[98] Análises comparativas do sistema racial dos três países foram feitas, recentemente, por Anthony Marx (1998) e George Fredrickson (1998). Ver também Michael Banton (1967) e Pierre van der Berghe (1967). Análises comparativas entre a África do Sul e o Brasil foram feitas por Fernando Rosa Ribeiro (1993). As comparações entre Estados Unidos e África do Sul são mais numerosas, entre as quais sobressaem-se os estudos de George Fredrikson (1981, 1995).

Tomando partido

sujeitados. Tem razão, nesse aspecto, Michel Foucault, mais que Louis Dumont, quando vê o racismo como uma variante da doutrina da guerra das raças, por sua vez herdeira da doutrina do direito como força, e não como uma variante do individualismo igualitário (Dumont, 1966).

Os Estados Unidos foram, entretanto, dentre os três, o primeiro país a constituir-se como um estado de direito, e a justificar a desigualdade dos indivíduos apenas a partir de suas características imanentes (força, ousadia, ambição, perseverança, etc.), que emergem em situação de competição em mercados livres. Tal fato, junto com a resistência da população branca em aceitar a completa igualdade de direitos dos ex-escravos, acabou por facilitar a aceitação de uma doutrina racista para justificar a limitação dos direitos dos negros. Os Estados Unidos abrigaram, assim, por um tempo, uma dualidade de ordem jurídica num mesmo estado de direito. O modo completo, ainda que dual, em que se desenvolveu esse estado de direito foi talvez responsável pelo fato de que, nos Estados Unidos, o racismo pudesse ser, no âmbito do sistema jurídico, facilmente desmantelado e revertido, sem necessidade de uma grande transformação do sistema político ou de reconstrução da nacionalidade. Quando a ideologia do racismo deixou de ser legítima, deixou também, em pouco tempo, de ser legal, e o racismo como sistema passou a ser atacado também por políticas públicas de correção.

Na África do Sul, os conquistadores e colonizadores europeus acabaram por construir um Estado plurinacional, isolando os povos nativos da nação sul-africana e não reconhecendo os seus direitos à cidadania. Ao mesmo tempo, o Estado nacional sul-africano instituiu subcidadanias para incorporar, de modo desigual, as minorias étnicas (*coloured* e *Indians*). O racismo foi, portanto, erigido em doutrina de Estado, regulando por completo a vida econômica, política e as relações sociais. A destruição do *apartheid* significou, por isso mesmo, um processo de reconstrução de um Estado propriamente nacional, em que o princípio não racialista dos direitos humanos foi, pela primeira vez, instituído.

No Brasil, o racismo se desenvolveu de outra maneira. Presente nas práticas sociais e nos discursos — racismo de atitudes[99] —, mas não reconhecido pelo sistema jurídico e negado pelo discurso não racialista da nacionalidade. O Estado liberal de direito, que se implanta em 1822, com a Independência, garante, a um só tempo, as liberdades individuais dos senhores e das classes dominantes e a continuidade da escravidão. Depois da abolição, em 1888, tal dualidade de tratamento perante a lei estende-se ao sistema de clientelismo e ao colonato, que substituiu a escravidão. Ou seja, as liberdades e os direitos individuais, outorgados pela Constituição, não são garantidos no cotidiano; as práticas de discriminação e de desigualdade de tratamento continuam sendo a regra das relações sociais. Mas, por outro lado, as elites brasileiras tiveram problemas em aceitar integralmente o racismo enquanto doutrina e acabaram por rejeitá-lo por completo, transformando o não racialismo e a miscigenação cultural e biológica em ideais nacionais.[100] Em vista disso, os brancos, no Brasil, foram definidos do modo mais inclusivo possível, abarcando não só os mestiços mais próximos das características somáticas europeias, como, também, no extremo, todos os que usufruíam dos privilégios da cidadania.

Quais os mecanismos e instituições sociais que permitem o funcionamento de um sistema como o racismo, perseguido por lei e apenas apoiado em atitudes?

Em primeiro lugar, alterou-se a forma de legitimação social do discurso sobre as diferenças. As explicações sobre as desigualdades sociais, antes atribuídas às raças, foram substituídas por outras que preservaram a noção de superioridade da cultura e da

---

[99] Isso não significa que o racismo de atitudes não possa ser legitimado por leis, como o foi nos Estados Unidos e África do Sul.

[100] Este é um tema bem estudado no Brasil. Essa dificuldade das elites brasileiras foi atribuída à matriz cultural portuguesa e católica, à grande miscigenação e consequente incorporação de mulatos às elites, dada a escassez demográfica, etc. Ver Freyre (1933) e Skidmore (1976), entre outros.

civilização brancas, ou europeias, sobre a cultura e civilização negras, ou africanas, tachadas de "incultas" e "incivilizadas".

Em segundo lugar, a noção de cor substituiu, oficialmente, as raças. Através do contínuo de cor, a maior parte da população, com alguma ascendência africana, continuou a não se classificar como negra (ou preta) mas como branca ou mestiça, para o que emprega uma grande série de denominações, em que prevalece a cor "morena", designação anteriormente dada ao branco de cabelos e tez mais escuros.[101] Essa forma de classificar mantém intacta a estereotipia negativa dos negros, mas elimina desta categoria a maior parte dos mestiços que, justamente por isso, continua a ter a autoestima diminuída por esses estereótipos. No plano do mercado de trabalho, tais estereótipos se misturam aos de classe para gerar o mecanismo de seleção conhecido como "boa aparência",[102] responsável pela reprodução de grande parte das desigualdades raciais de ocupação e renda.

Em terceiro lugar, as relações raciais estão amparadas num sistema mais amplo, de hierarquização social e de desigualdade de tratamento perante a lei, que contamina todas as relações sociais. Se a segregação informal dos negros foi a norma no Brasil até pouco tempo atrás,[103] pode-se dizer, sem risco de errar, que o tratamento desigual dos indivíduos perante a lei é, ainda hoje,

---

[101] Hoje em dia, apenas entre 5% (censo) e 10% (pesquisas amostrais) da população brasileira se denomina negra ou preta. John Burdick (1998) chama, corretamente, a atenção para o fato de que o percentual de negros que se define como tal, no Brasil, é grande, apesar do modo como é reportado pelos sociólogos. No meu caso, "apenas" significa tão somente que um grande número de pessoas que seriam classificadas por outros, mais claros, como negros, não se denominam como tal, mas como "pardos".

[102] Ver Damasceno (1998) e Sansone (1993).

[103] France Winddance Twine (1998) detecta, por meio de entrevistas, que, numa pequena cidade do interior do Rio de Janeiro, a prática de segregação dos negros durou até praticamente as discussões da Assembleia Constituinte, em 1987, que criminalizou o racismo.

prática corrente, e também informal. O mesmo fenômeno de estereotipia negativa dos traços somáticos negros fundamenta o mecanismo de "suspeição policial", que torna os negros as vítimas preferenciais do arbítrio dos policiais e dos guardas de seguranças, nas ruas, transportes coletivos, lojas de departamento, bancos e supermercados (Guimarães, 2004 [1998]).

Em quarto lugar, o não racialismo, parte integrante da construção da moderna nacionalidade brasileira, foi equacionado, de maneira engenhosa mas equivocada, ao antirracismo; de modo que, no Brasil, negar a existência das raças significa negar o racismo enquanto sistema. Ao contrário, reconhecer a ideia de raça e promover qualquer ação antirracista baseada nessa ideia, mesmo se o autor é negro, é interpretado como racismo. Ao contrário, *et pour cause*, nega-se peremptoriamente qualquer motivação racial nas discriminações sofridas por negros, posto que as raças não existem, mas apenas as cores, tidas como características objetivas, concretas, independentes da ideia de raça; tais manifestações são mais prontamente reconhecidas como tendo uma motivação de classe. Desse modo, o caráter ilegítimo da segregação ou discriminação é retirado. As classes no Brasil, ao contrário do que ocorre nos Estados Unidos, são consideradas base legítima para a desigualdade de tratamento e de oportunidades entre as pessoas.

Em quinto lugar, a situação de pobreza, e mesmo de indigência em que se encontra grande parte da população brasileira constitui-se, por si só, num mecanismo de inferiorização individual, e conduz a formas de dependência e subordinação pessoal, suficientes para explicar certas condutas discriminatórias. Se tais condutas podem ser observadas em relação a não negros, isso ajuda ainda mais a dissimular o racismo, do ponto de vista das ações individuais. A mesma lógica preside a inação dos governos em relação às desigualdades raciais: se a miséria no país é generalizada, não se pode atribuir ao racismo a miséria da maioria dos negros.[104]

---

[104] Ver Hasenbalg (1996) e Heringer (1996).

QUARTA NOTA —
RACISMO COMO OPRESSÃO SOCIAL:
OS TIPOS DE CARISMA E ESTIGMA

Robert Blauner (1972: 19) observou, em 1972, que "a análise racial, pelos cientistas sociais, tem sido moldada pelo pressuposto implícito segundo o qual a preocupação com a cor nas sociedades humanas é, em última instância, irracional ou não racional". Tal pressuposto, continua Blauner, teria sido o responsável pelo subdesenvolvimento da teoria racial, tal como ocorrera, anteriormente, com a teoria da religião. Blauner propõe, ainda, que a racionalidade das "raças" está dada pelo conceito geral de "opressão social",[105] que subsume a racionalidade de diversas formas — gênero, raça, cor, etnia, classe, casta —, pelas quais os grupos sociais são sistematicamente dominados, sujeitados, explorados, abusados ou desprezados.

Elias e Scotson (1994), alguns anos antes, quando estudavam a comunidade inglesa de Wasta Parva, em 1964, fizeram as mesmas observações e, na mesma veia weberiana, propuseram que o fenômeno racial fosse estudado sob a rubrica geral de "carisma grupal". Seguindo essas sugestões, esboço, abaixo, os tipos de carisma mobilizáveis na África do Sul, no Brasil e nos Estados Unidos, que podem nos ajudar a compreender a situação do racismo hoje em dia.[106]

---

[105] "Opressão social é um processo dinâmico pelo qual um segmento da sociedade consegue poder e privilégio através do controle e exploração de outros grupos, que são literalmente oprimidos, ou seja, sobrecarregados e puxados para os níveis mais baixos da ordem social" (Blauner, 1972: 22).

[106] As sugestões de Elias não se chocam com o modo como Fredrick Barth (1969) ou Eriksen (1993) trataram a etnicidade, nem mesmo com a maneira de Everett Hughes (1994), em 1948. Entretanto, Elias apresenta a vantagem de remeter a teorização de raças, etnias e outras formas de criação de *outsiders* ao âmbito geral da sociologia weberiana. Ver, também, os esforços de Banton (1987) e, mais recentemente, Peter Wade (1997).

Combatendo o racismo: Brasil, África do Sul e Estados Unidos   223

Como tratei, anteriormente, dos mecanismos de subordinação racial que operam no plano individual, redefino agora os termos do ponto de vista do tipo de carisma ou estigma de grupo que afeta, com maior força, a população negra nos três países. A esse respeito, quatro tipos de carisma ou estigma podem ser diferenciados: raça, cor, etnia e classe.

"Raça" é uma forma de carisma ou estigma grupal baseada na crença de uma herança genética que define o valor moral, intelectual e psicológico de um indivíduo ou de um grupo. Tal tipo de carisma parece dominante na situação social dos negros americanos e sul-africanos, ainda hoje em dia, sendo uma "categoria nativa" de uso amplo e generalizado. Na verdade, é lugar-comum que não se pode viver nos Estados Unidos sem pertencer a uma "raça".

"Cor" é um tipo de carisma baseado na aparência física de um indivíduo, e dá a medida, em geral, da sua distância ou proximidade dos grupos raciais. Não se trata, apenas, de uma escala de valores estéticos, mas também de uma escala de valor intelectual e moral. Nos Estados Unidos e na África do Sul, opera mais no plano individual que grupal, principalmente entre os negros americanos. No Brasil, opera no plano individual e coletivo (o censo brasileiro coleta a cor das pessoas para formar "grupos de cor") e é a forma dominante para demarcar fronteiras, tanto entre grupos, quanto no interior destes. O carisma de "raça", no Brasil, raramente é evocado de modo direto pelos brancos, que preferem utilizar a cor ou a etnia, sendo evocado, via de regra, pelos negros.

"Etnia" é um tipo de carisma ou estigma baseado na identidade cultural, regional ou nacional de grupos. Parece predominante na África do Sul, dada a herança do *apartheid*, que pretendeu encobrir suas motivações raciais pelas subdivisões étnicas e nacionais dos negros. No Brasil, as etnias não são, em geral, importantes (no que se referem à situação dos negros) e aparecem de forma modificada, por meio de identidades regionais estigmatizadas, tais como "baiano", "paraíba" ou "nordestino", e carismáticas, como "sulistas" ou "paulistas". Nos Estados Unidos, as etnias são importantes, tanto no interior da população negra (os afro-latinos, por exemplo), como entre os não negros (*Asians* e latinos).

"Classe", tal como a emprego aqui, não é um fenômeno de ordem econômica, como conceituado por Weber, mas um carisma baseado na posse e no domínio de bens materiais e culturais. Neste sentido, "classe" define uma qualidade moral e intelectual dos indivíduos e grupos. *Ständ* talvez fosse o conceito mais adequado para designar o agrupamento formado por este carisma, mas encontra-se em desuso, na prática social cotidiana, substituído pelo termo "classe", como nas expressões "uma pessoa de classe" ou "um produto de classe". O carisma de classe, no Brasil, é predominante sobre todos os outros, posto que a ele estão associadas atitudes e condutas discriminatórias aceitas e legitimadas socialmente. Ademais, dadas as grandes desigualdades sociais entre brancos e não brancos, é possível discriminar, sem rodeios, negros, mulatos ou nordestinos, sem evocar os estigmas de raça, cor ou etnia. Nos Estados Unidos, onde as liberdades civis estão mais fundamentadas nas práticas sociais, discriminações de classe só podem operar por meio de mecanismos de mercado, como o preço. Mas este não é o caso do Brasil, onde existem certos privilégios de conduta e de sociabilidade associados à situação de classe. Por isso, nos Estados Unidos, ao contrário do Brasil, é óbvio para alguém que foi discriminado socialmente relacionar a discriminação ao estigma da raça, cor, ou etnia.

QUINTA NOTA —
O RACISMO BRASILEIRO: SUA ESPECIFICIDADE

O racismo brasileiro operou quase sempre, depois da escravidão, por meio de mecanismos de empobrecimento, ou seja, de destituição cultural e econômica dos negros, e de mecanismos de abuso verbal, utilizando-se, sobretudo, dos carismas de classe e cor. Em geral, o racismo brasileiro, quando publicamente expresso, aparece em discursos sobre a inferioridade cultural dos povos africanos e do baixo nível cultural das suas tradições e de seus descendentes. Grosso modo, esse racismo atravessou duas grandes fases: a da discriminação racial aberta, mas informal e secundada pela discriminação de classe e sexo, que gerava segregação, de fato, em espaços públicos e privados (praças e ruas, clubes sociais, bares e restaurantes, etc.);[107] e a fase atual, em que, com a discriminação e a segregação raciais sob mira, apenas os mecanismos estritos de mercado (discriminação de indivíduos e não de grupos) ou psicológicos, de inferiorização de características individuais (autodiscriminação), permitem a reprodução das desigualdades raciais.

Assim, o grande problema para o combate ao racismo, no Brasil, consiste na eminência de sua invisibilidade, posto que é reiteradamente negado e confundido com formas de discriminação de classe. Como, então, o movimento negro foi capaz de tornar o racismo um problema, ou melhor, como o movimento negro tem conseguido visibilizar o racismo no Brasil?

SEXTA NOTA — O MOVIMENTO SOCIAL DOS NEGROS NO BRASIL: O ANTIRRACISMO

A mobilização coletiva dos negros brasileiros, neste século, começa com a Frente Negra[108] dos anos 30, em São Paulo, que tem como alvo principal a luta contra a segregação espacial e so-

---

[107] Tal segregação está bem documentada pela literatura antropológica e sociológica, que, entretanto, em alguns casos, preferiu, em suas interpretações, observar que alguns negros influentes a suplantavam. Ver, entre outros, Pierson (1942), Azevedo (1955) e, recentemente, Twine (1998).

[108] Informações e interpretações sobre a Frente Negra Brasileira encontram-se principalmente em Bastide e Fernandes (1955) e Leite (1992). Ver, também, Bacelar (1996).

cial dos negros, registrada sistematicamente nos fatos correntes de discriminação racial informal e ilegal.

A ideologia nacionalista de integração e assimilação, que impregnava a Frente Negra, deixou de fora dessa mobilização a defesa das formas culturais africanas como o candomblé e a umbanda, vistas como resquícios primitivos, apesar de cultuadas pela elite intelectual brasileira branca, principalmente romancistas e antropólogos.

O Teatro Experimental do Negro, ativo principalmente no Rio de Janeiro dos anos 50, ampliará a agenda antirracista no Brasil, incluindo, de forma incisiva, a luta contra a introjeção do racismo pela população negra, por meio da aceitação do ideal de embranquecimento, dos valores estéticos brancos e da detração da herança cultural africana. A ideologia predominante no movimento ainda será, contudo, nacionalista e integracionista. A ideia de que somos uma só nação e um só povo é casada com a negação das raças enquanto realidade física, e com a busca de uma redefinição do Brasil em termos negro-mestiços. Guerreiro Ramos, em particular, buscará negar a existência de uma questão negra no Brasil, preferindo falar de uma questão popular — o negro, no Brasil, é o povo brasileiro — e de uma patologia do branco brasileiro, que se acreditaria europeu e branco, quando não é nem uma coisa nem outra.[109]

Apenas nos anos 80, depois do período ditatorial, quando a ideia integracionista de "democracia racial" se transforma numa ideologia oficial e as instituições negras são banidas, o movimento negro passa a assumir, cada vez mais, um discurso racialista[110] e multicultural. Os dois alvos anteriores — a luta contra a segregação e a discriminação racial, e a luta pela recuperação da autoestima negra — são agora reinterpretados pelo ideário multicultu-

---

[109] Ver Guerreiro Ramos (1957).

[110] Racialista no sentido de evocar o carisma da raça negra e de visar a formação de uma identidade racial negra.

Combatendo o racismo: Brasil, África do Sul e Estados Unidos

ralista, em que se revaloriza a herança africana, procurando desvencilhá-la das adaptações e dos sincretismos com a cultura nacional brasileira. Ademais, abre-se uma outra frente de luta, agora contra as desigualdades raciais. Ou seja, para além das discriminações raciais cometidas individualmente, passa-se a combater também a estrutura injusta de distribuição de riquezas, prestígio e poder entre brancos e negros. Essa frente, descolada agora de qualquer ideário monocultural e universalista — como o socialismo —, irá desembocar, mais tarde, na reivindicação de políticas corretivas, compensatórias ou afirmativas, voltadas para a população negra.

Neste ponto, fazem-se necessárias duas observações.

Primeiramente, apesar de ter ocorrido uma mudança ideológica na mobilização dos negros, a agenda ou programa delineado nessa mobilização parece-me compatível com as mais diferentes tendências do movimento negro. Tal agenda pode ser resumida a um combate antirracista em três frentes: (a) recuperação da autoestima negra, por meio da modificação de valores estéticos, da reapropriação de valores culturais, da recuperação de seu papel na história nacional, e do avivamento do orgulho racial e cultural; (b) combate à discriminação racial, por meio da universalização da garantia dos direitos e das liberdades individuais, incluindo os negros, mestiços e pobres; (c) combate às desigualdades raciais, por meio de políticas públicas que estabeleçam, a curto e médio prazo, um maior equilíbrio de riqueza, prestígio social e poder entre brancos e negros.

A segunda observação refere-se às enormes dificuldades encontradas pelas instituições antirracistas para a mobilização coletiva dos negros. Tais dificuldades têm recebido dois tipos de diagnóstico: ou se trata o movimento negro como um movimento de classe média, distante dos interesses do povo (este mais interessado na sobrevivência material),[111] ou se trata o movimen-

---

[111] Ver, nesta tradição, entre outros, Costa Pinto (1953) e Andrews (1998).

to negro como presa de equívoco ideológico.[112] Não creio que nenhum desses diagnósticos seja correto *de per si*, no sentido de explicar, de modo exclusivo, o relativo fracasso da mobilização negra. O que vejo como principal dificuldade para uma mobilização coletiva dos negros no Brasil? Deixem-me explicar.

Entre as formas de legitimação da subordinação de um povo ou de uma etnia, raça ou classe social, estão: (a) o poder militar demonstrado pelos conquistadores; (b) o carisma racial, de cor ou étnico (justificativa biológica ou cultural); (c) o desempenho sócio-econômico-cultural dos indivíduos (a pobreza e sujeição como "prova" de inferioridade). Pois bem, as formas de resistência à subordinação que conhecemos envolvem sempre: (a) solidariedade familiar; (b) solidariedade étnica; (c) solidariedade racial; (d) solidariedade de classe. Todas elas são muito mais eficientes quando capazes de conformar um arco de alianças em torno de uma ou mais dessas formas de solidariedade. Todas elas pressupõem algum tipo de mobilização carismática que conduza à criação de identidades sociais.

Ora, no Brasil, a mobilização de classe tem sido a forma mais bem-sucedida de mobilização popular pelo fato de que certos privilégios de tratamento legal, assim como as desigualdades de oportunidade de vida, são mais visíveis quando articulados verbalmente às distinções de classe.[113] Não é de estranhar, portanto, que boa parte dos negros se sinta mais atraída por sindicatos, e até partidos políticos de esquerda, que por instituições negras (Andrews, 1998). Ademais, o carisma da cor, utilizado no Brasil para a monopolização de oportunidades de vida, opera sobre uma base largamente individual, fazendo com que o desenvolvimento de

---

[112] Ver Hanchard (1994).

[113] Os estudos sobre as mobilizações operárias, no Brasil, também apontam que valores morais, como a dignidade, têm maior importância que interesses materiais para o sucesso das mobilizações. Ver, a esse respeito, Abramo (1990).

solidariedades familiares se oriente mais para apoiar a ascensão social de alguns membros da família (de preferência, os mais claros) do que o conjunto de seus membros. Desse modo, a solidariedade racial é bem mais difícil de se mobilizar no Brasil que na África do Sul ou nos Estados Unidos, posto que, aqui, sobrepõe-se à família de modo não cumulativo; do mesmo modo, a solidariedade étnica, no Brasil, além de restrita a certos espaços de imigração, não está tão amplamente correlacionada à raça como na África do Sul.

Vê-se, portanto, pelo que acabo de dizer, que o carisma racial não pode ser utilizado pelo movimento negro brasileiro apenas para a mobilização coletiva, ou seja, a identidade negra não é essencialmente política, tal como ocorre nos Estados Unidos. A utilização do carisma racial, no Brasil, tem sido muito mais eficaz para reforçar a autoestima negra, ou seja, mais eficaz no combate à introjeção de valores racistas que no enfrentamento político do racismo. A identidade racial, aqui, tem se formado e continuará se formando em torno das solidariedades familiares ou comunitárias, não tendo, portanto, o efeito cumulativo natural que apresenta nos Estados Unidos ou na África do Sul. Daí por que os negros brasileiros encontram seus potenciais aliados seja no campo das classes, seja no plano da luta — a mais básica — pelo respeito aos direitos inalienáveis dos seres humanos.

A mobilização do carisma racial passa, portanto, o que pode parecer paradoxal, a ser peça fundamental do processo democrático brasileiro. Se a democracia, na Europa ou nos Estados Unidos, estabeleceu-se através da negação das diferenças raciais e étnicas não essenciais à cidadania, em países regidos por essa ideologia democrática e universalista, que impede que tais diferenças sejam nomeadas, mas onde subsistem privilégios materiais e culturais associados à raça, cor ou classe, o primeiro passo para uma democratização efetiva consiste em nomear os fundamentos desses privilégios: raça, cor, classe. Tal nomeação pode transformar estigmas em carismas. Longe de ter efeito desagregador sobre a nacionalidade, como querem os que temem o racialismo, ou efeito político revolucionário, como querem os que temem o não racialismo, a mobilização do carisma de raça tem, no Brasil, efeito muito mais circunscrito, apesar de fundamental: possibilitar a transformação, contornando solidariedades familiares e comunitárias, de experiências individuais de insubordinação em atos de resistência coletiva.

O fato, todavia, é que existem queixas generalizadas, à esquerda e à direita, contra o isolamento político do movimento negro e contra sua restrita capacidade de mobilização das massas e de representação de seus interesses.

Mas o isolamento do Movimento Negro Unificado, quando existiu, tendeu a ser rompido, tanto para cima como para baixo, ou seja, tanto em relação aos negros bem-sucedidos de classe média alta, quanto em relação aos negros pobres, à medida que os seus pontos programáticos começaram a fazer sentido para esses públicos. A meu ver, isso não depende da ideologia específica do movimento.

Têm razão aqueles que apontam para o fato de que o movimento negro não arregimenta porque, para o povo negro, seu discurso se parece com os discursos dos perdedores[114] ou aproveitadores. Ou seja, segundo o pensamento popular, quando não se tem força para mudar uma situação, melhor ficar calado do que se expor à desmoralização por meio de queixas impotentes.[115] Tal situação, entretanto, está mudando nas duas pontas. Por um lado, o movimento tem se apropriado cada vez mais do discurso liberal dos direitos universais, da igualdade de oportunidades e de tratamento, abrindo uma importante frente de luta no plano dos direitos e da implementação de uma ordem jurídica igualitária. Esse deslocamento discursivo tem propiciado a aproximação de setores negros de classe média, mais conservadores, que identificavam o movimento anterior com os ideários esquerdistas. Por

---

[114] Ver Andrews (1998), Twine (1998) e Burdick (1998).

[115] Ver Twine (1998).

outro lado, o movimento pelos direitos humanos, os serviços de SOS Racismo,[116] as comunidades carnavalescas que mobilizam o carisma negro e até mesmo o movimento pentecostalista, segundo John Burdick (1999), têm ampliado a experiência popular com o tratamento igualitário em espaços públicos, e aumentado o sentimento de autoestima de seus respectivos públicos, o que torna plausíveis as denúncias de discriminação e abuso racial para os ouvidos de brancos e negros igualmente.

Parece-me ser em outra frente, na luta contra as desigualdades raciais — e não na mobilização do carisma racial para construção da identidade negra — que o movimento antirracista enfrenta as maiores dificuldades no Brasil. Isso por dois motivos. Primeiro, porque a sociedade brasileira não reconhece o racismo, seja de atitudes, seja de sistema, como responsável pelas desigualdades raciais no país. Segundo, e por consequência, porque as próprias desigualdades raciais são vistas como desigualdades sociais de classe, que afetam o conjunto da sociedade brasileira, e são provocadas pelo imperialismo, pelo subdesenvolvimento econômico, pela pobreza, etc. Assim, para fazer face à discriminação e à estigmatização social, ou ainda para tentar reverter as desigualdades raciais, o movimento negro enfrenta um senso comum fortemente estabelecido. Um senso comum criado e reproduzido por dois aspectos já apontados: o gradiente de cor, que transforma todos os brasileiros, mesmo os de ascendência negra mais próxima, em partícipes ativos do sistema de estigmatização dos mais escuros; e a prática generalizada da desigualdade de tratamento ou, se preferirem, de personalização do tratamento.[117]

---

[116] Ver Carneiro (1998).

[117] "Personalização" é um termo que nos remete prontamente aos aspectos mais sociológicos, não apenas jurídicos, da desigualdade de tratamento. Ver, a respeito, DaMatta (1990).

SÉTIMA NOTA —
AS DIFICULDADES DO ANTIRRACISMO
NOS ESTADOS UNIDOS

Que dificuldades enfrenta hoje o antirracismo nos Estados Unidos? Sem querer fazer glosa gratuita, diria que a preocupação americana atual é não ser, no futuro, um outro Brasil, em termos raciais.

De fato, os ativistas antirracistas nos Estados Unidos, desde os anos 70, passaram a se defrontar com os mesmos argumentos brandidos no Brasil pelos liberais, progressistas e nacionalistas, desde sempre: (1) que o racismo pertence ao passado de escravidão e segregação legal e que, portanto, é algo sem importância no presente; (2) que a melhor maneira de enfrentar o racismo sobrevivente é ignorá-lo, posto que se trata apenas de resquício de um passado que será inelutavelmente superado pelo modo de vida moderno; (3) que a melhor tática para combater o racismo é apagar de nossas mentes a noção de "raça", proscrevendo-a; (4) que o melhor que um negro tem a fazer é agir como um indivíduo, desembaraçando-se dos familiares ou vizinhos que ficaram para trás; (5) que qualquer política pública para ser antirracista precisa ser universalista e *color-blind.*

Tais argumentos ganham força crescente nos Estados Unidos à medida que os anos passam e que as políticas de ação afirmativa, adotadas a partir dos anos 60, mostram-se impotentes para reverter a situação de desigualdade racial na educação, no emprego, na renda, na saúde, na moradia, etc. Por um lado, tais políticas não universalistas, quando atingem mais de uma geração, passam a conflitar com os ideais liberais e democráticos de igualdade de tratamento e de oportunidades. Por outro lado, o desempenho medíocre dos negros, em média, em testes escolares, e a situação de violência urbana a que estão submetidos, nos guetos e nas *inner-cities*, atestam que a população negra americana está submetida a formas de racismo muito mais indiretas e próximas das que atingem o negro brasileiro. Não apenas o racismo de atitu-

Combatendo o racismo: Brasil, África do Sul e Estados Unidos

des, gostos e preferências, que quebra a autoestima da população negra, mas o racismo sutil, que se manifesta em distinções e discriminações baseadas em *status* social e em situações de classe.

Ao mesmo tempo, a preferência dada aos negros mais claros, e mais próximos do ideal estético branco, volta a se instalar mais abertamente e a ser também reincorporada por parte crescente da população negra americana, ameaçando reverter conquistas importantes do movimento negro dos anos 50, 60 e 70.[118] Tal situação é tão mais perigosa quanto maior a diversificação étnica da população negra americana, em especial no interior da população latina nos Estados Unidos, e a população crescentemente importante de mestiços assumidos. E isso não apenas porque esses migrantes trazem, interiorizadas, escalas estéticas e axiomáticas diferentes da desenvolvida nos anos 60, mas porque têm, de fato, identidades raciais baseadas em cor, e não em raça.

Ou seja, é como se, à medida que os Estados Unidos rotinizam as conquistas dos direitos civis das minorias, sobretudo dos negros, ficassem mais próximos do sistema racista brasileiro: igualdades formais, mecanismos de discriminação racial embutidos em escalas de preferência e de *status* amplamente aceitas, rituais sociais de negação do racismo e de esquecimento do passado, reprodução da desigualdade racial por meio de mecanismos de mercado e de tratamento social baseado em *status* e prestígio.

Ademais, assistimos hoje, nos Estados Unidos, à emergência de formas intelectualmente refinadas de justificativa do racismo, tais como o chamado "racismo racional",[119] além da aceitação e veiculação corrente, pela mídia, do velho argumento acerca da superioridade ou inferioridade da cultura de certos povos, etnias ou grupos. Assistimos também, nos Estados Unidos, à retomada crescente do conceito biológico de raça, não apenas pelas ciências médicas e biológicas, mas por psicólogos e jornalistas, que o

---

[118] Ver, entre outros, bell hooks (1994).

[119] Ver De Souza (1995).

utilizam para explicar as desigualdades raciais, sendo tal emprego generalizado.[120]

Diante das convergências entre o racismo brasileiro e o norte-americano, e diante da escalada deste tipo de racismo que não se quer racista, que agenda comum se pode traçar para o combate do racismo em nossas sociedades?

As populações negras, no Brasil e nos Estados Unidos, foram presas, no passado, a um mapa que pode ser desenhado assim: primeiramente, apegaram-se ao movimento iluminista contemporâneo, que negou validade à noção biológica de raça; em segundo lugar, aceitaram, ainda que interiormente, o estigma da inferioridade cultural de suas origens e as renegaram; em terceiro (e aqui há duas vias alternativas), no Brasil, tiveram seus direitos à cidadania aceitos e buscaram escapar, através da noção de cor, ao estigma racial, sendo, entretanto, perseguidas por ele; nos Estados Unidos, lutaram pelos direitos à cidadania e os obtiveram; em quarto e último lugar, viram a vitória dos direitos civis esvair-se de suas mãos, ao passo que as desigualdades raciais continuaram a aumentar.

Do mesmo modo, o movimento social negro recente, nos dois países, seguiu, grosso modo, uma mesma trilha: (1) mobilização do carisma racial para fazer face ao estigma racial e aos mecanismos de introjeção do racismo; (2) luta contra a discriminação racial e contra as atitudes racistas; (3) luta pela reversão das desigualdades raciais por meio de políticas afirmativas.

As duas últimas décadas de luta contra as desigualdades raciais, nos Estados Unidos, por meio de políticas de ações afirmativas, mostram, todavia, os limites desta agenda. Demonstram, sobretudo, o entranhamento do racismo nas nossas sociedades, tanto entre brancos, quanto entre negros. Seria essa dificuldade

---

[120] O livro de Richard Herrnstein e Charles Murray, *The Bell Curve*, vendeu milhares de cópias e mereceu mais de uma resenha elogiosa em jornais prestigiosos nos Estados Unidos.

Combatendo o racismo: Brasil, África do Sul e Estados Unidos

devida ao fato de serem os negros minorias demográficas e políticas no Brasil e nos Estados Unidos? A África do Sul parece, a esse respeito, um caso diverso.

OITAVA NOTA —
O QUE A ÁFRICA DO SUL PODE ENSINAR

A África do Sul enfrenta hoje o desafio de reconstruir-se como nação e como Estado. Apesar de ser um país africano, parte considerável de sua população é de origem europeia (*afrikaner* e inglesa, principalmente) ou asiática (indiana em especial); ademais, boa parte de seus habitantes teve suas etnias fortemente consolidadas durante o *apartheid*. É, portanto, um país multirracial e multiétnico. Se o povo sul-africano escolheu construir um Estado não racialista, o que é coerente com o universalismo que preside a lógica das relações sociais e políticas numa democracia, resta-lhe, todavia, definir o que é uma nação africana moderna. A África do Sul não pode, por um lado, definir-se como um prolongamento da Europa, como o Brasil e Estados Unidos o fizeram, sob pena de alienar a grande maioria de sua população africana; mas não poderá, tampouco, definir-se segundo as tradições africanas mais provincianas, ignorando mais de três séculos de contato e transformação culturais. O que é uma moderna nação africana? Como abrigar, nessa nação, as diferentes etnias e diferentes tradições culturais que compõem a África do Sul de hoje?

Acredito que a África do Sul poderá nos indicar um modelo de nação multicultural, multiétnica e não racialista, de fundamental importância para a agenda antirracista no Brasil e nos Estados Unidos. De um lado, no plano do Estado e dos direitos, tem-se a tarefa gigantesca de reversão das desigualdades raciais, acumuladas historicamente pelo colonialismo, pela escravidão, pela segregação, pelo racismo; de outro, no plano da identidade social, tem-se a tarefa, não menos colossal, de construir uma identidade nacional que não desmereça ou anule as identidades étnicas, e que não traga embutida em si o racismo de atitudes e de preferência, tão entranhado nas identidades nacionais europeias e americanas, do norte e do sul. Se conseguir isso, a África do Sul estará não apenas preservando sua autoestima, seu potencial criativo e a competitividade de sua população negra, mas, também, sinalizando o caminho para as novas nacionalidades do século XXI.

CONCLUSÃO —
PARA UMA AGENDA INTEGRADA
DO ANTIRRACISMO

De modo analítico, pode-se pensar numa agenda antirracista em três dimensões: o Estado, a nação, os indivíduos.

No plano do Estado, a principal preocupação deve ser a busca de garantias para as liberdades e direitos individuais, independentemente de qualquer filiação identitária ou carismática — sexo, raça, religião, etnia, cor, classe. A declaração desse princípio, inclusive o não racialismo, já consta nas cartas constitucionais dos três países; trata-se, portanto, de obter garantias legais e práticas para o seu cumprimento, mormente no Brasil e na África do Sul.

O princípio do não racialismo de Estado, todavia, não significa que legislações especiais — com escopo temporal e alvos precisos — não possam ser desenhadas para atacar formas prevalecentes e duradouras de opressão social. Para isso, é necessário que se considerem as formas efetivas de construção de privilégios[121] nas três sociedades. Nos Estados Unidos, a mobilização do carisma racial é tão efetiva que faz com que os brancos, independente de sua classe, beneficiem-se da opressão racial; no Bra-

---

[121] "Defino privilégio em termos de uma vantagem injusta, uma situação preferencial, ou primazia sistemática, na busca de valores sociais (seja dinheiro, poder, posição, educação ou qualquer outra coisa)" (Blauner, 1972: 22).

sil, o carisma da cor é mobilizado junto com o da classe, fazendo com que brancos pobres estejam numa situação mais próxima dos negros e mestiços que dos brancos de classe média; na África do Sul, o carisma racial está associado também ao carisma étnico. Essas diferentes constelações de opressão fazem com que as políticas públicas corretivas, ou de ação afirmativa, tenham de se diversificar: no Brasil, para dar conta das populações pobres, de diversas cores; na África do Sul, para dar conta das etnias africanas. Ademais, no Brasil e na África do Sul, há uma condição preliminar: garantir o respeito aos direitos humanos de todos os cidadãos e o igual tratamento de todos perante as leis.

No plano da nação, parece-me que o grande desafio do século XXI será a reconstrução das nacionalidades em bases pluriculturais e pluriétnicas. Os ideais de assimilação e de integração do Estado-nação terão de ser substituídos pela integração ao Estado (aos direitos), e por uma política de valorização das diversas etnias e heranças culturais dos grupos sociais que hoje compõem a população de qualquer país. Ao invés da equação do século XIX (um Estado = uma nação = uma raça = uma cultura), teremos: um Estado = várias heranças culturais = várias raças = várias etnias. Pode-se pensar no desenvolvimento de uma cultura cívica particular, mas sem negar as diversas heranças e tradições culturais que formam uma nação.[122] Do mesmo modo e neste plano, o não racialismo não faz sentido. Se existem discriminação e preconceito raciais, a melhor maneira de combatê-los é dando oportunidade para que estigmas se transformem em carismas. O combate ao racismo pressupõe tanto a garantia das liberdades individuais e a igualdade de tratamento (no plano do Estado) quanto a positividade das identidades grupais (no plano dos indivíduos), sendo neutro no plano da nacionalidade.

No plano dos indivíduos e de suas identidades grupais, o antirracismo deve visar os estigmas raciais (de cor, raça e classe,

---

[122] Ver, a respeito, Appiah (1998).

no Brasil; de raça e cor, nos Estados Unidos; de raça e de etnia, na África do Sul). Isso significa interferir nas políticas educacionais dos governos, mas também fortalecer as instituições para que possam, por meio do combate à discriminação racial e de cor e por meio da revalorização e reinterpretação das heranças culturais, sustentar a autoestima das populações negras.

Todos sabem, entretanto, que essa ou qualquer outra agenda, para ter alguma viabilidade, precisa ser acordada e negociada a partir de um amplo arco de alianças políticas. A força política do movimento negro, em cada um desses países, é, portanto, uma preliminar universal (mas ultrapassa o objeto destas notas).

BIBLIOGRAFIA

ABRAMO, Lais (1990). *O resgate da dignidade*. São Paulo: FFLCH-USP (dissertação de mestrado).

ADORNO, Sérgio (1995). "Discriminação racial e justiça criminal em São Paulo". São Paulo: *Novos Estudos Cebrap*, n° 43, novembro.

AGIER, Michel (1992). "Rome noire, un rêve de ghetto païen". Paris: *Cahiers d'Études Africaines*, n° 125.

_____ (1993). *Ilê Aiyê: a invenção do mundo negro*. Salvador (manuscrito).

AGIER, Michel; CARVALHO, Maria Rosário G. de (1994). "Nation, race, culture: les mouvements noirs et indiens au Brésil". Paris: *Cahiers de l'Amérique Latine*.

AMADO, Jorge (1933). *Cacau*. Rio de Janeiro: Ariel.

_____ (1935). *Jubiabá*. Rio de Janeiro: J. Olympio.

ANDERSON, Benedict (1992). *Imagined Communities*. Londres: Verso.

ANDREWS, George Reid (1991). *Blacks and Whites in São Paulo, Brazil (1899-1988)*. Madison: University of Wisconsin Press.

_____ (1992). "Desigualdade racial no Brasil e nos Estados Unidos: uma comparação estatística". Rio de Janeiro: *Estudos Afro-Asiáticos*, n° 22, pp. 47-84.

_____ (1998). "Forms of Black Political Response in Brazil". Cape Town: *The Comparative Human Relations Iniciative*.

APPIAH, Kwame Anthony (1990). "Racisms". In: GOLDBERG, David Theo (org.). *Anatomy of Racism*. Minneapolis: University of Minnesota Press, pp. 3-17.

_____ (1992). *In my Father's House: Africa in the Philosophy of Culture*. Nova York: Oxford University Press.

_____ (1997). *Na casa de meu pai: a África na filosofia da cultura*. Rio de Janeiro: Contraponto.

_____ (1997a). "Race, Culture, Identity: Misunderstood Connections" (manuscrito).

_____ (1998). "Patriotas cosmopolitas". São Paulo: *Revista Brasileira de Ciências Sociais*.

ARAÚJO, Ricardo Benzaquen de (1995). *Guerra e paz: Casa-Grande & Senzala e a obra de Gilberto Freyre nos anos 30*. Rio de Janeiro: Editora 34.

ARENDT, Hanna (1951). "Race-Thinking Before Racism". In: *The Origins of Totalitarianism* (Part II and "Imperialism", Chapter 2). Nova York: Harcourt Brace Jovanovich.

AZEVEDO, Thales de (1953). *Les Élites de couleur dans une ville brésilienne*. Paris: UNESCO.

_____ (1996 [1955]). *As elites de cor: um estudo de ascensão social*. Salvador: EDUFBA (a primeira edição é da Cia. Editora Nacional, Rio de Janeiro, 1955).

_____ (1959). *Ensaios de Antropologia Social*. Salvador: Progresso.

_____ (1966). "Classes sociais e grupos de prestígio". In: *Cultura e situação racial no Brasil*. Rio de Janeiro: Civilização Brasileira, pp. 30-43 (publicado originalmente em 1956 nos *Arquivos da Universidade Federal da Bahia*, Faculdade de Filosofia, Salvador, nº 5; republicado em *Ensaios de Antropologia Social*, Salvador, Progresso, 1959).

_____ (1969). *O povoamento da cidade do Salvador*. Salvador: Itapoã.

_____ (1975). *Democracia racial*. Rio de Janeiro: Vozes.

_____ (1985). "Prefácio". In: NOGUEIRA, Oracy. *Tanto preto quanto branco: estudos de relações raciais*. São Paulo: T. A. Queiroz.

BACELAR, Jefferson (1996). "A Frente Negra Brasileira na Bahia". Salvador: *Afro-Ásia*, nº 17, pp. 73-86.

BAIRROS, L. (1988). "Pecados no paraíso racial: o negro na força de trabalho na Bahia (1950-1980)". In: REIS, João (org.). *Escravidão e invenção da liberdade*. São Paulo: Brasiliense, pp. 289-323.

BANDEIRA DE MELLO, Celso Antonio (1993). *Conteúdo jurídico do princípio da igualdade*. São Paulo: Malheiros.

BANTON, Michael (1967). *Race Relations*. Londres: Basic Books.

_____ (1977). *The Idea of Race*. Boulder: Westview Press.

_____ (1987). *Racial Theories*. Cambridge: Cambridge University Press.

_____ (1991). "The Race Relations Problematics". *British Journal of Sociology*, 42(1): 115-30.

_____ (1994). "Race". In: CASHMORE, Ellis. *Dictionary of Race and Ethnic Relations*. Londres: Routledge (3ª ed.).

BARKAN, Elazar (1992). *The Retreat of Scientific Racism*. Cambridge: Cambridge University Press.

BARTH, Fredrick (1969). *Ethnic Groups and Boundaries*. Boston: Little, Brown and Co.

BASTIDE, Roger (1961). "Variations sur la négritude". *Presence Africaine*, n° 36, pp. 7-17.

_____ (1965). "The Development of Race Relations in Brazil". In: HUNTER, Guy. *Industrialization and Race Relations*. Westport: Greenwood Press.

BASTIDE, Roger; BERGHE, P. (1957). "Stereotypes, Norms and Interracial Behavior in São Paulo, Brazil". *American Sociological Review*, n° 22, pp. 689-94.

BASTIDE, Roger; FERNANDES, Florestan (1955). *Relações raciais entre negros e brancos em São Paulo*. São Paulo: Anhembi.

BERGHE, Pierre van den (1967). *Race and Racism: A Comparative Perspective*. Nova York: John Wiley & Sons.

_____ (1970). *Race and Ethnicity*. Nova York: Basic Books.

_____ (1994). "Brazil". In: CASHMORE, Ellis (org). *Dictionary of Race and Ethnic Relations*. Londres/Nova York: Routledge (3ª ed.).

BLAUNER, Robert (1972). *Racial Opression in America*. Nova York: Harper and Row Publishers.

BLUMER, Herbert (1939). "The Nature of Racial Prejudice". *Social Process in Hawaii*, n° 5, pp. 11-20.

_____ (1958). "Race Prejudice as a Sense of Group Position". *Pacific Sociological Review*, I (Spring): 3-8.

BLUMER, Herbert; DUSTER, T. (1980). "Theories of Race and Social Action". *Sociological Theories: Race and Colonism*. Paris: UNESCO.

BRANDÃO, Maria D. Azevedo (1993). *Thales de Azevedo: dados de uma assinatura*. Salvador: UFBA/ABA.

_____ (1996). "Thales de Azevedo e o ciclo de estudos da UNESCO sobre 'Relações Raciais, no Brasil'". In: AZEVEDO, Thales de. *As elites de cor numa cidade brasileira: um estudo de ascensão social* e *Classes sociais e grupos de prestígio*. Salvador: EDUFBA, 1996, pp. 11-22.

BURDICK, John (1998). "The Lost Constituency of Brazil's Black Movements". *Latin American Perspective*, vol. 25, n° 98.

_____ (1999). "What is the Color of the Holy Spirit? Black Ethnic Identity and Pentecostalism in Brazil." *Latin American Research Review*, vol. 34, n° 2.

CARDOSO, Fernando Henrique; IANNI, Octavio (1959). *Cor e mobilidade social em Florianópolis*. São Paulo: Cia. Editora Nacional.

CARNEIRO, Edison (1948). *Candomblés da Bahia*. Salvador: Secretaria da Educação e Saúde.

CARNEIRO, Edison; FERRAZ, Aydano do C. (1940). "Congresso Afro-Brasileiro da Bahia". In: *O negro no Brasil: trabalhos apresentados no II Congresso Afro-Brasileiro da Bahia, 1937*. Rio de Janeiro: Civilização Brasileira.

CARNEIRO, Sueli (1998). "Estratégias legais para promover a justiça social". Rio de Janeiro: *The Comparative Human Relations Iniciative*.

CARVALHO, Rodrigues (1988 [1934]). "Aspectos da influência africana na formação social do Brasil". *Novos Estudos Afro-Brasileiros*. Recife: Massangana, pp. 17-76.

CASHMORE, Ellis (1994). *Dictionary of Race and Ethnic Relations*. Londres/Nova York: Routledge (3ª ed.).

CASTRO, Nadya; GUIMARÃES, Antonio Sérgio A. (1993). "Desigualdades raciais no mercado e nos locais de trabalho". Rio de Janeiro: *Estudos Afro-Asiáticos*, n° 24, pp. 23-60.

CAVALCANTI, M. L. V. de C. (1999). "A tradição etnográfica e o estudo das relações raciais: a relação Donald Pierson/Oracy Nogueira". São Paulo: *Tempo Social*, vol. 11, n° 1, maio de 1999, pp. 97-110.

CENDRARS, Blaise (1987 [1952]). *Brésil, des hommes sont venues...* Montpellier: Fata Morgana.

CONTINS, Márcia; SANTANA, Luiz Carlos (1996). "O movimento negro e a questão da ação afirmativa". *Estudos Feministas*, vol. 4, n° 1, IFCS/ UFRJ-PPCIS/UERJ.

CORREA, Mariza (1998). *Ilusões da liberdade: a escola Nina Rodrigues e a antropologia no Brasil*. Bragança Paulista: UDUSF.

CUNHA, Euclides da (1973 [1906]). *Os Sertões*. Brasília: Cultrix/MEC.

DA COSTA, Emilia Viotti (1988). *The Brazilian Empire: Myths and Histories*. Belmont: Wadsworth.

DAMASCENO, Caetana (1998). "'Em casa de enforcado não se fala em corda': notas sobre a construção social da 'boa aparência' no Brasil". Rio de Janeiro: *The Comparative Human Relations Iniciative*.

DAMATTA, Roberto (1985). *A casa e a rua*. São Paulo: Brasiliense.

_____ (1990). "Digressão: a fábula das três raças, ou o problema do racismo à brasileira". In: *Relativizando: uma introdução à antropologia social*. Rio de Janeiro: Rocco, pp. 58-87.

_____ (1990a). *Carnavais, malandros e heróis*. Rio de Janeiro: Editora Guanabara.

DE SOUZA, Dinesh (1995). *The End of Racism: Principles for a Multiracial Society*. Nova York: The Free Press.

DEGLER, Carl N. (1991 [1971]). *Neither Black nor White*. Madison: University of Wisconsin Press.

DELACAMPAGNE, Christian (1983). *L'Invention du racisme*. Paris: Fayard.

_____ (1990). "Racism and the West: From Praxis to Logos". In: GOLDBERG, David Theo (org.). *Anatomy of Racism*. Minneapolis: University of Minnesota Press.

DU BOIS, W. E. B. (1975). *Dusk of Dawn: An Essay Toward an Autobiography of a Race Concept*. Nova York: Krauss Thonson.

DUARTE, Paulo (1947). "Negros do Brasil". São Paulo: *O Estado de S. Paulo*, 16/04/1947, p. 5.

DUMONT, Louis (1966). "Caste, racisme et stratification". In: *Homo Hierarchicus*. Paris: Gallimard.

DWORKIN, Ronald (1985). *A Matter of Principle*. Cambridge: Harvard University Press.

DZIDZIENYO, Anani (1971). *The Position of Blacks in Brazilian Society*. Londres: Minority Rights Group.

ELIAS, Norbert; SCOTSON, John (1994). *The Established and the Outsiders*. Londres: Sage Publications.

ELIAS, Norbert (1998). "Group charisma and group disgrace". In: GOUDSBLOM, Johan; MENNELL, Stephen. *The Norbert Elias Reader*. Oxford: Blackwell Publishers.

ERIKSEN, Thomas H. (1993). *Ethnicity & Nationalism: Anthropological Perspectives*. Londres: Pluto Press.

Bibliografia   245

FERNANDES, Florestan (1955). "Cor e estrutura social em mudança". In: BASTIDE, R.; FERNANDES, F. (orgs.). *Relações raciais entre negros e brancos em São Paulo*. São Paulo: UNESCO/Anhembi.

_____ (1959). "Prefácio". In: CARDOSO, F. H.; IANNI, O. *Cor e mobilidade social em Florianópolis*. São Paulo: Cia. Editora Nacional.

_____ (1965). *A integração do negro na sociedade de classes*. São Paulo: Cia. Editora Nacional.

_____ (1972). *O negro no mundo dos brancos*. São Paulo: Difel.

_____ (1986). "As relações raciais em São Paulo reexaminadas". In: SIMSON, Olga R. de M. (org.). *Revisitando a terra de contrastes*. São Paulo: FFLCH-USP.

FOUCAULT, Michel (1997). *La genealogía del racismo*. Madrid: Las Ediciones de la Piqueta.

FRAZIER, Franklin E. (1942). "Some Aspects of Race Relations in Brazil". *Phylon*, vol. III, n° 3.

_____ (1942a). "The Negro Family in Bahia, Brazil". *American Sociological Review*, vol. VII, n° 4.

_____ (1944). "A Comparison of Negro-White Relations in Brazil and in the United States". *Transactions of The New York Academy of Sciences*, vol. II, n° 6, pp. 251-69.

FREDRICKSON, George M. (1981). *White Supremacy: A Comparative Study in American and South African History*. Nova York: Oxford University Press.

_____ (1995). *Black Liberation: A Comparative History of Black Ideologies in the Unites States and South Africa*. Nova York: Oxford University Press.

_____ (1998). "Race and Racism in Historical Perspective: Comparing the United States, South Africa and Brazil". Cape Town: *The Comparative Human Relations Iniciative*.

FREYRE, Gilberto (1933). *Casa-Grande & Senzala: formação da família brasileira sob o regime da economia patriarcal*. Rio de Janeiro: Maia & Schmidt.

_____ (1936). *Sobrados e mucambos*. Rio de Janeiro: Cia. Editora Nacional.

FRY, Peter (1997). "As muitas caras e cores do Brasil". Rio de Janeiro: *Jornal do Brasil*, 01/03/1997, Caderno Ideias, p. 4.

FUENTE, Alejandro de la (1995). "Raça e desigualdades em Cuba (1899-1981)". Rio de Janeiro: *Estudos Afro-Asiáticos*, nº 27.

GATES JR., Henry L. (1985). "Editor's Introduction: Writing 'Race' and the Difference it Makes". In: GATES JR., Henry L. (org.). *"Race," Writing and Difference*. Chicago: University of Chicago Press, pp. 1-20.

GILROY, Paul (1993). *Small Acts: Thoughts on the Politics of Black Cultures*. Londres: Serpent's Tail.

GORDON, Milton M. (1950). *Social Class in American Sociology*. Durham: Duke University Press.

GUILLAUMIN, Colette (1992). "Race et nature". In: *Sexe, race et pratique du pouvoir: l'idée de nature*. Paris: Côté-Femmes Éditions.

GUIMARÃES, Antonio Sérgio A. (2004 [1998]). *Preconceito e discriminação: queixas de ofensas e tratamento desigual dos negros no Brasil*. São Paulo: Editora 34 (1ª ed., esgotada: Salvador: Novos Toques).

HANCHARD, Michael (1994). *Orpheus and Power: The Movimento Negro of Rio de Janeiro and São Paulo, Brazil (1945-1988)*. Princeton: Princeton University Press.

HARRIS, Marvin (1952). "Les Relations raciales à Minas Velha, communauté rurale de la région montagneuse du Brésil central". In: WAGLEY, Charles. *Races et classes dans le Brésil rural*. Paris: UNESCO.

_____ (1956). *Town and Country in Brazil*. Nova York: Columbia University Press.

_____ (1974 [1964]). *Patterns of Race in the Americas*. Nova York: Walker and Co. (trad. bras.: *Padrões raciais nas Américas*. Rio de Janeiro: Civilização Brasileira).

HARRIS, Marvin; KOTTAK, Conrad (1963). "The Structural Significance of Brazilian Categories". *Sociologia*, vol. XXV, nº 3, pp. 203-8.

HARRIS, Marvin *et al.* (1993). "Who Are the Whites? Imposed Census Categories and the Racial Demography of Brazil". University of North Carolina Press: *Social Forces*, 72 (2: 451-62).

HASENBALG, Carlos (1979). *Discriminação e desigualdades raciais no Brasil*. Rio de Janeiro: Graal.

_____ (1984). "Race Relations in Modern Brazil". *The Latin American Institute*. Albuquerque: University of New Mexico.

_____ (1985). "Race and Socioeconomic Inequalities in Brazil". In: FONTAINE, P. M. (org.). *Race, Class and Power in Brazil*. Los Angeles: University of California, Center for Afro-American Studies.

Bibliografia

_____ (1996). "Entre o mito e os fatos: racismo e relações raciais no Brasil". In: MAIO, Marcos C.; SANTOS, Ricardo V. (orgs.) *Raça, ciência e sociedade*. Rio de Janeiro: Fiocruz/Centro Cultural Banco do Brasil.

HASENBALG, Carlos; SILVA, Nelson do Valle (1992). *Relações raciais no Brasil*. Rio de Janeiro: Rio Fundo.

HELLWIG, David J. (1992). *African-American Reflections on Brazil's Racial Paradise*. Philadelphia: Temple University.

HERINGER, Rosana (1996). "Introduction to Analysis of Racism and Anti-Racism in Brazil". In: BOWSER, Benjamin (org.). *Racism and Anti-Racism in World Perspective*. Newbury Park/Londres/Nova Delhi: Sage Publications (Sage Series on Race and Ethnic Relations, n° 13), pp. 203-7.

HIERNAUX, J. (1965). "Introduction: The Moscow Expert Meeting". Paris: *International Social Science Journal*, vol. XVII, n° 1, UNESCO.

HERSKOVITS, M. J. (1942). *Pesquisas etnológicas na Bahia*. Salvador: Museu do Estado da Bahia.

_____ (1943). "The Negro in Bahia, Brazil: A Problem in Method". *American Sociological Review*, vol. VIII, n° 4.

HOLANDA, Sérgio Buarque de (1936). *Raízes do Brasil*. Rio de Janeiro: J. Olympio.

hooks, bell (1994). *Outlaw Culture: Resisting Representations*. Nova York: Routledge.

HUGHES, Everett (1994 [1948]). "The Study of Ethnic Relations". In: COSER, Lewis (org.). *Everett Hughes on Work, Race and the Sociological Imagination*. Chicago: Chicago University Press.

HUTCHINSON, H. W. (1952). "Les Relations raciales dans une communauté rurale du Reconcavo (État de Bahia)". In: WAGLEY, Charles. *Races et classes dans le Brésil rural*. Paris: UNESCO.

IANNI, Octavio (1962). *As metamorfoses do escravo*. São Paulo: Difel.

JONES, James E. (1993). "The Rise and Fall of Affirmative Action". In: HILL, Herbert; JONES, James J. (orgs.). *Race in America: The Struggle for Equality*. Madison: University of Wisconsin Press.

KENNEDY, Duncan (1995). "A Cultural Pluralist Case for Affirmative Action in Legal Academia". In: CRENSHAW, Kimberlé *et al*. *Critical Race Theory*. Nova York: The New Press.

KROEBER, A. L. (1970). "Castas". In: PIERSON, Donald (org.). *Estudos de organização social*. São Paulo: Martins Fontes (originalmente verbete da *Encyclopaedia of the Social*).

LANDES, Ruth (1947). *The City of Women*. Nova York: Macmillan.

LEITE, José Correia (1992). *... E disse o velho militante José Correia Leite: depoimentos e artigos*. São Paulo: Secretaria Municipal de Cultura.

LEWIS, Earl (1995). "Race: The State and Social Construction". In: KUTLER, Stanley I. (org.). *The Encyclopedia of the United States in the Twentieth Century*. Nova York: Simon and Schuster.

LIMA, Vivaldo da Costa (1971). *A família-de-santo nos candomblés Jeje-Nagôs da Bahia*. Salvador: UFBA (dissertação de mestrado em Ciências Sociais).

LIPSET, Seymour M. (1993). "Two Americas, Two Value Systems: Black and White". In: SORENSEN, Aage; SPILERMAN, Seymour (orgs.). *Social Theory and Social Policy: Essays in Honor of James S. Coleman*. Westport: Praeger, pp. 202-32.

LOVELL, Peggy (1989). *Income and Racial Inequality in Brazil*. Gainsville: University of Florida (PhD dissertation).

MAIO, Marcos Chor (1997). *A história do Projeto UNESCO: estudos raciais e ciências sociais no Brasil*. Rio de Janeiro: IUPERJ (tese de doutorado).

MARTINS, Sérgio da Silva (1996). "Ação afirmativa e desigualdade racial no Brasil". *Estudos Feministas*, vol. 4, nº 1, IFCS/UFRJ-PPCIS/UERJ.

MARX, Anthony (1998). *Making Race and Nation*. Cambridge: Cambridge University Press.

MERRICK, Thomas; GRAHAM, Douglas (1979). *Population and Economic Development in Brazil*. Baltimore: Johns Hopkins University Press.

MILES, Robert (1993). *Racism After "Race Relations"*. Londres/Nova York: Routledge.

MYRDAL, Gunnar (1944). *An American Dilemma: The Negro Problem and Modern Democracy*. Nova York: Harper and Brothers.

NASCIMENTO, Abdias do (org.) (1950). *Relações de raça no Brasil*. Rio de Janeiro: Quilombo.

_____ (1968). *O negro revoltado*. Rio de Janeiro: Nova Fronteira.

NEEDELL, Jeffrey D. (1995). "Identity, Race, Gender, and Modernity in the Origins of Gilberto Freyre's Ouevre". *American Historical Review*, vol. 100, nº 1, February 1995, pp. 51-77.

Bibliografia

NEVES, Marcelo (1996). "Estado democrático de direito e discriminação positiva: um desafio para o Brasil". In: MAIO, Marcos C.; SANTOS, Ricardo V. (orgs.). *Raça, ciência e sociedade*. Rio de Janeiro: Fiocruz/ Centro Cultural Banco do Brasil.

NOGUEIRA, Oracy (1985 [1954]). "Preconceito racial de marca e preconceito racial de origem: sugestão de um quadro de referência para a interpretação do material sobre relações raciais no Brasil". In: *Tanto preto quanto branco: estudos de relações raciais*. São Paulo: T. A. Queiroz.

_____ (1998 [1955]). *Preconceito de marca: as relações raciais em Itapetininga*. São Paulo: Edusp.

OBOLER, Suzanne (1995). *Ethnic Labels, Latino Lives: Identity and the Politics of Re-Presentation*. Minneapolis/Londres: University of Minnesota Press.

OLIVEIRA, L. H. G.; PORCARO, R. M.; ARAÚJO, T. (1981). *O lugar do negro na força de trabalho*. Rio de Janeiro: FIBGE.

OMI, Michel; WINANT, Howard (1986). *Racial Formation in the United States from the 1960's to the 1980's*. Londres: Routledge.

ORTIZ, Renato (1985). *Cultura brasileira e identidade nacional*. São Paulo: Brasiliense.

OUTLAW, Lucius (1990). "Toward a Critical Theory of Race". In: GOLDBERG, David Theo (org.). *Anatomy of Racism*. Minneapolis: University of Minnesota Press, pp. 58-82.

PARK, Robert E. (1950). *Race and Culture*. Nova York: The Free Press.

_____ (1971). "Introdução à 1ª edição americana". In: PIERSON, Donald. *Brancos e pretos na Bahia*. São Paulo: Cia. Editora Nacional, 1971, pp. 79-86.

PIERSON, Donald (1971 [1942]). *Brancos e pretos na Bahia: estudo de contacto racial*. São Paulo: Cia. Editora Nacional (versão em inglês: *Negroes in Brazil: A Study of Race Contact in Bahia*. Chicago: University of Chicago Press).

_____ (1975 [1945]). *Teoria e pesquisa em sociologia*. São Paulo: Melhoramentos.

_____ (1947). "Book Review". *American Sociological Review*, vol. XII, n° 5, pp. 607-9.

_____ (1951). "O preconceito racial segundo o estudo de 'situações raciais'". *Sociologia*, vol. XIII, n° 4.

PINTO, Luis Aguiar Costa (1998 [1953]). *O negro no Rio de Janeiro: relações de raças numa sociedade em mudança*. Rio de Janeiro: Cia. Editora Nacional.

PORCARO, R. M. (1988). "Desigualdade racial e segmentação do mercado de trabalho". Rio de Janeiro: *Estudos Afro-Asiáticos*, nº 15, pp. 171-207.

PRADO JR., Caio (1965 [1937]). *A formação do Brasil contemporâneo: Colônia*. São Paulo: Brasiliense.

QUERINO, Manoel (1938). *Costumes africanos no Brasil*. Rio de Janeiro: Civilização Brasileira.

RAMOS, Alberto Guerreiro (1946). "Entrevista". Rio de Janeiro: *Diário Trabalhista*, 24/03/1946.

_____ (1954). "O problema do negro na sociedade brasileira". In: *Cartilha Brasileira do Aprendiz de Sociólogo*. Rio de Janeiro: Andes.

_____ (1957). *Introdução crítica à sociologia brasileira*. Rio de Janeiro: Andes.

RAMOS, Arthur (1937). *As culturas negras no Novo Mundo*. Rio de Janeiro: Casa do Estudante do Brasil.

_____ (1956). *O negro na civilização brasileira*. Rio de Janeiro: Casa do Estudante do Brasil.

_____ (1971). "Introdução à 1ª edição brasileira". In: PIERSON, Donald. *Brancos e pretos na Bahia*. São Paulo: Cia. Editora Nacional, 1971, pp. 67-70

REGO, José Lins do (1934). *Menino de engenho*. Rio de Janeiro: J. Olympio.

_____ (1935). *Moleque Ricardo*. Rio de Janeiro: J. Olympio.

REIS, João José (1993). "A greve negra de 1857 na Bahia". São Paulo: *Revista USP*, nº 18, pp. 8-29.

REX, John (1983). *Race Relations in Sociological Theories*. Londres: Routledge & Kegan Paul.

_____ (1986). *Race and Ethnicity*. Milton Keynes: Open University Press.

_____ (1988). *Raça e etnia*. Lisboa: Estampa.

RIBEIRO, Carlos A. Costa (1995). *Cor e criminalidade: estudo e análise da Justiça no Rio de Janeiro (1900-1930)*. Rio de Janeiro: UFRJ.

RIBEIRO, Fernando Rosa (1993). "Apartheid e democracia racial: raça e nação no Brasil e África do Sul". Rio de Janeiro: *Estudos Afro-Asiáticos*, nº 24.

Bibliografia   251

RIBEIRO, René (1956). *Religião e relações raciais*. Rio de Janeiro: MEC.

RODRIGUES, Raymundo Nina (1945 [1933]). *Os africanos no Brasil*. São Paulo: Cia. Editora Nacional.

SARTRE, Jean-Paul (1963 [1948]). "Orfeu negro". In: SARTRE, Jean-Paul. *Reflexões sobre o racismo*. São Paulo: Difel.

SANSONE, Livio (1993). "Pai preto, filho negro: trabalho, cor e diferenças de geração". Rio de Janeiro: *Estudos Afro-Asiáticos*, n° 25, pp. 73-98.

SCHWARCZ, Lilia Moritz (1993). *O espetáculo das raças: cientistas, instituições e questões raciais no Brasil (1870-1930)*. São Paulo: Companhia das Letras.

_____ (1996). "Usos e abusos da mestiçagem e da raça no Brasil: uma história das teorias raciais em finais do século XIX". Salvador: *Afro-Ásia*, n° 18, EDUFBA, pp. 77-102.

SILVA, Jorge da (1998). *Violência e racismo no Rio de Janeiro*. Niterói: EdUFF.

SILVA, Nelson do Valle (1978). *White-Nonwhite Income Diferentials: Brazil, 1960*. Ann Arbor: University of Michigan (PhD dissertation).

_____ (1980). "O preço da cor: diferenciais raciais na distribuição de renda no Brasil". *Pesquisa e Planejamento Econômico*, vol. X, n° 1, pp. 21-44.

_____ (1985). "Updating the Cost of Not Being White in Brazil". In: FONTAINE, P. M. (org.). *Race, Class and Power in Brazil*. Los Angeles: University of California, Center for Afro-American Studies.

_____ (1994). "Uma nota sobre 'raça social' no Brasil". Rio de Janeiro: *Estudos Afro-Asiáticos*, n° 26, pp. 67-80.

SILVA, Nelson do Valle; HASENBALG, Carlos (1992). *Relações raciais no Brasil contemporâneo*. Rio de Janeiro: IUPERJ/Rio Fundo.

SILVA, Paula Cristina (1993). *Negros à luz dos fornos: representações do trabalho e da cor entre metalúrgicos da moderna indústria baiana*. Salvador: UFBA (dissertação de mestrado em Ciências Sociais).

SKIDMORE, T. E. (1993 [1974]). *Black into White: Race and Nationality in Brazilian Thought*. Nova York: Oxford University Press. Trad. bras.: *O preto no branco*. Rio de Janeiro: Paz e Terra, 1976.

SKRENTNY, John Davis (1966). *The Ironies of Affirmative Action*. Chicago: University of Chicago Press.

SNIDERMAN, Paul; PIAZZA, Thomas (1993). *The Scar of Race*. Cambridge: Belknap Press of Harvard University.

STEPAN, Nancy L. (1990). "Race and Gender: The Role of Analogy in Science". In: GOLDBERG, David Theo (org.). *Anatomy of Racism*. Minneapolis: University of Minnesota Press, pp. 38-57.

_____ (1991). *The Hour of Eugenics: Race, Gender and Nation in Latin America*. Ithaca: Cornell University Press.

STOCKING, George W. (org.) (1986). *Malinowski, Rivers, Benedict, and Others: Essays on Culture and Personality*. Madison, Wis.: University of Wisconsin Press.

TAGUIEFF, Pierre-André (1987). *La Force du préjugé: essai sur le racisme et ses doubles*. Paris: Gallimard.

TELLES, Edward (1992). "Residential Segregation by Skin Color in Brazil". *American Sociological Review*, n° 57, pp. 186-97.

_____ (1996). "Início no Brasil e fim nos EUA?". *Estudos Feministas*, vol. 4, n° 1, IFCS/UFRJ-PPCIS/UERJ.

TWINE, France Winddance (1998). *Racism in a Racial Democracy: The Maintenance of White Supremacy in Brazil*. New Brunswick: Rutgers University Press.

VIANNA, José de Oliveira (1959 [1932]). *Raça e assimilação*. Rio de Janeiro: J. Olympio.

WADE, Peter (1993). *Blackness and Race Mixture: The Dynamics of Racial Identity in Colombia*. Baltimore: Johns Hopkins University Press.

_____ (1994). "'Race', Nature and Culture". *Man*, n° 28, pp. 17-34.

_____ (1997). "The Meaning of Race and Ethnicity". In: *Race and Ethnicity in Latin America*. Londres: Pluto Press.

WAGLEY, Charles (org.) (1952). *Races et classes dans le Brésil rural*. Paris: UNESCO.

_____ (1952a). "Comment les classes ont remplacé les castes dans le Brésil septentrional". In: WAGLEY, Charles (org.). *Races et classes dans le Brésil rural*. Paris: UNESCO.

WAGLEY, Charles; HARRIS, Marvin (1958). *Minorities in the New World*. Nova York: Columbia University Press.

WARNER, Lloyd (1970 [1936]). "American Caste and Class". *American Journal of Sociology*, vol. XLII, pp. 234-7. Trad. bras.: "Casta e classe". In: PIERSON, Donald (org.). *Estudos de organização social*. São Paulo: Martins Fontes. Também editado em "Introduction". In: DAVIS, A.; GARDNER, B. B.; GARDNER, M. R. (1941). *Deep South*. Chicago: The University of Chicago Press.

Bibliografia

WILLIAMS JR., Vernon J. (1996). *Rethinking Race: Franz Boas and His Contemporaries*. Lexington: The University Press of Kentucky.

WIRTH, Louis (1945). "The Problem of Minority Groups". In: LINTON, Ralf (org.). *The Science of Man in the World Crisis*. Nova York: Columbia University Press, pp. 347-72.

WRIGHT, Winthrop R. (1990). *Café con Leche: Race, Class and National Image in Venezuela*. Austin: University of Texas Press.

ZIMMERMAN, Benjamin (1952). "Les Relations raciales dans la région aride du sertão". In: WAGLEY, Charles (org.). *Races et classes dans le Brésil rural*. Paris: UNESCO.

SOBRE O AUTOR

Antonio Sérgio Alfredo Guimarães é professor titular do Departamento de Sociologia da Universidade de São Paulo. É mestre em Ciências Sociais pela UFBA (1982), PhD em Sociologia pela University of Wisconsin, Madison (1988), e livre-docente em Sociologia Política pela Universidade de São Paulo (1997). Têm como áreas de atuação: Estudos Afro-Brasileiros e Relações Raciais (desde 1993); Teoria das Classes Sociais (desde 1982), Sociologia do Trabalho (entre 1985 e 1993) e Metodologia de Pesquisa (desde 1997). Foi professor da Universidade Federal da Bahia entre 1980 e 1996, e pesquisador visitante em diversas universidades estrangeiras, entre elas: Oxford University (Centre for Brazilian Studies); Brown University (Program of Afro-American Studies, Providence, RI); University of California at Los Angeles (Department of Sociology), Institut de Recherche et Développement (Paris); e École de Hautes Études en Sciences Sociales (Centre de Recherches sur le Brésil Contemporain e Centre d'Études Africaines, Paris). Presidiu a Sociedade Brasileira de Sociologia entre 1996 e 1998 e dirigiu o Centro de Recursos Humanos da UFBA entre 1990 e 1992.

Seus principais livros são: *Imagens e identidades do trabalho* (Hucitec, 1995, com Michel Agier e Nadya Araujo Castro); *Um sonho de classe: trabalhadores e formação de classe na Bahia dos anos 80* (Hucitec, 1998); *Preconceito e discriminação: queixas de ofensas e tratamento desigual dos negros no Brasil* (Novos Toques, 1998, reeditado pela Editora 34 em 2004); *Racismo e antirracismo no Brasil* (Editora 34, 1999); *Tirando a máscara: ensaios sobre o racismo no Brasil* (Paz e Terra, 2000, organização com Lynn Huntley); *Beyond Racism: Race and Inequality in Brazil, South Africa, and the United States* (Lynne Rienner, 2001, organização com Charles V. Hamilton, Lynn Huntley, Alexander Neville e James Wilmor); e *Classes, raças e democracia* (Editora 34, 2002).

ESTE LIVRO FOI COMPOSTO EM SABON,
PELA BRACHER & MALTA, COM CTP DA
NEW PRINT E IMPRESSÃO DA GRAPHIUM
EM PAPEL PÓLEN SOFT 80 G/M^2 DA CIA.
SUZANO DE PAPEL E CELULOSE PARA A
EDITORA 34, EM ABRIL DE 2019.